「儒家五圣」丛书　杨朝明 主编

曲阜文化建设示范区推进办公室 组编

述圣子思子

孔德立 著

齐鲁书社
·济南·

图书在版编目（CIP）数据

述圣子思子 / 曲阜文化建设示范区推进办公室组编；杨朝明主编；孔德立著. -- 济南：齐鲁书社，2023.9
（"儒家五圣"丛书）
ISBN 978-7-5333-4682-9

Ⅰ. ①述… Ⅱ. ①曲… ②杨… ③孔… Ⅲ. ①子思（前483-前402）-生平事迹 Ⅳ. ①B222.4

中国国家版本馆CIP数据核字(2023)第166828号

责任编辑　贺　伟
装帧设计　亓旭欣

述圣子思子
SHUSHENG ZISIZI

曲阜文化建设示范区推进办公室　组编　　杨朝明　主编
孔德立　著

主管单位	山东出版传媒股份有限公司
出版发行	齐鲁书社
社　　址	济南市市中区舜耕路517号
邮　　编	250003
网　　址	www.qlss.com.cn
电子邮箱	qilupress@126.com
营销中心	（0531）82098521　82098519　82098517
印　　刷	山东成信彩印有限公司
开　　本	720mm×1020mm　1/16
印　　张	16.25
插　　页	2
字　　数	272千
版　　次	2023年9月第1版
印　　次	2023年9月第1次印刷
标准书号	ISBN 978-7-5333-4682-9
定　　价	46.00元

"儒家五圣"丛书
编辑委员会

主　　任　董　冰
副 主 任　杨朝明
成　　员　朱湘华　董洪波　李学斌　吕　斌　王士虎
　　　　　昝　亮　王　路　傅光中　贺　伟

主　　编　杨朝明
副 主 编　李学斌　傅光中

总 序 一

济宁位于鲁西南地区，地处黄淮海平原与鲁中南山地交接地带，素以"孔孟之乡""运河之都""文化济宁"著称。孔孟之乡、礼义之邦的济宁是中华文明的重要发祥地，诞生了人文始祖轩辕黄帝和孔子、颜子、曾子、子思子、孟子等圣人。西周初年，周公受封建立鲁国，为儒学的诞生提供了前提。济宁辖区内有曲阜市、邹城市两个国家历史文化名城，有"三孔"和京杭大运河两处世界文化遗产，有水浒故事发源地水泊梁山、铁道游击队故乡微山湖……圣人、圣地、水乡交相辉映，优秀传统文化与红色文化在此水乳交融。

习近平总书记指出："孔子创立的儒家学说以及在此基础上发展起来的儒家思想，对中华文明产生了深刻影响，是中国传统文化的重要组成部分。""研究孔子、研究儒学，是认识中国人的民族特性、认识当今中国人精神世界历史来由的一个重要途径。"儒学是一个博大精深的思想体系，其形成有广阔的社会背景和漫长的历史过程。中华优秀传统文化就像一棵生生不息、枝繁叶茂的参天大树，生命坚韧，历久弥新，在不同时期结出了不同的文明硕果。

孔子开创的儒家学说，不仅影响了中国古代社会的政治、经济、文化、教育等诸多方面，而且对人类现代社会依然有着重要影响。在现代社会，儒家文化所强调的仁、义、礼、智、信等人伦道德理念，仍然是我们中国人处理人际关系所遵从的基本原则。在政治方面，儒家文化讲仁爱、重民本，为国家管理者提供了治国理政方面的有益遵循。在经济方面，儒家文化强调道德修养及社会责任，有助于中国商业的健康发展。

在文化层面，儒家学说促进了人与人、国与国之间的交流与合作。在教育方面，孔子开创了民间教育的先河，成为此后中国培养人才的重要方式。可以说，儒家学说曾经长期是中国社会的主流文化，而且至今仍然在很大程度上影响着中国及至世界儒家文化圈人民的思想观念和精神生活。

2013年11月，习近平总书记视察山东济宁，就弘扬中华优秀传统文化问题发表重要讲话，对济宁寄予殷切期望，赋予光荣使命。近年来，济宁市深入学习贯彻习近平总书记重要讲话指示精神，发挥文化底蕴厚重、资源丰富的优势，配合建设大运河、黄河等国家文化公园，把握好国际孔子文化节、尼山世界文明论坛等重大文化活动契机，倡导中华优秀传统文化"八个融入"理念，推动研究阐发"登峰"与推广普及"落地"并重，做好中华优秀传统文化"创造性转化、创新性发展"的文章，全力打造集世界文明交流互鉴高地、中华优秀传统文化"两创"先行示范区、世界文化旅游名城于一体的文化建设新高地，自觉在服务国家文化战略中担负重大使命、做出更大贡献。

习近平总书记在文化传承发展座谈会上强调，要在新的历史起点上继续推动文化繁荣、建设文化强国、建设中华民族现代文明。要坚定文化自信，坚持走自己的路，立足中华民族伟大历史实践和当代实践，用中国道理总结好中国经验，把中国经验提升为中国理论，实现精神上的独立自主。要秉持开放包容，坚持马克思主义中国化时代化，传承发展中华优秀传统文化，促进外来文化本土化，不断培育和创造新时代中国特色社会主义文化。要坚持守正创新，以守正创新的正气和锐气，赓续历史文脉，谱写当代华章。

破浪前行风正劲，奋楫扬帆正当时！济宁市将全面贯彻落实党的二十大精神，以习近平新时代中国特色社会主义思想为指引，深入推动文化繁荣发展，努力让中华优秀传统文化焕发出新的时代光彩：创新突破传播交流，推进尼山文化片区规划建设，全方位提升国际孔子文化节、尼山世界文明论坛等重大活动能级，充分运用数字技术等现代手段提升中华优秀传统文化的国际影响力；创新突破教育普及，建设全国干部政德教育基地、全国教师培训基地、全国青少年优秀传统文化传承体验基地，大力推进"领导干部学国学""优秀传统文化进校园"，以中华优秀传统文化教育影响"关键少数"，让"关键少数"影响带动社会大多数，形成宣传普及中华优秀传统文化的热潮；创新突破落地转化，推动中华优秀传统文化"八个融入"，即融入精神文明建设，融入青少年教育，融入干部政德建设，融入基层社会治理，融入文化旅游高质量发展，融入乡村振兴，融入网络建设，融入城市发展，用中华优秀传统文化涵育"人人彬彬有礼、户户和和美美、处处干干净净"的城乡文明新风尚；创新突破文旅融合发展，实施"百家景区焕新"行动，对全市100余家A级景区实行"一景区一方案"，推动经典景区"破圈突围"、传统景区"做优做强"、新兴景区"深度开发"，打响"孔孟之乡、运河之都、文化济宁"的文旅品牌。

为了弘扬以儒家文化为代表的中华优秀传统文化，围绕"四个讲清楚""两个结合"等重大论断，结合孔孟故里的区位优势，济宁市深入挖掘整理、研究阐发以儒家文化为重点的中华优秀传统文化资源，推进"儒家五圣"思想学说研究，特约请著名儒学研究专家杨朝明教授担纲主编，于国内优秀专业古籍出版社齐鲁书社编辑出版了这套"儒家五圣"丛书。本丛书分别阐述了至圣孔子、复圣颜子、宗圣曾子、述圣子思子、亚圣孟子的生平事迹、思想观点及时代价值，是一套通俗化、普及性的儒家文化宣传读本，是济宁市文化"两创"工作的标志性成果之一。希望这套丛书的出版发行，能够让更多的读者了解孔孟之乡、了解儒家文化，进而学好用好以儒家文化为代表的中华优秀传统文化。

希望有志于文化建设的社会各界人士，积极投身于中华优秀传统文化"两创"实践，为推动完成新的文化使命、建设中华民族现代文明做出新的更大贡献！

中共济宁市委常委、副市长
曲阜文化建设示范区党工委书记　董　冰

2023 年 8 月

总 序 二

在中华传统文化中，圣人是最为崇高的人。圣人不仅人格完美高尚，而且智慧出类拔萃、超凡脱俗。"圣人"一词虽然有时被用来美化帝王，后来也用于指称精通某事或在学问、技艺方面有超高成就的人，但通常情况下，都是指道德、智慧最为高超的理想人物。在中国，中华民族最伟大的文化圣人主要指至圣孔子、复圣颜子、宗圣曾子、述圣子思子、亚圣孟子等。欲推进文化自信，就必须文化自知；要了解中华民族文化，不了解"儒家五圣"几乎不可想象。

一

孔子把人分为五类：庸人、士人、君子、贤人、圣人。在孔子心目中，圣人的德行合于天地之道，圣人能统物通变，推究万事规律，协调万物机理，广布道艺，成就物性。圣人与日月齐辉，化行天下如同神明，普通人未必了解他的德行，见到他的人也未必能看出他的卓异。这样的人就是圣人。按照孟子的说法，圣人代表人格追求的最高标准。他说："圣人，人伦之至也。"

孔子、孟子等曾以"君子"自许，却没有以"圣人"自居。例如，有人称孔子为"圣"为"仁"时，孔子谦卑地说："圣与仁，我哪里敢当！我只不过朝着这样的方向努力而不满足，教诲别人而不觉疲倦罢了。"也许，"学而不厌，诲人不倦"正是圣人的高度，他们在追寻圣道的路上一定会发愤忘食、乐以忘忧。然而，在弟子后学心目中，孔子等人已经达到"圣"的境界，例如子贡常称孔子为"圣人"，称赞孔子"固天纵之将圣，又多能也"。

子贡所说"固天纵之将圣",很值得玩味!孔子当然不认为自己生而知之,而是说自己年少贫贱,"多能鄙事",由此成就了自己。这仅是问题的一个方面。任何人的成功都是主客观多种因素造成的。孔子及其弟子后学颜子、曾子、子思、孟子出现在衰周之际、成就于泰山之阳的洙泗之域,恰是时势所造,而这个"时势"就是子贡说的"天"。有人慨叹"天不生仲尼,万古长如夜"(《朱子语类》),天生至圣孔子,天生儒家群圣,这是中华文化之"天"培育的丰硕成果,是天地自然送给中华民族的宝贵礼物!

"儒家五圣"是儒学的创立者、定型者。基于儒学的特性及儒学在中华优秀传统文化中的地位,他们不仅属于儒家,更属于整个中华民族乃至整个人类。他们构建并承载了中华民族的价值观念。"儒家五圣"的思想孕育于邹鲁、形成在周代,历史渊源悠久,文化积淀深厚。

二

能看见多远的过去,才能看清多远的未来——往回看恰是为了向前看。如果不理解孔子"述而不作"的文化观,不理解孔子"祖述尧舜,宪章文武"的丰富内涵,就很难读懂孔子儒学。"儒家五圣"承载了他们以前中华文化的发展,其思维高度与深度联结了古代中国历史发展的长度和宽度。必须清楚,孔子继承了周代以前的王官学传统。要准确把握中国文化精神要义,就要知道它与上古三代文化的关系。

儒学产生前,"儒"早已存在。商朝甲骨文中的"儒",像以水冲洗沐浴濡身。"儒"的早期字形可隶定为"需","需"通"濡",它应该就是儒的本义。汉代有时依然把"儒"写成"濡",汉碑中就有"少以濡术"的用法。最初,在进行礼仪活动(如祭祖宗、事上帝等)时,儒要斋戒沐浴,盛服逢迎,以此致孝敬之心,故孔子说"儒有澡身而浴德"。孟子说,"虽有恶人,斋戒沐浴,则可以祀上帝",大意也是如此。孔子创立的"儒学"与原始的"儒"都有改变、教化之意,儒家则不仅通过斋戒沐浴致其诚敬,而且更关注世道人心,希望社会和谐。

关于儒学的产生,《淮南子·要略》说:"孔子修成、康之道,述周公之训,以教七十子,使服其衣冠,修其篇籍,故儒者之学生焉。"西周初年,周公辅政成王。成王之后,康王继位。《史记·周本纪》记载:"成康之际,天下安宁,刑错四十余年不用。"孔子研修"成康之道",传述"周公之训",教授生徒,创立了儒学。《汉书·艺文志》载:"儒家者流,盖出于司徒之官,助人君顺阴阳明教化者也。游文于六经之中,留意于仁义之际,祖述尧舜,宪章文武,宗师仲尼,以重其言,于道最为高。""司徒之官"为"周礼六官"之一。孔子继承尧、舜、禹、汤、文、武、周公,孔子以后的儒家则以孔子为宗师,这就明确道出了儒学与官学的联系。

周文化继承了夏、商文化,正如孔子所说"周因于殷礼""殷因于夏礼""周监于二代"。周代教育有"小学""大学"之别。小学谓"小子之学",大学谓"大人之学"。"小子之学"是教小孩子的,"大人之学"是成人教育。"小子之学"旨在学习洒扫、应对、进退之节,学习礼、乐、射、御、书、数之文;"大人之学"旨在学习穷理、正心、修己、安人之道,学习修身、齐家、治国、平天下。《大戴礼记·保傅》称"小学"是"小艺""小节";到十五岁左右,"束发而就大学",学习"大艺""大节"。孩子懂事了,就可以学习天地自然、社会人生的道理,故孔子说:"自行束脩以上,吾未尝无诲焉。"东汉郑玄注释"束脩",谓年十五以上。孔子所教,正是穷理正心、修己安人的"大学",所以如有十五岁及以上年龄的青年人来求教于他,他都加以教诲,这正体现了他"有教无类"的教育思想。

孔子家学与周代官学具有直接联系。从内容看,孔子继承了周代以来的教育传统。《礼记·王制》载:"乐正崇四术,立四教,顺先王《诗》《书》

《礼》《乐》以造士。春秋教以《礼》《乐》，冬夏教以《诗》《书》。""孔子以诗书礼乐教"（《史记·孔子世家》），"兴于《诗》，立于礼，成于乐"（《论语·泰伯》）。由此可知孔子家学的内容与官学基本一致。

孔子逝世后，弟子们"散游诸侯"，按照《史记·儒林列传》的说法，"大者为师傅卿相，小者友教士大夫"。在弟子们的共同努力下，孔子学说被发扬传播到各地。尤其是在齐、鲁两国，儒家之学得到了很好的传承，其中最为突出的是在齐国威王、宣王之际，"孟子、荀卿之列，咸遵夫子之业而润色之，以学显于当世"。

三

孔子是守正创新的典范。他强调要继承前代而有创新——"温故而知新，可以为师矣"。弟子有子也说"因不失其亲（新），亦可宗也"。孔子之所以可"宗"可"师"，是因为他正确处理好了继承与创新的关系。创新离不开继承，要以继承为前提；继承是为了创新，是为了更好地创新。守正不是教条主义、本本主义的保守，创新不是无原则、无基础的求新。例如，对"礼"的传承，礼的形式可以"因"，可以因循继承，也可以根据时代的变化适时"损益"，但礼的内在精神不可轻易改变，故孔子说"虽百世可知也"。

中华礼乐文化是源于天而根于心的。礼乐传统是中华文化传统的荦荦大端，在中华民族跨进文明的门槛时，礼乐文化已同时发轫并日渐成熟。夏、商、周三代礼制因革损益，周礼则具有了很高的水准。作为一种人文成果，周礼合于天地，顺乎人情，具有"别嫌疑，明是非，定犹豫"（《史记·太史公自序》）的功能。"夫礼者，理也"（《孔子家语·论礼》），"礼也者……理万物者也"（《礼记·礼器》），中华文化以爱与敬为"至德要道"（《孝经》），将爱敬精神植根于基于父子兄弟亲情的孝悌之道，推衍而贯穿于整个礼乐精神之中。

中华传统文化最重一个"正"字,讲公正、讲诚正、讲中正,主张正而刚直、正而不私、正而不阿。孔子说"政者,正也",为政者首先要考虑"其身正",由为政者的"正"引导全社会的"正"。儒学是"正心"之学,它要求人们"思无邪"(《论语·为政》),希望世人端身、正己、守一以止。从很早的时期开始,中华先哲就思考正义问题,"儒家五圣"也无一不致力于研究明德新民、止于至善。礼乐文化从神圣、德性、程序、器物等向度确定权力的合法性、合理性,以"天命"为参照,在整体中定位。中国古代王朝常借助一些仪式表示自己"奉天承运",这同样源于对自身政权天命合法性的追求。在儒家的语境中,君子"贵乎天道"(《孔子家语·大婚解》),"不知命,无以为君子也"(《论语·尧曰》),所以儒家特别强调"畏天命,畏大人,畏圣人之言"(《论语·季氏》)。

中华文化像一棵生生不息的生命之树,它的根扎得很深很牢。只有准确认识和估价中国古代文明的发展水平,才能理解和把握中华先哲的深邃智慧和文化创造。中国先民认知世界,以天地为师,着眼古往今来,关注四方上下。在中华早期文化典籍中,"天下""万方""四海"之辞层出不穷,这源于中华文明的天下观、世界观、整体观、系统论。在与世界的互动中,中国先民深刻理解"道弥益而身弥损""天道成而必变"(《孔子家语·六本》)之类的哲理,特别注重天人合一、与时偕行;"注焉而不满,酌焉而不竭"(《庄子·齐物论》),当位而行,"允执厥中"。

孔子一生求道,创立了儒学,追求"道"的实现。《汉书·艺文志》说,儒学"于道最为高"。孔子教授生徒,希望成就他们的"文德"(《孔子家语·弟子行》)。他强调士人要"志于道",自称"吾十有五而志于学"(《论语·为政》)。孔子追求的"道"一以贯之,这便是曾子概括的"忠恕"(《论语·里仁》),即"己所不欲,勿施于人""修己以敬""修己以安人"。

四

说到中华圣人,我们一定不能忘记周公。我们要知道,孔子是"接着周公说"的,这一点极其重要!周公"经天纬地""制礼作乐",建立了中国礼乐文明的大厦。可是,孔子之时却"礼坏乐崩",孔子希望扶礼乐大厦之将倾,但礼乐"崩坏"的局势已经无法挽回,他只好认真学习周公,研究礼乐制作,思考文明机理,阐发周公思想。孔子和早期儒家群体"述周公之训"而创立儒学。如果追问孔子最尊敬、对孔子影响最深的人,此人当然非周公莫属。孔子晚年曾说:"甚矣吾衰也!久矣吾不复梦见周公!"(《论语·述而》)周公可谓是令孔子魂牵梦绕的一个人,后人尊孔子为"至圣",而以周公为"元圣"!

曲阜周公庙元圣殿有清朝人撰写的楹联——"官礼功成宗国馨香传永世,图书象演尼山统绪本先型",它揭示了孔子儒学与周公的密切关系,体现了周公对孔子的巨大影响。在孔子所在的鲁国,"先君周公制周礼"几乎成为人们的口头禅。孔子时,周代典籍尚在,孔子能看到更多的周代遗制,这使他有条件"法则周公"。

《论语》中两次记述孔子入太庙"每事问"(分别见于《论语·八佾》《论语·乡党》)。"太庙"即鲁周公庙。对于不懂的礼制、礼仪、文物,孔子实事求是、虚心求教。他还到洛邑(今河南洛阳)游历访问,参观了那里的重要政治文化设施,流露出对周朝制度的向往。他倾心仰慕周公,经常引用周公名言,对周公的赞美常常溢于言表。他熟悉周公事迹和"周公之制",认为"周公之典"就是后世行事的法度。孔子"适周问礼",至洛邑向老子请教"礼",很可能就是学习《周礼》。《周礼》是国家层面的制度设计,不需要一般人研习阅读,为天子以及王公大臣所明、所知即可。不过,它可能是通过孔子的论述与传播而流传下来的,也有可能影响到了汉代的礼制。

作为政治家、思想家,周公奠定了周朝八百年基业,把我国的古代文明推向新的巅峰,他也是中国儒学的先驱,其"敬德保民"的思想是儒家学说的基础。周公去世后,鲁人不忘"先王之训",追忆"周公之礼"。鲁国因是周公的封国而成为周代"文物之邦",儒学则由于鲁国为"文物之邦"而兴盛。孔子晚年,因为自己的理想几近破灭,遂退于洙泗之滨,教授生徒,整理"六经"。由于孔子之学源于周公,所以汉代以后人们常常将周公、孔子并称为"周孔"。

鲁国为东方的宗周模式,担负着传播宗周礼乐文明的使命。在周王朝治国政策的贯彻上,鲁国堪为典范。周公的重民保民、明德慎罚、勤政任贤等主张,在鲁国当政者身上都有明显体现。当然,说鲁国为"宗周模式",绝不是说鲁国完全排除其他文化因素而全盘周化,而是说鲁国在政治统治上是周王朝在东方的代理人,周代礼制在鲁国上层贵族中被完整存续。

"儒家五圣"全部出自"邹鲁"的深层原因正是这里文化积淀丰厚。作为地理概念,"邹鲁"本指邾国、鲁国这一地区。两周时期,邾国、鲁国相邻,鲁国是孔子故国,邾国又称邾娄、邹、驺等,为战国时期孟子所在的国家。战国时代,邾国称邹,这里受儒家文化的濡染,孔子之孙子思也到邹地讲学,孟子迁邹更增添了这里的儒学氛围,邹穆公也因此接受了孟子的进谏,施行"仁政"。这一时期,孟子四处奔走,宣传自己的思想主张,他在齐国甚至"后车数十乘,从者数百人"(《孟子·滕文公下》),浩浩荡荡,场面宏大。孟子以前,邹、鲁连称,可能仅是因地理位置相近、土地相接。孟子以后,因为孟子影响巨大,从儒家学术文化的角度,人们不仅将"邹""鲁"合称,还把"邹"放在"鲁"的前面而称"邹鲁"。

《史记·货殖列传》载:"邹、鲁滨洙、泗,犹有周公遗风,俗好儒,备于礼,故其民龊龊。颇有桑麻之业,无林泽之饶。地小人众,俭啬,畏罪远邪。"这段话大致概括了邹鲁文化的基本特征或品格风貌。在儒家文化的熏染下,邹鲁之地好儒重礼,民风淳厚,百姓安居乐业,恭谨礼让,简朴本分。在儒生的宣传下,洙泗之域的邹鲁文化影响很大,传承久远。

五

"儒家五圣"当然是指孔子、颜子、曾子、子思子、孟子五位圣人。因为他们身上承载着中国思想文化,所以他们也是中华文化、中国智慧的代表。他们在中国文化中的意义或与苏格拉底在西方文化中的意义有所不同。德国哲学家雅斯贝尔斯提出了"轴心时代"理论,认为儒学代表了中国文化的"突破"。这固然没有太大问题,但他没有注意到孔孟学说在中国古代文化中的"集成"特点,低估了孔子以前中国文明的发展水平。正如李学勤先生所言:"古书里说得很清楚,在孔子以前有一个很长的学术传统。我们以前读书的人总要读《汉书·艺文志》,《汉书·艺文志》讲'诸子出于王官',诸子都是从王官而来。"诸子之学出于"王官",以孔子儒家最为明显。

孔子家学教育与周代官学教育一致。孔子说"兴于《诗》,立于礼,成于乐"(《论语·泰伯》),"儒家五圣"都十分注重个人修养,这是儒家思想的突出特色。孔孟之道是社会治理之道,孔孟之道说到底也是人之为人的修身之道。孔子说"修己以敬""修己以安人""修己以安百姓"(《论语·宪问》)。曾子说"吾日三省吾身",认为孔子学说一以贯之的是"忠恕"之道。子思学于曾子,将孔子、曾子思想发扬光大。郭店楚简的发现为我们认识子思学说提供了珍贵资料。郭店楚简中关于心性问题的论述给人留下了深刻印象。

在"儒家五圣"中,孟子殿后。"心"字在《孟子》一书中竟出现120多次,它与"身"构成了对立统一的关系。"修心"与"修身"一致,就像《大学》强调"自天子以至于庶人,壹是皆以修身为本","欲修其身者,先正其心","心正而后身修"。《庄子·天下》纵论天下学术,认为学术有"道术"与"方术"的分别。道术在"六经"之中,其内圣外王之道"邹鲁之士、搢绅先生多能明之","百家之学时或称而道之"。庄子把"百家之学"与"邹鲁之士、搢绅先生"区别开来,认为儒家是特出于百家之外、之上的!

两千多年过去了，儒家的"修己"学说愈发显现出它的价值与意义。当人们进入文明时代、形成社会共同体以后，必要的规范便应运而生。那么，"规范"或者"规则"是靠"强制执行"还是靠"自觉遵守"，这恐怕就是一个社会文明发展水平的重要体现了。在蒙昧时代，人们敬畏天命、鬼神，惧怕天命、鬼神的惩罚。随着社会文明程度的提高，"人"的因素越来越重要，人们更多地思考怎样保证"规范"或者"规则"得到执行、得到遵守。在这方面，儒家思考的结果是人们加强修养、自觉修己。儒家的有关论述很多、很丰富，而"正心修己"一直是儒家教化不变的目标。

从孔子到孟子，"儒家五圣"思考社会之"治"，从"天理"与"人欲"的关系出发，希望人们克己反躬，从而明道守礼。《礼记·乐记》谈道：人生而静，感于物而动，如果"好恶无节"，为外物所化，就会出现极其严重的后果。因此，如何使"自然人"顺利成长为合格的"社会人"，实现"自然性"与"社会性"的协调统一，就成为人们思索的中心问题。基于此，"儒家五圣"都推崇"先王"，思考"人心"与"道心"，从而要求人们持正守中。他们认为，人要区别于其他的动物，就应当明礼义、守礼仪，"无理不动"。

"儒家五圣"之学就是"仁爱"之学，就是"为己之学"，是"人之为人"的大学问。大学之教，教人穷理正心，教人明其明德，彰显人性的光辉。孟子用善的眼光观察人与世界。孟子"道性善""言性善"，以恻隐之心、羞恶之心、辞让之心、是非之心为仁、义、礼、智之端，主张放大善性。他的逻辑非常清晰：人有善性，为什么不放大善性呢？只有人成为更完善的人，社会才能走向至善。

六

将"儒家五圣"作为一个整体进行观照，是为了更好地看清中华传统文化的特性。这正如走进文庙，走进大成殿，直接走到孔子与"四配"的跟前，这里是中国儒学的"核心地带"。

"至圣"孔子，思接千载，济古维来。他"祖述尧舜，宪章文武"，好学而博学，建立了中国文化的理想，指示了中国历史的进程。孔子以后，历代儒家包括颜子、曾子、子思、孟子在内，无不"宗师仲尼"，继承光大了孔子的思想学说。如果说以"儒家五圣"为代表的早期儒家群体是中华传统文化的高地，那么孔子就是这块高地上的高峰。我们需要直面由于近代中国衰败给孔子儒学带来的一些认识上的迷茫，正本清源地认识中国儒学，理解孔子学说。只有这样，才能在中国融入世界的过程中，在中国文化与世界文化的对话、交流、融通中，让孔子乃至"儒家五圣"所代表的中国，愈加清晰地展现它的丰姿与魅力。

"复圣"颜子，孔子厚望所寄，可他先孔子而逝。颜子"卓冠贤科"，"优入圣域"，"无伐善，无施劳"，"不迁怒，不贰过"。他好学乐道，持中守仁，德性高超，境界非凡。"夫子言终日，不违若愚蕴大智；子贡论孰愈，闻一知十称弗及。"正如孔子故里的孔、颜师徒之庙宇，它们近在咫尺、如影随形，似乎暗合了《庄子》所说的"亦步亦趋"之义。颜子死，"子哭之恸"。他"天丧予！天丧予！"的哀痛中蕴含着对颜子的高度认同与期许，体现了孔子的悲伤与绝望。颜子英年早逝，但他格局之大、境界之高，让后人敬仰与景从。

"宗圣"曾子，与父亲皆入孔门，与孔子契合，得孔子真传。他领悟到孔学真谛，理解孔子"一以贯之"之道。曾子在孔子去世后主持孔门，汇聚孔子遗说，弘扬孔子之道。曾子传《孝经》，述《大学》，在学说深度、思想格局上，堪称"宗师仲尼"的典范。保存在《大戴礼记》中的"曾子十篇"近年来颇受重视，对了解曾子思想与孔子学说的关系具有十分重要的价值。曾子影响了子思和孟子，是儒家道统的传递者，在孔门弟子中具有特殊地位。二程（程颢、程颐）曾说："孔子没，曾子之道日益光大。孔子没，传孔子之道者，曾子而已。"

"述圣"子思子，在湖北郭店楚简发现之前，他作为伟大的思想家几乎被历史尘埃湮没。但实际上,作为儒学大师,子思被尊为"述圣"毫不为过。他受孔子的直接教导,又受业于曾子,思想深邃,成就巨大。作为孔子裔孙,子思有特殊的使命担当,他搜集整理孔子遗说,把"亲闻之"和"闻之于人"(《孔丛子·公仪》)的孔子言论集辑起来,保存了孔子与弟子时人交相问答的大量论述。即使是片言只语,对于后世来说也十分珍贵,更何况这些孔子遗说数量可观,是留给中华民族乃至全人类的宝贵财富。"天不生仲尼,万古长如夜",没有子思,灯烛何以点亮?更重要的是,《论语》《孔子家语》的撰集也都与子思有直接关系。

"亚圣"孟子,世人以"孔孟之道"代指中华圣道,彰显了孟子的历史地位。孔子之后,儒分为八,有子思之儒、孟氏之儒等。孟子学于子思之门人,传承发扬了孔子、子思的思想,因此有"思孟学派"之说。郭店楚简、帛书《五行》篇等的发现,为我们认识思孟学派提供了宝贵资料。在子思之学补缺孔孟之间的学术链条之后,孟子的思想研究也有了更好的凭依。孟子通五经,明圣道,拒斥异端邪说,光大孔子思想。司马迁说孟子"述仲尼之意",精准概括了孟子在弘扬孔子学说方面的巨大历史功绩。

编写"儒家五圣"丛书的初衷,是希望通过系统阐述"儒家五圣",讲清楚他们的文化传承、思想内涵与价值影响。不言而喻,对于"儒家五圣",学者们之前无不进行过关注和研究,但由于历史的、学术的、资料的种种限制等,人们希望能有立足学术前沿、正本清源、整体系统阐发"儒家五圣"之历史文化的著作。因为"儒家五圣"代表的是中华文化,只有系统了解、深入研究、准确把握、论述到位,才能呈现出中华文化的深厚底蕴与卓越风貌。但长期以来,由于疑古思潮盛行,中国学术思想研究受到负面影响。因此,就"儒家五圣"的整体而言,其研究与呈现还不餍人望。

本丛书以"儒家五圣"为中心展现中国古代文明、中华优秀传统文化的形成与内涵,进而展现中华文化的价值意义。但这样的阐发有一定的难度,例如,如何准确理解孔子被孟子称为"集大成";"诛少正卯""适周问礼"

等疑案的真相如何；颜子"不违如愚"对应着他对孔子思想怎样的体认；曾子对孔子所说的"吾道一以贯之"有怎样的领悟；子思对"诚者，天之道"有怎样的认识；孟子对孔子学说发展的高度与境界有何贡献，等等。回答这些问题，都需要对中华文化有系统理解、整体认知与宏观把握，要讲清楚并不容易。

  本丛书是我们探寻上述问题的一次尝试，观点是否允当，敬请读者批评指正！

杨朝明
2023 年春节于曲阜圣水苑

前　言

在历史上，儒家有这样几位圣人，元圣周公、至圣孔子、复圣颜子、宗圣曾子、述圣子思子、亚圣孟子。孔子、孟子人所皆知，对于制礼作乐的周公，大家也比较熟悉，孔子高足的颜回与曾参，我们也能说出一二，但对于孔子的孙子子思，人们或许会感到陌生。

孔伋，字子思，孔子唯一的孙子。其父孔鲤（前531—前491），字伯鱼，先孔子而卒。古人多称字，不称名，子思比孔伋更为人所知。孔子弟子原宪（前515—？），比孔子小36岁，也字子思。《孔子家语·七十二弟子解》称原宪是宋人，《史记·仲尼弟子列传》裴骃《集解》引东汉经学家郑玄的说法，认为原宪是鲁人。原宪作为孔子登堂入室的弟子，其里籍虽有不同说法，但他"清净守节，贫而乐道"，秉承孔子的修己思想，坚守君子节操，其名声在后世得到了广泛传扬。原宪在孔子去世后，选择了退隐，所以史料中关于他的记载并不多。比原宪小20多岁的孔子之孙——孔伋，因其受教于孔子与孔门诸弟子，以传孔子之道的自觉，努力好学，亦成为开宗立派的儒学述圣。

图　子思墓

子思大约生活在公元前491年至公元前400年之间。这一时期正处在春秋战国之际的历史大转折时期。西周宗法封建制度逐步解体，新的郡县官僚制度日益生成。新旧制度的转换，必然引起思想文化领域的变革与讨论。围绕新旧制度的优劣、贵族统治的合法性、精神家园的安顿、统一国家的重建、文化传统的延续等诸多问题，社会上展开了激烈的思想大讨论。

孔子创立的儒家学派，成为早期诸子中影响最大的学派。孔子去世后，具有贵族文化精神的儒家学派遭到了来自平民阶层的墨家的激烈批评。失去精神领袖的儒家学派在异端邪说攻击下，进入低谷。直到孟子崛起后，儒家才又发展到一个新的高峰。而在孔孟之间，孔子弟子及再传弟子作为坚守儒家文化的中坚力量，分别在不同领域做出了重要贡献。子思就是他们中间的出类拔萃者。

根据传统文献的记载，子思的著作与有关子思的文本是丰富而可信的。《中庸》《子思子》《孔丛子》《礼记》《论语》等书的编撰均与子思有关。儒家"四书"之一的《中庸》，南宋大儒朱熹认为是子思"忧孔子道学之不传而作"。子思的文集《子思子》曾经在历史上长期流传，被学者们广泛引用。汉魏时期孔氏家族的学案体著作《孔丛子》，关于子思的内容有四章。《礼记》中的《表记》《坊记》《缁衣》《中庸》四篇，从《子思子》中析出。据学者们研究，子思也曾参与了《论语》的编撰。

近代以来，学术界兴起一股"疑古思潮"，出现了一批"古史辨"派学者。他们从怀疑古史到怀疑古书，对中国传统古史观与古史体系提出了严重质疑与考辨。"古史辨派"推动了中国近代史学的发展，为中国史学的近代化与科学化奠定了决定性作用。但是，我们在肯定其贡献的同时，也应该鲜明地指出"古史辨派"由于"疑古"过勇，给中国的文化传统造成了严重冲击。在"疑古"这张大幕的笼罩下，诸多古书、古史、古人都被打上了大大的问号。作为战国思想家的子思也未能幸免。

"《中庸》不可能是子思所作"；"《子思子》原书已经亡佚，辑本毫无价值可言"；"《子思子》与《孔丛子》是铁板定钉的伪书"；"《礼记》是汉代人的作品"；"《论语》的诸多篇章的来源也不可靠"。以上这些观点在疑古思潮涌动的时代，几乎成为支配学术界的主流观点，直到今天还存在一定的影响。在这种思潮影响下，作为孔孟之间儒家传承的关键人物——子思，逐渐淡出了人们的视野。关于子思的文献与思想出现历史失忆现象也就不足为奇。欲消除疑古之影响，重建古代的文化传统，必须从方法论和文本两个方面寻找突破口。

王国维先生在1925年受聘为清华国学院导师之后，为学生们做了题为《最近二三十年中中国新发见之学问》的演讲，后刊登在《科学》杂志上。在这篇演讲中，王国维提出了著名的"二重证据法"："古来新学问起，大都由于新发见"，并举出历史上重大新发现与学术研究之关系进行说明。他在《古史新证》一书中批评了历史研究中"信古"与"疑古"的做法，指出："吾辈生于今日，幸于纸上材料外，更得地下之新材料。由此种材料，我辈固得据以补正纸上之材料，亦得证明古书之某部分全为实录，即百家不雅驯之言，亦不无表示一面之事实。此二重证据法，唯在今日使得为之。虽古书之未得证明者，不能加以否定。而其已得证明者，不能不加以肯定，可断言也。"

王国维有感于古代的"信古之过"与近世的"疑古之过"，提出二重证据法，以解决"信古"和"疑古"造成的弊端。如王国维先生所说，二重证据法即以传世文献与地下新发现的新材料相结合研究古史的新方法。这种方法在历史上曾经发挥了重要作用。王国维利用河南安阳殷墟发现的甲骨文，并结合《史记》等文献的记载，在殷商史方面取得了重大突破。"二重证据法"不只是在个案研究方面有效，更重要的是它启示研究者转换视角，在方法与理论上进一步思考学术规范。随着历史理论的进步与诠释方法的多样化，疑古的观点已经被学术界所抛弃。回到历史深处，带着敬畏古人的心情去探寻古代思想文化，才是历史研究者所应持的基本立场。

在对传统文本重新诠释的同时，尤其使研究者兴奋的是，近二三十年来，地下新材料不断涌现出来。如果说王国维先生以他那个时代的"最近二三十年"的新发现作为推动学术研究的巨大动力，那么，历史又再一次出现了"巧合"，我们把目光回溯至1970年代，也同样涌现出了诸多的"新发现"。银雀山汉简、马王堆帛书、郭店楚简等大批简帛的重见天日，进一步推进了当代学术研究的新进展。

在这些出土的新材料中，马王堆帛书与郭店竹简的部分文献对于重建子思学术思想有着重要意义。这些文献不但可以证实有关传统文献的"不伪"，而且还可以大大丰富子思的研究资料。一位被历史遗忘的战国前期思想家的形象，渐次在我们面前清晰起来。

如何挽救春秋后期"礼坏乐崩"的人道危机，可以说是孔子思想的起点。在春秋时期重视礼的秩序与礼观念的社会氛围中，孔子主张建立文质彬彬的社会秩序。这个以礼为标志的"社会新秩序"并不是恢复周代的礼制，而是蕴含着"仁"的特质在其中。但是，如何做到"礼"与"仁"的统一，成为一个文质彬彬的君子，却不是一件容易的事。在郭店竹简《五行》篇，子思专门论述了一个人的外在之行如何内化为内心之德的君子之道。在孔子之后，子思沿着孔子晚年未竟的儒学之业，提出了"中庸"思想，成为解决"礼"与"仁"统一问题的重要方法论。就此而言，足以奠定子思在中国思想文化史上的地位了。

从新出土的简帛材料中，我们还可以看到子思刚毅的一面。在湖北郭店出土的郭店楚简中，有一篇《鲁穆公问子思》。记载了鲁国国君穆公问子思什么样的臣可以算是忠臣，子思回答说，经常指出国君缺点与错误的臣是忠臣。值得注意的是，这篇体现子思铮铮铁骨的名文却不见于传世文献的记载。我们推测，在专制时代，子思的这种"忠臣观"并不为统治者所欢迎，久而久之，它淡出人们的视野也就不足为奇了。

事实上，在中国思想文化史上，子思不仅是孔氏家族史上的名人，更为重要的是，作为孔子与孟子之间儒家学术史上传承的关键人物，子思起到了重要的桥梁作用。清代学者黄以周曾感叹地说："孟子学孔子，由博反约，而未尝亲炙孔圣。其间有子思子，综七十子之前闻，承孔圣以启孟子。"(《清史稿》列传第二六九) 黄以周认为，子思是早期儒学史上承孔子、下启孟子的学术大师。子思以孔子之孙与儒家弟子的双重身份，传承了孔氏家学和儒学。

子思作为春秋战国的思想家，其思想学说与人格精神不仅具有历史意义，而且还应该是建设当代中国文化的宝贵资源。

目　录

总序一 / 1

总序二 / 1

前　言 / 1

第一章　子思的时代与使命 / 1
  一、春秋战国之际的社会形势 / 2
  二、孔子：仁礼之间 / 5
  三、"后孔子时代"的儒家学派 / 21

第二章　子思的生平与主要事迹 / 31
  一、聪颖少年 / 32
  二、子思学术思想的来源 / 43
  三、游历诸侯 / 54
  四、鲁穆公的政治顾问 / 60
  五、刚毅的品格 / 63

第三章　考古新发现与《子思子》 / 67
  一、《子思子》的源流 / 69
  二、出土简帛与子思"新著" / 81

三、《礼记》中的《子思子》／94
四、子思与《中庸》／104

第四章 子思五行学说及其意义 ／119
一、寻找子思"五行说"／120
二、子思五行学说的来源／126
三、子思五行说之建构／135
四、"慎独"与"金声玉振"／148

第五章 中庸——子思人道思想的核心 ／155
一、人道政治中的君、臣、民／156
二、人能弘道／161
三、从"忠恕"到"中庸"／168

第六章 子思与早期儒家的"神道设教"思想 ／179
一、从"神道设教"到人道教化／180
二、孔子以"人道"为核心的"神道设教"／185
三、墨子的"神道设教"思想／194
四、子思的"神道设教"思想／203

第七章 思孟学派的由来与学术关联 ／207
一、思孟学派的由来／208
二、思孟学派的学术关联／214

第八章　子思的历史命运、地位与影响 / 219

　　一、暂时的沉寂 / 220

　　二、命运的转机 / 220

　　三、宋代理学家的努力 / 221

　　四、《中庸》《孟子》的升格 / 223

　　五、子思、孟子的"成圣" / 224

参考文献 / 226

第一章 子思的时代与使命

一、春秋战国之际的社会形势

在中国历史上，周代先后经历了西周和东周两个时期。西周从周武王至周幽王时期，都城在镐京（今陕西省西安市长安区西北）。公元前770年，周平王迁都洛邑（今河南省洛阳市），标志着东周时代的开始。东周又分为春秋和战国两个阶段，春秋时期是传统宗法贵族统治的瓦解时期，战国时期是新兴官僚地主阶层的崛起时期。从西周建立到战国末期的800余年，是中国历史急剧变化的时代。

以周公为首的西周杰出政治家制礼作乐，开启了周代人文精神之路。虽然这种人文精神直到春秋时代才开始勃兴，但其源头要追溯至周初。

周代宗法制度规定了四个贵族阶层，自上而下分别是天子、诸侯、大夫、士。周天子享有至高无上的权威，"溥天之下，莫非王土；率土之滨，莫非王臣"（《诗经·小雅·北山》）。周天子把他的兄弟、儿子、侄子及功臣，分封到各地做诸侯，建立诸侯国。诸侯再把他的儿子与亲属分封到地方做大夫，建立封邑，大夫的封邑就是家。在大夫家中，大夫的子弟与亲属担任礼仪与守卫等专业性较强的职务。这些大夫的子弟与亲属，就是最低级的贵族——士。儒家经典《大学》篇中说"修身、齐家、治国、平天下"，最初的含义即分别指士、大夫、诸侯、天下的职责而言。在这种贵族层级体制下，不同等级的贵族享有不同的权力，分别有与之对应的礼乐，下级不能用上级的礼乐，否则就是僭越。自从西北少数民族犬戎攻入镐京城、周平王被迫迁都洛邑之后，周天子的权威就出现了动摇。

春秋初期，曾帮助周平王东迁洛邑的诸侯郑国和天子之间产生了矛盾。先是天子与诸侯之间的不信任使得双方交换儿子，互为人质。周天子为了挽回颜面，重新树立威信，于是，率领王者之师讨伐郑国，行使"礼乐征伐自天子出"的特权。但此时的诸侯早已不是昔日的诸侯，周天子也不是当年威风凛凛的天子。公元前707年，周天子的王师与郑国的军队在繻葛（今河南省长葛市北）展开了激战，郑国国君拉开大弓，一箭射中天子的肩膀。这一箭，射落了周天子威风，也射出了诸侯敢于挑战王者的野心。周天子兴兵讨伐诸侯，不但没有好好教训到郑国国君，反而为其所伤。周郑繻葛之战就其战斗规模来说，远不如后来的诸多战役，但由于战斗双方是天子与诸侯，而且战斗结果是诸侯打败了天子，因而这场战争具有特殊的意义。可以说，繻葛之战助长了诸侯公然挑战天子威信的恶劣风气，开启了春秋时期礼乐征伐自诸侯出的政治新格局。当齐桓公在葵丘召集诸侯会盟时，周天子不得不承认齐国的霸主地位，从此，春秋时期进入了诸侯争霸的时代。

公元前661年（鲁闵公元年），齐国名相管仲建议齐桓公出兵救援遭受北方游牧民族进攻的卫国时，提出了"诸夏"的概念。颜世安先生尤为重视春秋"诸夏"聚合的思想史意义，他认为："这是古代社会发展史上的一件大事，也是古代思想史上的一件大事。诸夏概念提出，标志贵族社会在宗法序列崩解一个世纪以后开始认同新的共同体，也标志贵族开始以共同文化的骄傲感来凝聚人心，鼓舞精神。"（《"诸夏"聚合与春秋思想史》，《南京大学学报》2003年第5期）这对于我们进一步理解春秋贵族文化的兴起与早期儒学的起源有重要帮助。在诸夏聚合与争霸的时代，春秋贵族言谈引诗书，交往依礼乐，掀起了一股崇尚古典文化之风。从记载春秋时期最翔实的资料《左传》来看，在春秋贵族聚合之前，几乎无人引"诗"，但是诸夏观念出现与争霸战争兴起之后，贵族引"诗"渐入高潮。而在霸政结束之后的春秋晚期，贵族引"诗"之风日渐消失。由此可见，作为古典文化之一的"诗"并不一直都是贵族青睐的对象，而是诸夏观念流行时期贵族的专利。这个例子说明，三代积累下来的诗书礼乐，在霸政之前还没有沁入贵族之心，直到霸政时期才成为贵族热衷的文化资源。为何春秋贵族要从诗书礼乐中寻求文化依赖？我们分析，这其中的原因很可能是，在诸夏聚合起来抵御蛮夷进入的时候，诸夏贵族意识到诗书礼乐是诸夏贵族区别于蛮夷的最重要的身份标识。在缺乏外来压力之下，贵族们并没有意识到他们长期执守的礼仪、日常吟诵的诗歌，竟然会带给他尊贵的身份体验、愉悦的精神享受。而这种诗书礼乐的文化正是夷狄所缺乏的。蛮夷之人怎可体会行礼仪、赏雅乐的乐趣呢？从这个意义上说，诸夏争霸在思想史与文化史上具有积极的意义，促进了华夏族的进一步凝聚，掀起了贵族们学习礼仪文化的热潮。

到了春秋晚期，诸侯争霸的局面逐渐结束，诸侯引领社会风尚的古典时代也随之终结。各诸侯国间的争霸战争弱化之后，诸侯国内部的矛盾开始显现出来。接下来，诸侯国内部的卿大夫相继发起向国君夺权的政治运动。鲁国的"三桓"、晋国的六卿、齐国的田氏都是各自掌管本国大权的实力派。鲁国"三桓"指季孙氏、叔孙氏、孟孙氏，他们都是鲁桓公的后代。

到鲁昭公时期，"三桓"实力达到高峰。公元前537年（昭公五年），"三桓""四分公室"，季氏有其二。实力强大的季氏家族根本不把国君放在眼里。公元前517年（昭公二十五年），昭公终于忍无可忍，向季氏发动攻击，试图重振国君权威。但是，在"三桓"联军的反击下，国君的军队很快败下阵来。战败的昭公不得不流亡他国。公元前510年，昭公客死齐国。后来，鲁哀公想借助越国军队消灭"三桓"，但却被"三桓"察觉。"三桓"联合把哀公驱逐出境。可怜的哀公重蹈昭公覆辙，流落卫、郑、越等国。哀公的儿子宁即位，是为悼公。《史记·鲁世家》记载："悼公之时，三桓胜，鲁如小侯，卑于三桓之家。"经过"三桓"专政、阳虎弄权等事件之后，鲁国作为诸侯楷模的君子风范已经荡然无存，而这个时期正是早期儒学的形成时期。

二、孔子：仁礼之间

(一) 士阶层与文化传承

春秋后期，诸侯国内部的政治斗争不断加剧，诸侯的权力不断受到大夫的挑战。日益强大的大夫逐渐掌握了国中大权，以往"礼乐征伐自天子出"转而变成了"礼乐征伐自大夫出"，"陪臣执国命"成为常态。但好景不长，依靠僭越礼制取得政权的大夫给他的属下树立了一个反面的榜样，大夫家中的士也效仿大夫夺诸侯的权，来抢夺大夫的权力。虽然士执掌权力的现象并不普遍，但从"阳虎乱鲁"的例子来看，有些士已经走到了政治舞台的前沿。这说明，以往处在贵族阶层最低端的士已经成为社会上不可忽视的力量。

春秋战国之际，中国处于一个前所未有的社会转型期，社会阶层不再固定在原来的活动范围内，开始流动起来，表现为上层贵族地位的下降与下层庶民地位的上升。春秋末期，周天子身边掌握王官之学的乐人、礼官等高级知识分子纷纷流向各地，寻求新的出路。普通庶民一旦掌握了专门知识技能也可以成为士。士阶层人数的剧增，使得原来供"士"执掌的职位数量相对缩减，"士"也就难免会失业。"士"一旦失业就不再是贵族，而成为普通民众。但"士"又不同于农夫和小手工业者等普通民众，他们没有固定的产业，只能依靠自己掌握的知识和技能为社会服务，以换取自己的收入。所以一旦有机会，士就会"出仕"，谋得一个官位。

士阶层的文化渊源是古代贵族所独占的诗书礼乐，这些古典知识正是文化教养的知识来源。春秋霸政赖以凝聚诸夏力量的旗帜就是这种文化资源激发出来的礼观念。在礼观念的形成过程中，士人扮演了重要角色，国家典礼、社会礼仪、祭祀之礼，都离不开士人的参与。士人作为礼仪活动的直接参与者，深谙诗书礼乐。而在这种活动中应该扮演主角的大夫、诸侯等贵族反倒成了旁观者。春秋早期的礼乐远不如后期的复杂，所以贵族中尚不乏文武兼资之人。后期则贵族中已多不知礼之人了。《左传》昭公七年记载：

> 孟僖子病不能相礼，乃讲学之，苟能礼者从之。及其将死也，召其大夫曰："礼，人之干也，无礼，无以立。吾闻将有达者曰孔丘，圣人之后也……我若获没，必属说与何忌于夫子。使事之而学礼焉，以定其位。"故孟懿子（何忌）与南宫敬叔（说）师事仲尼。

拥有知识的士阶层取代贵族成为时代的主角。"诗书礼乐"是古典的文化资源，也是春秋贵族的新文化。孔子以诗书礼乐教化弟子，进一步推动了文化的下移，提升了士的文化教养。

士如何才能实现传承文化、安定社会秩序的使命，孔子认为，士必须成为道德完善的君子。当子路问孔子如何才能做一位君子的时候，孔子说"修己以敬""修己以安人""修己安百姓"（《论语·宪问》），安人和安百姓不属于同一范畴，安人是安身边的人，安百姓是安天下的人。可见，"安百姓"是"安人"的进一步拓展。修己是安人的前提，是成就人文教养和君子人格的必要途径；安人是修己的进一步延伸，是实现君子社会价值、改造社会的必要手段。霸政时期在诸夏对抗夷狄时，礼的观念逐渐形成。霸政以后，诸侯统领时代随之终结，陪臣"执国命"。而掌权的"三桓"又忙于政治斗争与外交等事务，无限顾及礼仪，所以也变得不知礼。旧贵族不知礼、缺乏诗书礼乐的文化教养，已经成为春秋晚期的普遍现象。

春秋时期贵族的文化来源于诗书礼乐的知识体系。诗书礼乐是夏商周三代流传下来的贵族文化。在传统的世袭贵族社会中，贵族作为统治阶级的标识就是掌握诗书礼乐，庶民由于没有受教育的机会，就无法获得诗书礼乐的知识教养，也就无法得到礼仪的训练。"刑不上大夫，礼不下庶人"，其含义就是如此。但随着贵族越来越不知礼，掌握诗书礼乐的士阶层日益崛起，诗书礼乐的文化传承接力棒逐渐转移到士人手中，而士阶层当时又是庶民与贵族之间的中间阶层，士与庶民之间的界限不甚严格，交往也较为频繁。这样，掌握文化的士就渐渐地把诗书礼乐传授给庶人，不知礼的贵族要重新找回往日的礼仪教养，也要向士人学习。士阶层就成了当时社会上最有生机与活力的阶层，成为从王官之学向诸子学过渡的重要文化力量。此时，以往贵族执掌的诗书礼乐也不再是贵族专属的文化，而转变成为大众共享的文化资源。无论是谁，他只要掌握了这种诗书礼乐文化，就可以获得知识提升与人文教养。

（二）学而时习之

孔子是春秋晚期正在崛起的士阶层的杰出代表。在孔子身上，集中体现了士人通过学习获得知识与教养的人生经历。《论语·述而》记载："子所雅言《诗》、《书》、执礼，皆雅言也。"古代"雅"与"夏"音近互通，"夏"是中国第一个王朝的称号，自夏代之后，无论哪一个政权取得全国的统治地位，都自称"有夏"或"夏"。所以，"夏"既是中央王权的称号，又是王权所在区域的称号。"雅言"就是指西周天子所在地区的语言，也是当时上层贵族社会流行的标准语。"子所雅言"这句话透漏出孔子是以标准发音来学习诗书礼乐的。这足以显现孔子尽最大可能传承真正贵族文化的努力。

《论语》共20篇，第一篇是《学而》，第一章是："学而时习之，不亦说乎！有朋自远方来，不亦乐乎！人不知而不愠，不亦君子乎！"《论语》首章指明了全书教人学习之旨。唯有学习诗书礼乐的知识，领会其中蕴含的哲理，才可以提升自身的礼仪文化与教养。

孔子教育儿子及弟子致力于"学"，把学习诗书礼乐作为提升人的教养的必要手段。"不学诗，无以言"，"不学礼，无以立"（《论语·季氏》），"博学于文，约之以礼"（《论语·雍也》）。一个人的修养首先通过外在举止言行展现出来，"博文约礼"的人，一般不会违反常理。孔子以诗书礼乐教化弟子的事实，也得到了出土文献的佐证。

1993年，湖北省荆门市四方区郭店村一座战国中期的楚国贵族墓地出土了大批的文物，其中最能引起学术界关注的是墓中出土的大量竹简文献。经过专家释读，这些用毛笔写在竹简上的战国楚文字其中的儒家文献部分与孔子的孙子子思有密切的关系，应属于孔子之后的儒家子思学派的著作。学术界把这批出土于郭店的竹简文献称为"郭店竹简"或"郭店楚简"。

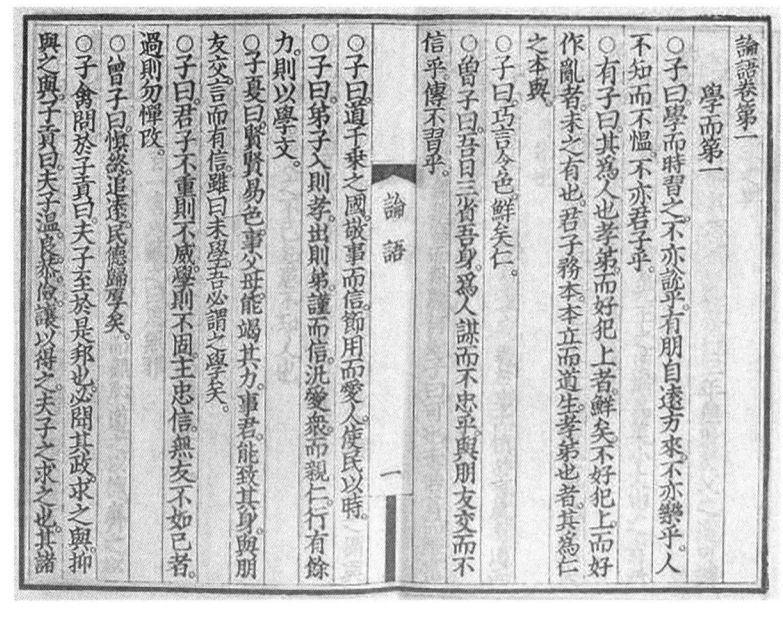

图1-1 《论语》书影

郭店竹简中有一篇论述心性论的文章，整理者将其定名为《性自命出》。《性自命出》简文称：诗、书、礼、乐蕴涵着丰富的人情，孔子对其进行了整理、删订，以此行教化，使受教者内心产生德。可见，孔子后学确实是以诗书礼乐作为孔子与儒家传授的经典文献加以学习，以此提高自身的道德修养。孔子对中国文化的伟大贡献正在于此——以诗、书、礼、乐作为基本的文化资源教育学生，以此提升学生的文化品位与尊严。如果学生缺乏基本的诗书礼乐等人文知识素养，那么，他的人文精神与人格就是不健全的。更为重要的是,孔子的教育具有极为重要的社会效益,有越来越多的人投身到孔子的课堂来读书。

《史记·孔子世家》记载:"孔子不仕,退而修诗书礼乐,弟子弥众,至自远方,莫不受业焉。""孔子以诗书礼乐教,弟子盖三千焉,身通六艺者七十有二人。"孔子以文化作为教育的内容,又以教育作为提升文化、传播文化的手段,这样,他将文化与教育紧密地结合在一起,使春秋时期贵族专享的文化教养日益普及开来。

(三) 孔子的魅力

为什么有那么多的弟子跟随在孔子身边学习,就连孔子周游列国陷入陈蔡绝粮困境的时候,学生也紧随其后,不离不弃?孔子是凭借什么魅力吸引弟子的?孔子以教育来提高人的礼仪教养,提升人的尊贵,彰显人的价值。跟孔子学习,意味着能接触到原来只有贵族才能享有的文化资源。更重要的是,无论出身怎样,无论贫富贵贱,受教育者都可以通过学习来提升自己的文化教养与尊严,成为君子。

在孔子之前,只有贵族才有接受教育的权利。春秋后期,贵族体系逐渐瓦解,传统的贵族子弟教育也中断了,而社会上又需要大量掌握文化的人才。这时候,孔子顺应时代需求,杏坛设教,开创了中国最早的私学。孔子弟子三千,贤者七十二人,在这些众多的弟子中,既有出身贫寒的庶民,也有来自贵族家庭的青年才俊;有曲阜当地的好学青年,如颜回(字子渊)等,也有来自千里之外的外乡人,如江苏常熟人言偃(字子游)等。孔子"有教无类",学生不分年龄、地域、贫富、贵贱,只要潜心向学,都可以被他接纳为弟子。

就教育内容来说,首要的是诗书礼乐。诗书礼乐是传统贵族们专享的文化资源。彬彬有礼的礼仪,再加上谈吐间从《诗》《书》中引经据典,是上流社会的一种生活方式。这些知识对于贵族弟子来说,是他们家族历史记忆中的身份标识,是他们重振贵族家风的文化基础。对于庶民弟子来说,是他们以往可望不可即的知识资源。无论是贵族子弟还是庶民学生,在孔子学堂里,学习诗书礼乐都可以获得从政和管理社会的基本知识与能力,更重要的是可以提升自己的人文修养和思想境界。这应该是孔子学说吸引弟子的第二个重要的因素。

孔子并不反对学生从政,有的时候甚至推荐学生从政。当季康子向孔子询问仲由(字子路)、端木赐(字子贡)、冉求(字子有)三人是否具有从政的资格时,孔子回答说:"仲由果敢,端木赐通达事理,冉求有才,他们三人管理国家难道还有什么困难吗?"显然,在孔子心目中,他的学生都是优秀的。

子夏在孔子弟子中,以"文学"著称。

图1-2 孔子杏坛设教图

他在儒学史上有传承"六经"的贡献,也做过魏文侯的老师。但子夏也并非一门心思地跟着老师学习,面对外界的诱惑,子夏与冉求一样,也陷入了两难困境。《史记·礼书》记载:"(子夏)出见纷华盛丽而说,入闻夫子之道而乐,二者心战,未能自决。"在课堂上,子夏听孔子讲授古典知识与礼仪,获得精神与心灵上的愉悦,但是下课以后,看到课堂之外的繁华物质世界,不免获得了感官上的极大满足。是追求精神的愉悦还是获得感官上的满足,这其实不是子夏一个人面临的困境,而是大多数学生,甚至整个人类面临的困境。

孔子并不反对学生追求繁华的物质生活,也不反对享受人生,但是这种心灵之外的物质追求,必须在心灵与精神的控制之下,如果人的欲望不断膨胀,任欲而行,那么,人必然丧失人的本性,与禽兽无异。平庸与轻慢都不违反一般的道德，但却有违儒学的精神原则。因为儒学对人的要求就是具有高尚品质，人必须追求庄严的生活，而不能允许自甘平庸和流于轻慢。古代流传下来的文化资源，作为现实社会中人文教养的依据，使人们体验到做人的价值和尊严。人的尊严价值又必须通过礼仪展现出来，单纯倡导内心的善并没有多大的说服力，最终还是要看行动。

图 1-3 曲阜孔庙杏坛

人的文化教养首先表现在礼仪方面。孔子教人遵守礼仪，以举止之礼表现人的文化教养，以仁作为礼的精神力量。所以，礼仪的示范作用对于周围的人来说是一个外在学习的典范。一个人只要做到这些，无论是否从政，都可以说他已经做到了修己安人。有人问孔子为什么不去从政，孔子答曰："孝乎惟孝，友于兄弟，施于有政"（《论语·为政》）。孔子认为，处理好家庭的内部关系，使父子有亲、长幼有序，这本身就是为政。家庭是一个社会最基层的组织单位，如果每一个家庭和睦相处，那么社会上就会减少很多矛盾，政府的行政成本也会大大降低。"家是最小国，国是最大家。"从这个意义上来说，处理好家庭关系显然是为政治做贡献。

美国著名哲学家赫伯特·芬格莱特（Herbert Fingarette）在 1972 年出版了一本关于孔子研究的著作《孔子：即凡而圣》（Confucius：The Secular as Sacred）。这本书不是鸿篇巨制，篇幅不长，但就其讨论的内容与研究深度来说，足以算作孔子研究领域的力作。该书的主要论点是，孔子思想的神圣性来自日常生活中的平凡礼仪。人们之间的礼仪交往、举手投足，甚至一个微笑，都可以传递给对方礼仪教养的信息。他指出：孔子之道并没有考虑交叉路口所隐含的"多重选择"，孔子思想就是一条没有十字路口的大道。"毫不奇怪，'道'的概念与孔子的中心概念'礼'十分相近。对孔子来说，'礼'是伟大礼仪的明确而细致的模式，那种伟大的礼仪就是社会交往，就是人类生活。从直道而行的意象转换到恰当地遵循礼仪，是一件轻而易举并且颇为亲切的事情。我们甚至可以把'礼'想象为'道'的地图或具体的道路系统。"基于以上认识，芬格莱特认为，《论语》的文本，无论在文字上还是精神上，都支持和丰富了西方最近出现的对于人类的看法，也就是说，人是礼仪性的存在。

图1-4 《孔子：即凡而圣》

孔子开创的思想之路就是要沿着学礼、行礼的路子走下去，人的价值、尊严、品位、气质，在神圣性的礼仪中得到彰显。芬格莱特的看法是非常有见地的，古代流传下来的礼仪文化，只有在现实社会关系的交往中才可以体现出来。人们在践行这些礼仪的时候，就会在内心体验到做人的价值和尊严。

（四）修身的困境

孔子的学说不是只停留在说教层面，更重要的是知行合一。如果儒学不能在社会实践中得到检验，那么，儒学就失去了其真正的价值，流于空泛的说教。

"言"与"行"都可能表现出"善"，但如果不是发自内心真诚的善，那么，这种"善"就缺乏人性的依托，善行也就没有持久的动力。如何才能使人保持长久行"善",这是自孔子开始,历代儒家持续关注并力求解决的话题。孔子认为,当时社会上缺乏礼仪教养的根本原因,在于人们的内心缺乏敬畏之感。外在的礼仪表现是人的外在"文饰",内心支配外在表现的道德自觉才是人的"本质"。只有把"文"与"质"结合起来,才可以称得上真正的"文质彬彬"的君子。孔子告诫子夏,要做"君子儒",不要做"小人儒"(《论语·雍也》)。孔子明确区分"君子儒"与"小人儒"。"君子儒为己,小人儒为人",君子儒是以诚修身,提升自己的德行,小人儒则是在作秀,不是为了自己的修身,而是做样子给别人看。

中国人常常说"孝敬"一词。这个词在古代包含两层意义。一层是孝,是外在的行为,另外一层意思是敬,是内心支配孝的道德动力。这两层意义是不可分割的,没有"孝","敬"落不到实处,没有"敬","孝"就不可能实现。当子游问孔子何谓"孝",孔子说,子女只满足父母的物质需要,使他们衣食无忧,这并不能算是孝。如果子女的内心缺乏对父母的敬畏之情,只是认为满足父母的温饱就算是孝,那么,这种行为就与饲养犬马没有区别,怎么能算是孝呢?(《论语·为政》)。所以,"孝"与"敬"不能分开。缺乏"敬"的"孝"就不成为"孝"。

"敬"在孔子的思想世界里不只是对父母的"孝"与"爱",还具有更为广泛的社会伦理意义。孔子说:"君子有三畏:畏天命,畏大人,畏圣人之言。小人不知天命而不畏也,狎大人,侮圣人之言。"(《论语·季氏》)意思是说:君子有三怕,怕天命、怕地位高贵的人,怕圣人的话。小人不懂得天命而不怕,轻视地位高贵的人,蔑视圣人的话。可见,对天命、大人、圣人之言是否存有敬畏之心,是君子与小人区别的一个重要标识。如果一个人无所敬畏,这种人就是社会潜在的威胁,什么事情都可以做得出来。如果社会上的大多数人无所敬畏,那么,整个社会秩序就会混乱,人间就会陷入灾难。孔子针对春秋后期的政局动荡、礼仪失序引发的人道危机,深刻洞察了人们缺乏敬畏之心带来的严重后果。但不幸的是,人类历史的发展却多次重复上演着由于缺乏敬畏带来的人间惨剧与灾难。

既然君子有敬畏之心，那么，什么样的人算是君子呢？子路曾问过孔子这个问题。孔子回答说：一个人首先要做到"修己以敬"，然后再以自己良好的德行影响与教化身边的人，此之所谓"修己安人"。在此基础上，君子如果获得一定的职位，还可以发挥更大的社会作用，即"修己以安百姓"。孔子教人以敬畏之心修身，在此基础上进一步实现安人、安百姓的人生价值与社会理想。这为有志于治国平天下的君子指明了人生努力的方向。反之，不能以敬畏之心修身的人，即使获得了安人、安百姓的职位，也不可能成为一个好的管理者。

敬畏之心并非空洞的说教，而是要得到行动的检验。孔子教导学生遵守礼仪，从平常的行为举止中涵养敬畏，训练对礼仪文化的敬畏感。如果人们行礼以敬，互敬互让，冲突与矛盾自然就会减少。按照芬格莱特的说法，礼本身就蕴涵着神圣性。但在孔子时代，礼坏乐崩的局势已经不可逆转，执守礼仪的人少了，以敬畏之心执守礼仪的人更少了。在以物欲与功利而非文化与价值作为追逐目标的时代里，还有多少人会坚守文化的力量？正是在这样的人道危机面前，孔子对如何执守礼仪、敬畏礼仪做了进一步的深入思考。

（五）为仁由己

《论语》文本中"仁"出现的次数在一百次以上。"颜渊问仁""仲弓问仁""樊迟问仁""司马牛问仁"等记载，表明孔子弟子对仁的内涵非常关心。一向因材施教的孔子对于不同弟子问同样的问题也给出了不同的回答。或曰"克己复礼为仁"，或曰"己所不欲，勿施于人"，或曰"仁者其言也讱"，或曰"仁者爱人"。仁的内涵是什么？如何做一个仁者？这是孔子必须给予学生解答的重要问题。从《论语》文本透漏给我们的信息，我们可以大体归纳出仁的两个内涵。

首先，"仁"是一种发自本心的特殊的感情——爱。一个人首先要爱自己的父母，这种爱谓之"孝"。其次，要爱自己的兄长，这种"爱"谓之"悌"。父母与兄弟是源自血缘关系的亲情。所以这种爱具有先天性，儒家认为，这种对父母与兄长的孝悌之仁爱是不需要加以论证的，是发自人本心的自然而然的真实情感。人们做到孝悌之后，再把这种爱推广开来，施于夫妻、朋友，直至天下人。可见，孔子与儒家讲仁爱的对象，与自己血缘关系最近的处于优先位置。所以，儒家的仁爱有亲疏之别，此之所谓"爱有差等"。

其次，"仁"是一种为人处世的原则。颜渊问孔子怎样造就"仁"的名声。孔子回答说："克己复礼为仁"，克制自己的欲望，使自己的言行与礼相合，就能造就"仁"。如果你一旦克制自己，使自己的言行符合礼的要求，天下的人就会把"仁"的称呼归在你身上。可见，造就"仁"的名声由自己决定，而不是别人。颜渊又问应该具体如何去做呢？孔子说："非礼勿视，非礼勿听，非礼勿言，非礼勿动。"（《论语·颜渊》）不合礼法的东西不看，不合礼法的话不听，不合礼法的话不说，不合礼法的事不做。从以上孔子对颜回的教导看，要想获取仁的名声，做一个仁者，就必须克制自己的欲望，使自己的言行符合礼仪规范。克制欲望的力量源自自己，而不是他人。克制自己的欲望，并不是没有标准与依据，其依据就是社会上普遍认可的礼仪规范。

仲弓问仁，孔子说："出门如见大宾，使民如承大祭。己所不欲，勿施于人。在邦无怨，在家无怨。"（《论语·颜渊》）出门像去见贵宾一样庄重而恭敬，役使百姓像承当大祭一样严肃而不苟。自己不想做的事情，不要施加给别人。在朝廷做事无怨无悔，在卿大夫家做事无怨无悔。孔子的这段回答正好与上段答颜回问仁相呼应。克制自己欲望的做法，其中最基本的要求就是"己所不欲，勿施于人"，这种人难道不会获得好的名声吗？

选择行仁的道路注定是一条布满荆棘的艰辛之路，在这条路上，甚至很难找到同行者。但是，坚韧的孔子及其弟子"知其不可而为之"，以弘道之信念，坚持在仁的道路上苦苦求索。正如曾子所言："士不可以不弘毅，任重而道远。仁以为己任，不亦重乎？死而后已，不亦远乎？"（《论语·泰伯》）

正因为仁者的要求很难达到，所以在孔子心目中，很少有人可以获得仁者的殊荣。他甚至声称自己也没有达到仁者的标准。"若圣与仁，则吾岂敢？抑为之不厌，诲人不倦，则可谓云尔已矣。"（《论语·述而》）在孔子众多的弟子中，颜回是老师最喜爱的学生，我们且看孔子对他的评价："回也，其心三月不违仁，其余则日月至焉而已矣。"（《论语·雍也》）如果颜回才能做到"三月不违仁"，那么，其他的弟子恐怕离仁的要求就更远了。

如何做一位仁者，其实答案很简单，就两个字"修身"。但是这两个字说起来容易，做起来实在是太艰难了，而终身坚持更是难上加难，甚至是无法完成的任务。孔子认为，无论修身多么艰难，无论这条没有终点的道路有多长，都要坚持下去。

孔子教人修身，其首要的任务，也是基本的任务就是学习诗、书、礼、乐。但诗、书、礼、乐虽然可以孕育有教养的人文精神和显示人的尊贵价值，但是这种"文"如果没有"化"为内心之自觉精神，人就不能成为"文化"人。在"文"内化的过程中，"仁"是源自内心深处博厚的道德要求，天命是外在高明的终极依据。孔子试图贯通性与天命，从博厚与高明两个方面为修己建构精神的动力。当孔子遭遇困境，支撑他生存下去的力量正是"天"。卫国执政大夫王孙贾劝孔子，向国君游说不如投靠于他。孔子说，如果得罪了天，无论怎么祷告都没有办法挽救自己（《论语·八佾》）。意在批评王孙贾僭越君权，违反了天命，无论怎么祷告都没有用。

现实生活中，我们的理想与现实之间产生巨大差距的时候，不免产生失落感，陷入颓废、沮丧、无力、无助的困境。而人总是要回到现实，开始新的生活，那么，天命的力量是支撑个人开始新生活的最高关怀。新的目标也可以成为支撑动力，但唯有天命的力量，是在任何艰难险阻困境中都可以渡过难关的终极力量。

（六）知天命

孔子面对人道的沦丧、现实政治的堕落，力图重新从天命中获取支撑现实的力量。当"斯文"遭遇"强权",学术遭遇暴政的时候,保持斯文以承传文化极为艰难,孔子坚信"天之未丧斯文",以天命作为文化的最高支持力量。天命是中国人的最高关怀,在所有中国人的信仰中,天命具有至高无上的权威。无论一个人信不信天命,但天命总是人们挥之不去、若隐若现的神秘力量。孔子一方面告诫人们要"畏天命",同时,又强调要"知天命"。孔子自言"五十而知天命",与他对《周易》的研究有很大关系。孔子通晓了《周易》的基本规律,对于知晓天命有很大帮助。

《周易》是在诗、书、礼、乐难以涵盖天道、地道、人道的情况下,才被孔子纳入儒家视阈的。由于《易》蕴涵的天道并不直白地显露出来,所以,在孔子弟子中的影响就不如诗书礼乐。孔子发现《易》所蕴涵的"性与天道"思想,认为《易》"有古之遗言焉",所以"乐其辞"。然而,正像孔子修《春秋》阐发"微言大义"一样,作《易传》发微"性与天道",也是普通人难以知晓的。《要》篇说:"后世之士疑丘者,或以《易》乎?"这与对《春秋》的叹词意蕴一致。

孔子老而喜《易》,《史记》与《论语》均有记载。《孔子世家》:"孔子晚而喜《易》,序《彖》《系》《象》《说卦》《文言》。读《易》,韦编三绝。曰:'假我数年,若是,我于《易》则彬彬矣。'"《史记·田敬仲完世家》:"孔子晚而喜《易》。"《论语·述而》:"子曰:加我数年,五十以学《易》,可以无大过矣。"帛书《要》篇记载:"夫子老而好《易》,居则在席,行则在橐。"

图 1-5 八卦图

上博简第二册有一篇《鲁邦大旱》的简文。该篇记述鲁国大旱,哀公问孔子如何稳定人心，孔子建议用玉帛向山川献祭。孔子的这种建议，正符合当时的传统礼仪，也是百姓熟知的社会习俗。此时的"天"并不具有神与权的性质，但"天"对孔子仍存在一种精神寄托的作用。竹书《鲁邦大旱》的发现，进一步佐证了孔子晚年出现了借神道辅佐人道的思路。

孔子感叹"仁"之难行，原因不是"仁"本身有问题，而是"仁"缺乏超越人外在力量的支持。性与天命贯通，才可以保持仁礼相成。孔子以后，经过子思再到孟子，仁就成了人性的代名词，没有仁，就没有人性。默默体会天道的过程是长期的、枯燥的，这种近似苦行僧的生活，只有洞察大道之行的仁人君子才能坚守。性与天命结合起来，一切困难、名誉、财富都是无关紧要的，都动摇不了君子的刚毅之心，困境又何惧？

（七）仁礼之间

《论语》首篇首章：

> 子曰："学而时习之，不亦说乎？有朋自远方来，不亦乐乎？人不知而不愠，不亦君子乎？"

末篇末章：

> 孔子曰："不知命，无以为君子也。不知礼，无以立也。不知言，无以知人也。"

首章论学，揭示了孔子思想的现实性。整部《论语》的思想之旅，围绕着如何修己、安人，如何处理人际关系、伦理关系、君臣政治关系而展开。

"不知命，无以为君子"正说明君子要洞察现实生活，以道自任，"有道则见，无道则隐"（《论语·泰伯》），即使身处逆境也要有"弘道"之抱负。

但是儒家又始终不能放弃人道教化，放弃这种社会责任感也就不是儒家。"不知礼，无以立"，强调修己；"不知言，无以知人"，强调通过言语了解别人。儒家通过其掌握的文化资源进行教化，而教化离不开语言。《论语》末章告诫君子应该懂得天命之规律，知晓天赋予的神圣使命，要通过礼与言来体察社会人情，修己安人，实践人道复兴。

孔子继承了春秋以来形成的礼文化传统，以此作为人道思想的核心内容。在人道逐渐沦丧的时候，孔子以整理古代经典文献为己任，以六经之教为修己安人的主要措施，以此唤醒人们对古典文化的记忆。春秋末年士阶层的崛起，为孔子思想提供了广阔的背景，而孔子以毕生精力教学、传道，又给士人注入了文化精神和实践动力，从而进一步推动了"士志于君子道"。孔子试图建立以人文教养之礼为文，以仁爱之心为质，以天命之超越为关怀的修己之路。在这条道路上，修己只有起点，没有终点，正如孔子所言："譬如为山，未成一篑，止，吾止也；譬如平地，虽覆一篑，进，吾往也。"（《论语·子罕》）好比用土堆山，差一筐土没有完成就停止，那就是怪我们自己停止了；好比用土填地，即使倒上一筐土就使平地向前有所延伸，那就是因为我们自己去做了。如果我们以修己之学作为孔子与儒家思想的主体，就可以发现儒家并不存在所谓的困境。通过修己，进而可以使立于天地之间的个体生命获得精神的解脱与自由。

在人道逐渐沦丧的时候，孔子以整理古代经典文献为己任，以六经之教为修己安人的主要措施，以此唤醒人们对古典文化的记忆。春秋末年士阶层的出现，为孔子思想提供了人力上的准备，而孔子以毕生精力教学、传道又给士人注入了文化精神和实践动力，从而进一步推动了"士志于君子道"。孔子试图建立以人文教养之礼为文，以仁爱之心为质，以天命之超越为关怀的人道思想之路。但是，性与天道如何结合，外在之行又如何成为内心之德，这些孔子没有完成的思想论证，正是子思努力的方向。

鲁哀公十四年（公元前481年），孔子听说有人在鲁国西部打猎的时候捕获了麒麟。麒麟作为四灵之一（四灵指麒麟、龙、凤、龟），是中国民间象征吉祥仁和的动物。麒麟不常常出现，只有在太平盛世时它才会现身。但哀公十四年，正值天下大乱，麒麟却出现了，是反常现象，更不幸的是还让人捕获了。孔子闻知此事，停下来正在编订的鲁国史书《春秋》，心中油然而生一种悲凉之感。鲁哀公十六年（公元前479年），孔子患病，子贡来看望老师，孔子感叹道："太山坏乎！梁柱摧乎！哲人萎乎！"然后流下了眼泪，对子贡说："天下无道久矣，莫能宗予。"（《史记·孔子世家》）过了七天，即公元前479年4月11日，农历二月十一日，孔子带着无限的遗憾与世长辞，终年73岁。学生们把他葬于鲁城之北、泗水之南的沃土。许多弟子为孔子守墓三年，然后各奔东西。子贡独自在孔子墓旁盖了草屋，为老师守墓六年才离开。

图 1-6　麒麟

孔子总结一生为："吾十有五而志于学，三十而立，四十而不惑，五十而知天命，六十而耳顺，七十而从心所欲不逾矩。"（《论语·为政》）孔子一生不懈的努力，创立了儒家思想体系的基础，从而为中国传统文化增添了丰富的思想资源和精神动力。西汉历史学家司马迁评价孔子说："高山仰止，景

行行止,虽不能至,然心乡往之","自天子王侯,中国言六艺者折中于夫子,可谓至圣矣"。(《史记·孔子世家》)

图 1-7 子贡庐墓处

三、"后孔子时代"的儒家学派

孔子去世后,儒家学派失去了伟大的导师与精神领袖,学派的分裂也就在所难免了。《韩非子·显学》篇"儒分为八","自孔子之死也,有子张之儒,有子思之儒,有颜氏之儒,有孟氏之儒,有漆雕氏之儒,有仲良氏之儒,有孙氏之儒,有乐正氏之儒。"这八个学派并不是同时存在的,有的是以孔子弟子为首的学派,有的则是孔子的再传弟子创立的学派。"儒分为八"告诉我们,后孔子时代的儒家学派出现了多元化发展趋势是不争的事实。从客观上讲,儒家学派的分裂恰恰又从不同方面发展与深化了孔子的思想,后孔子时代的儒家在中国思想文化史上的思想创造与实践努力以往并不为学术界所重视,这并不是早期儒学高峰的时代,却是为了一个新的思想高峰的出现做准备的阶段。在这个阶段里，孔子之孙子思所创立的学派特别引人注目。

(一) 早期儒家学派的形成

儒家学派创始人孔子与他的弟子们共同组成了早期儒家学派的中坚力量。《淮南子·泰族训》记载："孔子弟子七十，养徒三千人，皆入孝出悌，言为文章，行为仪表，教之所成也。"可见，孔子弟子及其后学是社会上有教养的高素质知识群体。而造就这个群体的途径就是教育。

孔子的儒家学堂，是一所开放式的私人学校。孔子弟子遍及当时的鲁、卫、齐、秦、陈、宋、晋、楚、吴、蔡、燕等十几个诸侯国，涉及今天的山东、河南、河北、山西、陕西、江苏等省份，可以说，孔子创立的学校招生范围遍及中国广大地区。弟子们的年龄差别很大，有比孔子少四十六岁的曾参、少四十八岁的子张，也有少九岁的子路。根据《史记·孔子世家》等文献的记载，我们可以大致推断出孔子收徒有三波高潮。第一波是鲁昭公二十四年，时年孔子三十四岁，鲁国孟僖子临死时，嘱咐两个儿子向孔子学礼。第二波是鲁定公九年，时年孔子五十一岁，孔子出仕，任鲁国中都宰。第三波是鲁哀公十一年，时年孔子六十八岁，孔子周游列国十四年返鲁之后。

孔子收了孟僖子的两个儿子做学生，"弟子稍益进"。在此之后的一段时期，是孔子收徒的第一波高潮。此时期所收的弟子应该是子路、闵子骞、冉伯牛等年龄较大的弟子。

孔子任中都宰前后一段时期，是孔子第二波收徒的高潮。鲁定公九年，孔子出任中都宰（中都，今山东省汶上县）。孔子虽然治理中都仅一年时间，但其各项行政措施却起到了良好的效果，"四方诸侯"皆效仿。在孔子七十二弟子中，有位汶上人荣旂，他就是在孔子治理中都邑期间拜孔子为师的。

图 1-8　孔子为鲁司寇像

孔子晚年返鲁之后，鲁国政局更加混乱不堪。孔子决定不再出仕，专注于收徒讲学，致力于整理古代文献。此时期是孔子收徒的第三波高潮，少孔子四十、五十多岁的弟子应是在此期间加入孔子弟子群体的。

孔子善于因材施教，不断启发学生的思考。在对话式、讨论式的教学情境中，师生之间更容易碰撞出思想的火花。《论语·八佾》篇记载，孔子给子夏解诗，子夏很快领悟了其中的思想含义。孔子高兴地说："起予者商也！始可与言诗已矣。"孔子在教育弟子的过程中，学生的回答也反过来促进了孔子进一步深入思考问题。"七十子"弟子由于家庭出身、生活地域、成长经历、学习背景的不同，他们在受教于孔子的同时，亦同时启发与丰富了孔子的教学内容与实践。

孔子与弟子之间的教学问答，集中反映在《论语》书中。《论语》不同于《诗》《书》《礼》《乐》。诗、书、礼、乐是古代流传下来的知识系统，蕴涵着先王之道与道德伦理规范，孔子为挽救现实的人道危机，以其作为教育弟子的教材，来培育道德完善的君子阶层。孔子对《诗》《书》《礼》《乐》的整理，体现了孔子的思想，而《论语》作为孔子、"七十子"，以及孔子与"七十子"对话的言行录，包含了大量"七十子"的思想成分。《论语》书中出现孔子弟子名字近三十人，鲜明地体现了七十子弟子在早期儒家思想中占有不可忽视的地位。

《汉书·艺文志》云："《论语》者，孔子应答弟子、时人及弟子相与言而接闻于夫子之语也。当时弟子各有所记，夫子既卒，门人相与辑而论纂，故谓之《论语》。"《隋书·经籍志》云："《论语》者，孔子弟子所录。孔子既叙六经，讲于洙、泗之上，门徒三千，达者七十。其与夫子应答，及私相讲肄，言合于道，或书之于绅，或事之无厌。仲尼既没，遂缉而论之，谓之《论语》。"黄怀信认为，《论语》最初的纂辑，是由众弟子先各言所记，各述所知，然后就共知者进行讨论确定。除颜渊、冉耕、子路早死外，其余大多有参与纂辑的可能。最初纂辑论定的时间，应在孔子既卒、弟子奔丧聚首之际。（黄怀信：《论语新校释·前言》）

可见，"七十子"弟子大多参与了这部儒家经典的纂辑。

图1-9　曲阜泗河南岸的洙泗书院

（二）"七十子"的分化

孔子去世以后，弟子们失去了共同的导师。为了消解弟子们思念老师的痛苦，填补孔子去世之后留下的领袖真空，众弟子酝酿从师兄弟中推举一位作为领袖，并以侍奉老师的礼节侍奉他。在众弟子中，有子的相貌最似孔子，而且品学兼优，于是子夏、子张、子游等主要弟子打算推举有子（有若，字子有）作为新的儒家领袖。但是，当他们征求曾子（曾参，字子舆）的看法时，却遭到了曾子的强烈反对。曾子说："不可，江汉以濯之，秋阳以暴之，皜皜乎不可尚已！"（《孟子·滕文公上》）老师的崇高与洁白就像江汉之水洗涤过，秋天的太阳暴晒过，是无人能比的。由于曾子在众弟子中享有崇高的威望，这件事就没有做成。

战国晚期，荀子、韩非子等人就已经关注到孔子弟子的分化问题。荀子不但批评了儒家以外的道家、墨家等学派"十子"，而且还批评子思、孟子一派儒家没有继承孔子的核心思想。荀子对思孟学派的批评，从儒家后学的立场说明丧失宗师孔子的儒家学派，已经陷入了严重的分化状态。

从战国到西汉，虽然经历了秦帝国的"焚书坑儒"，但儒家文化之根并没有被暴政斩断，而是显示出更加蓬勃的生机。在汉代学者的记忆中，"七十子"弟子的事迹随着儒学的发展逐渐呈现出来。《史记·儒林传》记载："自孔子卒后，七十子之徒散游诸侯。大者为师傅卿相，小者友教士大夫，或隐而不见。故子路居卫，子张居陈，澹台子羽居楚，子夏居西河，子贡终于齐，如田子方、段干木、吴起、禽滑厘之属，皆受业于子夏之伦，为王者师。"《汉书·艺文志》记载："昔仲尼没而微言绝，七十子丧而大义乖。"王充云："孔门之徒，七十子之才，胜今之儒。"（《论衡·问孔》）东汉应劭的《风俗通义·序》亦有类似的表述："昔仲尼没而微言阙，七十子丧而大义乖。"汉代学者普遍认为，"七十子"对早期儒学的贡献是很大的。汉代的儒生虽然博学，但亦不能与七十子弟子相提并论。早期儒学史可以划分为孔子时代、"七十子"及其后学时代，然后才是孟子时代、荀子时代。无疑，"七十子"作为孔子的"入室"弟子，是早期儒家最质朴的代表。"七十子"时代的终结，标志着儒家大义失去了最坚强的信仰者与实践者。战国时代，儒家遭遇的种种困境，表明在"后七十子时代"，儒学陷入了一个整合与积聚力量的阶段。

由于材料的缺失与研究视角的局限，长期以来，人们对于早期儒学史的认识停留在孔—孟—荀的三段论中。除了孔子、孟子、荀子三位伟大的思想家，人们对于早期儒学史上的其他人物知之甚少。但历史的本来面目遇到合适的机缘总会呈现出来，随着近年来出土文献的不断被发现，尤其是郭店楚墓竹简的出土与上海博物馆藏战国竹简的陆续公布，处在孔子、孟子时代之间的儒家竹书文献逐渐展现在人们面前。这些宝贵的战国竹书重现于世，在很大程度上弥补了以往研究资料的不足，虽然现在我们仍然不能对"七十子"的全貌加以详细描述，但毕竟启示人们开始关注孔孟之间"七十子"的思想与贡献。

姜广辉认为，可以把孔子弟子及其后学分为四派：第一派以子游、子思、孟子一系为代表，可称为"弘道派"。这一派人民性、主体性、抗议精神最强,是早期儒家的嫡系和中坚。第二派是子夏一系的"传经派"。这一派比较注意与统治者的合作。第三派是曾子一系重孝道的"践履派"。这一派重孝道的践履,其基点落在家庭父子关系上。第四派是子张一系的"表现派"。李零把孔子弟子分为三类:第一类,是《论语·先进》篇所列在德行、政事、言语、文学四方面有特长的10人。第二类有25人,与第一类的10人,是司马迁所说"显有年名及受业闻见于书传"的弟子。第三类是《仲尼弟子列传》所说"无年及不见书传者"42人。此外,李零认为,七十子后学对战国中晚期影响最大的五个派别:子思的派别,子游的派别,子夏的派别,子张的派别,曾子的派别。这个分类相比姜广辉的分类,多出一个子思的派别。

学者们在"儒分为八"之外,重新对"七十子"及其后学按其思想主旨进行了归类,这有利于推进早期儒学史的研究。但以上分类由于关注的是孔子弟子某一方面的思想倾向,这样就难免忽视他们的整体思想影像。

(三)"修己"派与"安人"派

如果用一句话来概括早期儒家思想,也许"修己安人"四个字最为合适。"修己"与"安人"是两个阶段的事情。"修己"即"修身",指一个人通过学习与训练来提高自己的道德修养与技能的过程,也是提升自己尊严与人生价值的过程。"安人"是指一个人在修身基础上,以自己的道德与行操教化与影响身边的人,使他们共同走向善道。"修己"是"安人"的前提,"安人"是"修己"在社会领域内的延伸,也是最大程度实现"修己"价值的途径。早期儒家虽有各种关于社会伦理道德的论述,但其本旨均离不开"修己安人"。孔子与"七十子"的实践活动,也是围绕"修己安人"的主旨来展开。所以,我们不妨从侧重"修己"或"安人"的角度,对孔子的"七十子"弟子加以分类。这样做,不但更具有包容性,也更能突出早期儒家的特色。

孔子与他的弟子正好处在这样一个社会转接点上。他们努力把古代积累的文化传承下来，并以此提升人的道德价值与人格尊严，使人变得有教养。人之所以是高于其他生物的种类，其根本原因不是人的能力高于其他生物，而是人有道德、有尊严、有教养。欲使人类保持这种道德、尊严与教养，必须要以文化教养来修身，不断丰富人的心灵。"修身"是提升自己修养的程序，"安人"是提高他人的程序。当"安人"的实现缺乏现实条件的时候，自己所能做到的只有修身。

总体来说，孔子并不要求弟子急于从政，而是以修身为本。在孔子弟子中，可以把没有出仕或者不愿意出仕的弟子归为"修身派"或"修己派"，把出仕的弟子归为"安人派"。由于"修身"在儒家思想中的优先性，所以孔子最赞赏默默无闻、坚持修身的弟子。

《论语·先进》篇记载，子路想让他的师弟子羔（高柴）担任费邑的邑宰，孔子批评子路说，子羔还没有学成，你这不是祸害人吗？子路心想，推荐师弟当官是好事啊，老师不但不表扬，反而痛骂自己，于是很不服气地问老师："那里有百姓人民，有社稷庙宇，可以在实践中学习，为什么一定要读了书才算学？"孔子听了子路的辩解，更加生气，说："所以我才讨厌那些巧言善辩的人。"孔子认为，从政之人必须具有足够的德行，否则就没有资格为"民之父母"。只有"学而优"才可以"仕"。言外之意是，如果修身还没有达到足以治国安民的程度，就不要着急出来当官。

史华兹指出："无论孔子是多么地渴望改造人类世界，渴望影响他的环境，他最终仍然声称，他所能控制的惟一领域就是自己的修养，以及他对弟子们施加影响的能力。"（史华兹：《古代中国的思想世界》）有些弟子不去从政并不是因为他们不具备从政的能力，而是坚守孔子的教导，以修身——这种无言的行动去感化身边的人。其实这也是一种特殊的"安人"途径。曾经有人问孔子为什么不去从政，孔子反问道："做好孝悌的事情，不也是从政吗？"可见，圣人孔子以修身作为改造社会的最基础工作。如果每一个人都坚持修身，那么，无论是执政者还是被统治者，身上的担子都变得轻松了。

"修身派"不愿意从政,除了受孔子的影响,也与当时的社会时局有关。"修身派"坚持"天下无道则隐"的信念,甘愿贫困也不与无道的统治者合作。在这一类弟子中,颜回、原宪就是其中的代表。按照儒家的修身标准,颜回、原宪等人的德行远胜过那些急于从政的弟子,可是他们并不去从政。他们德行高尚、安贫乐道,坚守着儒者的精神家园,呵护着中国文化的命脉。孔子去世后,原宪"清净守节,贫而乐道",在卫国过着隐居生活(《墨子·公孟》)。这些不愿意出仕、"安贫乐道"的弟子,正是以修身诠释着孔子的"为己"之学。据《史记·儒林传》记载,孔子去世以后,有的弟子"隐而不显",这些隐居起来不愿意抛头露面的学生,我们都可以把他们称为"修身派"。在天下无道的社会中,"修身派"无力改变现实,不得已选择了退隐。退隐并不是对现实的逃避,而是以呵护文化与保全精神的形式为社会的发展积聚文化力量。

在孔子去世后,墨家学派逐渐崛起。墨家不满文质彬彬的儒家,认为儒家的礼乐治国学说对于拯救当时的社会显然不合时宜。为此,墨子为病态的社会开出了兼爱与非攻的"猛药"。用平等的兼爱取代儒家的仁爱,用"行天下大义"呼吁消除任何战争。墨家认为,在天下无道的时候,有识之士不应该躲避,而是要勇敢地站出来,去积极地承担救民于水火的责任。墨家认为,儒家的退隐与逃避是缺乏社会责任感的表现。儒者就像大钟,"不扣不鸣",不请不出仕(《墨子·公孟》)。墨子所指的这部分儒者正是"七十子"中"隐而不显"的"修身派"。墨子的批判不但是针对一两个儒者,而是泛指整个儒家学派,由此我们可以推断,孔子弟子中"修身派"的数量应不在少数,否则,墨子也不会把这种责任归在所有儒者身上。

子路在孔子弟子中一向以性格果敢、心直口快而著称。遇到老师的讲解与自己想法不一致又一时想不通时,子路敢于向老师提出质疑。有一次子路的质疑把孔子惹急了,被老师冠以"野哉,由也"的称号。但子路在从政方面,却遵从老师的教导。子路主动向老师请教如何从政。孔子说:"要身先士卒，给百姓做一个好榜样。"子路希望老师再补充一点，孔子答曰："不知疲倦。"(《论语·子路》)从政首先要从自身做起，给百姓做一个表率，这样才有可能役使他们。这种榜样与表率不是作秀，不是一时的行为，而是要求从政者长期坚持，不能懈怠。据《孔子家语·辩政》篇记载，子路勤勉忠诚，治理卫国蒲邑三年，取得了良好的政绩。三年后的一天，孔子经过蒲邑，进入蒲邑境内，称赞子路做到了"恭敬以信"；走到城中，称赞子路做到了"忠信而宽"；来到子路的官衙，称赞子路做到了"明察以断"。可见，子路是一位卓越的地方官。

图1-10 子路像

子贡是中国第一位名副其实的儒商。《史记·货殖列传》记载："七十子之徒赐最为饶益，原宪不厌糟糠，匿于穷巷，子贡结驷连骑束帛之币以聘诸侯，所至，国君无不分庭与之抗礼。"可见，子贡在当时各诸侯国中享有很高的地位。子贡除了在经商方面取得了佳绩，在政治与外交方面同样展现出出众的才华。子贡曾仕于鲁国与卫国，出使齐、吴、越、晋诸国。孔子周游列国时，在陈蔡陷入绝粮的困境，为了摆脱危机，孔子派子贡出使楚国，说服楚昭王兴师营救孔子与众弟子。当时，鲁国有人公开宣称子贡的才学已经超过了孔子。但子贡坚决不认可这种看法，他说："怎么能这么说呢？拿围墙做比喻，我家的围墙同肩膀一样高，谁都可以从墙头看到我的房屋美好。我老师家的围墙有几丈高，如果找不到门进去，就看不见里边宗庙的富丽堂皇，房舍的绚丽多彩。能找到门进去的人大概很少了。"(《论语·子张》)

子贡、子路、冉有与子游等人在政坛上取得了优异成绩，足以表明儒家弟子不只是懂得诗书礼乐，而且还具有把知识转化为治国安邦实践的能力。这些"安人派"弟子为后世儒家从政树立了榜样。

图1-11　曲阜孔庙前的万仞宫墙

第二章 子思的生平与主要事迹

孔子去世后，儒家学派失去了一位伟大的导师与精神领袖，虽然众弟子在各自领域努力开拓进取，但由于缺乏核心人物的领导，与正在崛起的墨家集团相比，儒家"显学"的声望与地位已经被墨家所分享。但真正的儒者秉承孔子弘道的志向，以坚韧的毅力继续开拓儒家的思想新境界。这其中，孔子的孙子——子思起到了重要的作用。

一、聪颖少年

子思，孔鲤之子，名伋。"伋"有思考敏捷之意。子思是孔鲤的遗腹子，子思的名字是祖父孔子给起的。名伋，字子思，蕴涵着孔子对子思的殷切期望。子思不但是孔子的孙子，还是儒学学派的接班人，具有家学与儒学的双重继承者的特殊身份。但传统观点认为，子思不可能受到孔子亲传儒家之道。理由是，孔子去世的时候，子思才三岁，一个三岁的小孩怎么能懂得如此高深的大道理呢？但这种观点不符合历史事实。

图 2-1　子思像

（一）《孔丛子》的价值

《孔丛子》是一部记载孔子家学的重要著作。该书以人物为经，以人物活动为纬，由孔子第九世孙孔鲋（字甲）编成，记述了从孔子到孔季彦之间孔氏家族的谱系传承、族人学术思想、活动事迹等。以往的观点认为，该书和《孔子家语》一样，为三国时期魏国学者王肃（字子雍）伪作。清人臧琳的《经义杂记》与近代学者罗根泽的《〈孔丛子〉探源》就力主此说。黄怀信指出："其书不仅撰作、流传与王肃没有任何关系，而且时代也早于王肃。"《孔丛子》记孔子、子思、子高的部分均有原始材料，其文字基本上采集旧材料或据旧材料加工而成，不能把《孔丛子》视为"伪书"。《孔丛子》一书的《记问》篇到《抗志》篇，有六篇集中记载子思事迹，涉及子思学习孔子之道、游历诸侯，以及为鲁穆公师的事迹。李学勤指出，《孔丛子》一书由孔子一直记到孔季彦，可以说是孔氏家学的学案。"今传本古文《尚书》《孔丛子》《家语》，很可能陆续成于孔安国、孔僖、孔季彦、孔猛等孔氏家学之手，有着很长的编纂、改动、增补的过程。这样说，并不是要夸大这几部书对研究先秦史事的价值，而是想指出它们是汉魏孔氏家学的产物。"（李学勤：《竹简〈家语〉与汉魏孔氏家学》）研究子思及孔氏家学，应当特别重视《孔丛子》的史料价值，把《孔丛子》称为第一部"孔氏家族传记"亦不为过。

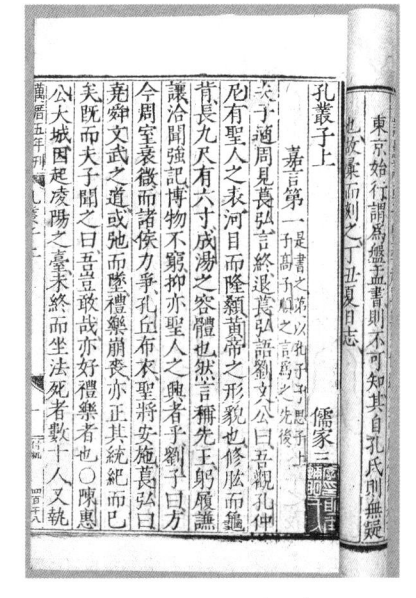

图 2-2 《孔丛子》

图 2-3 《上海博物馆藏战国楚竹书·孔子诗论》

近年来，出土的战国简帛文献与《孔丛子》书中的记载有诸多相通之处，如郭店竹简《鲁穆公问子思》等篇与《孔丛子》记子思言行在风格上相同，据此可以推断《孔丛子》有关部分作为先秦时期"子思之儒"的史料是可信的。《上海博物馆藏战国楚竹书》第一册《孔子诗论》篇，和《孔丛子·记义》中孔子论诗比较看，更能反映出《孔丛子》具有较高的文献价值。这更加印证了《孔丛子》具有重要的史料价值。

（二）有关子思生年的三种说法

许多先秦历史上人物的生卒年问题都不明确，子思也不例外。但子思生年问题又涉及子思是否受孔子亲传儒家之道的问题，所以又无法回避。目前对该问题主要有三种说法：

1. 公元前483年。《史记·孔子世家》记载："伯鱼生伋，字子思，年六十二。"唐代司马贞的《史记索隐》引《孔子家语》："孔子年十九，娶于宋之亓官氏之女，一岁而生伯鱼。"如果子思在伯鱼的卒年出生，伯鱼年寿是五十岁，那么子思出生的时候，孔子已经七十岁了，这一年是公元前483年。按照《孔子世家》的说法，子思年寿六十二岁，那么，子思的卒年就应是公元前421年。钱穆在其名著《先秦诸子系年》中列有"子思生卒考"的专节，他赞同《史记》有关子思生年的观点，但又指出子思年寿不是"六十二"而应是"八十二"，所以子思的卒年是公元前402年。

2. 公元前493年。蒋伯潜在《诸子通考》中称，公元前495年孔鲤、颜回卒，孔伋生，孔伋卒于公元前406年，即鲁穆公二年。他指出《孔子世家》记载伯鱼年寿"五十"岁，应是"四十"之误。伯鱼与颜子同卒于鲁哀公二年，当时孔子五十九岁。但是，根据《史记·十二诸侯年表》，鲁哀公二年应是公元前493年，不是公元前495年。《诸子通考》如果确认子思生于鲁哀公二年，那么这一年就应该是公元前493年。

3. 公元前504年至公元前494年之间。郭沂指出，"子思的生年在公元前504—494年之间，卒年在公元前413—403年之间"（郭沂：《孟子车非孟子考：思孟关系考实》，《中国哲学史》2002年第3期），对子思生年给出了一个大致的范围。

在目前我们所能见到的史料中，还很难推断出子思确切的生卒年代。但是，如果对以上说法仔细爬梳，再结合新出土文献的支持，有可能得到近乎事实的结论。

首先，我们来分析第一种说法。按照《汉书·艺文志》《孟子·公孙丑下》《韩非子·难三》《礼记·檀弓》《说苑·难言》《论衡·非韩》《孔丛子》等文献的记载，子思曾做过鲁穆公的老师。郭店竹简有一篇被整理者定名为《鲁穆公问子思》的文献。这篇简文再现了战国中期鲁穆公与子思之间对话的场景，再次有力地证明了子思为鲁穆公老师的说法是可靠的。按《史记·孔子世家》的说法，子思生于公元前483年，卒于公元前421年。据《六国年表》可知，鲁穆公元年为公元前407年，如果子思卒于公元前421年，又怎么能做鲁穆公的老师。所以，我们以子思为鲁穆公老师这个线索为参照来看，《史记》有关子思卒年的说法肯定有问题。

清代学者毛奇龄和孔继汾（孔子第69世孙）也看出了"子思年六十二"不能与史实相符合，指出《史记·孔子世家》子思年寿"六十二"的说法可能是"八十二"之误。钱穆认为："子思之生，至迟亦在周敬王三十七八年"，与清代学者一样，也认为"子思六十二"应为"八十二"之误。当今学术界涉及子思生卒年问题，皆宗此说。这个结论看起来颇有说服力，但是，"子思八十二"的说法毕竟只是猜测之辞，并不是没有可商榷之处。以上推论子思生年，无一例外地均以孔子二十生伯鱼，伯鱼年五十为前提。事实上，以上学者怀疑《孔子世家》所载的"子思年六十二"有误，但对于"伯鱼年五十"的说法没有疑义，而问题恰恰出在这个地方。

蒋伯潜定子思生于公元前493年，较之公元前483年的说法提前了十年，正是在怀疑《孔子世家》"伯鱼年五十"，乃"四十"之误的基础上提出来的。郭沂的观点，使人耳目一新，他考定子思生年为公元前504—494之间，下限和蒋伯潜的说法只差一年。这两种观点开始怀疑伯鱼的年寿，这为解决子思生年找到了一条新的思路。但论证至此，子思生年问题仍然没有坐实，仍有诸多推测的空间。我们必须寻找出确切的证明，还原问题的本来面目。

以上几种观点在论证时均忽略了一个重要的参照，那就是颜回的卒年。《论语·先进》记载：

> 颜渊死，颜路请子之车以为之椁。子曰："才不才，亦各言其子也。鲤也死，有棺而无椁。吾不徒行以为之椁。以吾从大夫之后，不可徒行也。"

这段话告诉我们，伯鱼比颜回死得早，最迟也和颜回同年去世。颜回的卒年就是伯鱼卒年的下限，而伯鱼的卒年正是子思生年的下限。所以，解决了颜回卒年的问题，子思生年的最下限也就明朗了。

(三) 颜回、伯鱼的卒年与子思生年问题

历史上有关颜回卒年说法大致有七种：1. 鲁定公六年说；2. 鲁哀公二年说；3. 鲁哀公四年说；4. 鲁哀公五年说；5. 鲁哀公十二年说；6. 鲁哀公十三年说；7. 鲁哀公十四年说。其中影响较大的观点有四种：

1. 二十九岁。《史记·仲尼弟子列传》"颜回者，鲁人也，字子渊。少孔子三十岁"，"回年二十九，发尽白蚤（早）死"。

2. 三十一岁。《孔子家语·七十二弟子解》："颜回，鲁人，字子渊……年二十九而发白，三十一早死。"

3. 三十二岁。《史记·仲尼弟子列传》司马贞引《孔子家语》云："年二十九而发白，三十二而死。"李善引《家语》注《文选·辨命论》曰："颜回年二十九而发白，三十二而早死。"《列子·力命》篇曰："颜渊之才不出众人之下，而寿四八。"程树德《论语集释》谓："案四八者，三十二也，与《家语》之三十一止差一岁，当时《列子》举成数耳。"

4. 四十一岁。《史记·孔子世家》"鲁哀公十四年春……颜渊死",钱穆认为,颜回卒于此年,公元前481年(哀公十四年),终年四十一岁。

以上说法除《列子》外,均出自儒家文献。《汉书·艺文志》著录《列子》八篇,列入道家类。《列子·力命》篇说,颜回才华出众,但年岁短。作为道家文献,选取颜回作为例证来说明道家之"命"重于儒家之"力",应该更具有说服力。如果按"四八"相乘,颜回的年寿就是三十二岁。这与诸家引用的《孔子家语》说法一致。而《孔子家语·七十二弟子解》作"三十一",与诸书所引只差一岁。

实际上,《孔子家语》记载颜回年寿"三十一"岁的说法应该是其他说法的原始来源。但由于以往人们认为《孔子家语》是"伪书",所以对《孔子家语》的说法并不重视。而《孔子家语》和《孔丛子》很类似,都是汉魏孔氏家学的产物,其材料均有可靠的来源。随着河北定州汉简《儒家者言》、安徽阜阳双古堆一号汉墓简牍,以及上海博物馆从香港购藏的战国楚简的陆续公布,学术界对《孔子家语》的成书与文献价值有了进一步的认识。原始本《孔子家语》的材料与《孔丛子》一样,都来自世代相传的孔氏家学。《孔子家语》说颜回年寿"三十一",被《列子》"举成数"为"三十二"。而且中国人称人的岁数习惯称虚岁。《史记索隐》《文选》注等文献皆以为《孔子家语》所记颜回年岁为"三十二",可能就是指虚岁而言。

据《史记·仲尼弟子列传》,颜回比孔子小三十岁,如果颜回的年寿是"三十一"岁,颜回去世时,孔子已经六十一岁了,时当鲁哀公四年。这一年,孔子带领众弟子正在周游列国途陷入了绝粮的困境。而《孔子世家》记载孔子在陈蔡绝粮发生在鲁哀公六年,而且还记载了颜回的事迹。如果颜回在哀公六年还有活动,这就与颜回卒于哀公四年的说法相矛盾。那么,问题又出在哪儿呢?

事实上,孔子与众弟子周游列国途中确实遇到了绝粮的麻烦,但绝粮的地方不是在陈国,也不是在蔡国,而是在去陈国之前。朱熹(字元晦,号晦庵）解释说："《史记》云'楚昭王使人聘孔子，孔子将往拜礼，而陈蔡大夫发徒围之，故孔子绝粮于陈蔡之间。'有愠见及告子贡一贯之语。按是时陈蔡臣服于楚，若楚王来聘孔子，陈蔡大夫安敢围之。且据《论语》，绝粮当在去卫如陈之时。"《孔子世家》记载"吴伐陈，楚救陈"与"绝粮"两件事在一个条目中，《史记集解》引徐广曰"哀公四年"。此时，孔子和弟子们正在去陈的途中。所以，《孔子世家》记载的哀公六年颜回的活动是有问题的，误把哀公十四年之事记在了哀公四年条目之下。

孔子适陈之前，曾遭匡人之难，《论语·先进》记载："子畏于匡，颜渊后。子曰：'吾以女为死矣。'曰：'子在，回何敢死？'"孔子与颜回情同父子，孔子不会因为自己遭匡之困，颜回来晚了而去埋怨他。合理的解释是，孔子遇匡人之难时，颜回已经生了大病，《仲尼弟子列传》所说"回年二十九发尽白"，二十九岁头发突然变白很可能是患大病所致。颜回掉队了，孔子很担心颜回的安危，才有"吾以女为死矣"之语。《论语·卫灵公》篇曰："在陈绝粮，从者病，莫能兴。""从者病"中的弟子就有颜回，离开匡地没多长时间，颜回病情更加严重，加上在又遭遇绝粮之难，温饱尚难保证，又何谈营养。不幸地，颜回"三十一"时卒于周游列国的途中。在这个艰苦的儒学之旅中，一向讲究礼仪、重视"慎终追远"的孔子也无法为心爱的弟子置办必要的葬品。

《孔子世家》在记载"绝粮"以后，又出现一段关于颜回的记载：

鲁哀公十四年春，狩大野，叔孙氏车子鉏商获兽，以为不祥。仲尼视之，曰："麟也。"取之。曰："河不出图，雒不出书，吾已矣夫！"颜渊死，孔子曰："天丧予！"及西狩见麟，曰："吾道穷矣！"喟然叹曰："莫知我夫！"子贡曰："何为莫知子？"子曰："不怨天，不尤人，下学而上达，知我者其天乎！"

麒麟是祥瑞之兽，本来只在国泰民安的祥和时节出现，但在哀公十四年出现，又被人捕获，这预示着世道衰微、天下无道的形势已经无法挽回了。司马迁虽然把"颜渊死""西狩见麟"这两件事情都列在"哀公十四年"条目下，但是反复细读此文，就可以发现，《孔子世家》在"颜渊死"与"西狩获麟"之间有一个"及"字。"及"就是"等到"的意思，说明"颜渊死"与"西狩获麟"之间有段时间。这说明，颜回并不是卒于"西狩见麟"这一年。

据上文推断，颜回卒于鲁哀公四年"绝粮"之时。颜回死后，孔子痛失爱徒，发出"天丧予！天丧予"的哀叹，等到哀公十四年"西狩获麟"时，孔子进一步感叹"吾道穷矣"。司马迁为了强调颜回的死与西狩获麟这两件事情给孔子带来的沉重打击，就把颜回之死与"西狩获麟"归在了一起。

《公羊传》把"颜渊死"和"西狩获麟"这两件事都归在哀公十四年：

> 颜渊死。子曰："噫！天丧予。"子路死，子曰："天祝予。"西狩获麟，孔子曰："吾道穷矣。"

据《孔子世家》记载，鲁哀公十五年，子路死于卫国之乱。《公羊传》把子路的死、颜回去世、西狩获麟这三件事编在一起，但是这三件事发生的时间都不在一年里。《公羊传》的作者明知道子路和颜回不是同一年去世，却

图 2-4　颜庙

又故意把三件事放在一起叙述，这样处理正是为了强调这几件不幸的事情给孔子造成了几乎同样的沉重打击。这种写法是纪传体史书的通常写法，不同于编年体以年系事。

颜回作为孔子最得意的弟子，其言行应备受孔子及弟子们的关注。假如颜回一直活到哀公十四年，在哀公四年至十四年之间，《孔子世家》与其他有关孔子弟子的文献中，均没有记载有关颜回的任何活动，这也不合乎常理。鲁哀公十二年，孔子在国君邀请下返回鲁国，孔子归国之后，给鲁哀公和季康子带来了希望。他们诚恳地请孔子出谋划策，孔子建议国君多多选拔贤臣，并推荐自己德才兼备的弟子从政。《论语》的两段话正与《史记》此处记载相对应：

> 哀公问："弟子孰为好学？"孔子对曰："有颜回者好学，不迁怒，不贰过。不幸短命死矣！今也则亡，未闻好学者也。"（《雍也》）
>
> 季康子问："弟子孰为好学？"孔子对曰："有颜回者好学，不幸短命死矣！今也则亡。"（《先进》）

我们把《孔子世家》中的鲁哀公和季康子问政，与上文所引的《论语》两段文字联系起来看，哀公与季康子问政在前，孔子推荐弟子在后。当孔子欲推荐弟子出仕时，不免想起了好学的颜回，但是此时颜回已经去世。这样的推论在情理上是完全可以讲通的。如果颜回还活着，孔子一定也不会说"不幸短命死矣"的话。所以，可以肯定，颜回在哀公十二年之前已经去世了。

从以上考证可知，颜回卒于鲁哀公四年，即公元前491年。而伯鱼比颜回早卒，也就是说子思的父亲最迟与颜回在同一年去世，那么，子思生年也就不晚于公元前491年（鲁哀公四年）。

史书记载子思为鲁穆公师，鲁穆公元年是公元前407年，子思的卒年应在公元前407年之后。从《孔丛子·杂训》的记载看，鲁穆公三年时，鲁穆公曾向子思请教治理国家的办法，这说明鲁穆公三年（公元前405年）的时候子思仍健在。该篇又记载鲁穆公向子思请教立太子的问题。一般来说,立太子之事应是国君执政一段时间才开始考虑。种种证据表明,子思与鲁穆公共事多年,而且是一位高寿之人。清朝学者推测《史记·孔子世家》记载的子思年寿"六十二"可能为"八十二"之误,但"八十二"之说又与子思为鲁穆公师等事实不符,所以,还不如说"六十二"为"九十二"之误。郭沂指出:"今查汉代出土文献,'六'字字形与'八'字显然不同,而与'九'字十分接近,容易混淆……《史记》原文当作'九十二',今本的'六十二'乃'九十二'之误。"(郭沂:《孟子车非孟子考:思孟关系考实》,《中国哲学史》2002第3期)。按子思生于公元前491年,年"九十二",那么,子思的卒年当在公元前400年。

图2-5 颜回庙牌坊

综上所论,子思最迟生于公元前491年,卒于公元前400年,终年九十二岁。这个结论正与子思少年时期亲受孔子之道、晚年为鲁穆公师的文献记载相吻合。

(四) 孔子晚年的精神慰藉

孔鲤早逝，不久之后，孔子心爱的弟子颜回也离开人世，白发人送黑发人的不幸给孔子造成了沉重的精神打击。孔子回到阔别十四年的家乡，给陷入内忧外患的执政者带来了希望。鲁哀公（前494—前468在位）与季康子诚恳地邀请孔子出来支撑岌岌可危的鲁国政局，但此时的孔子已经六十多岁，对政治完全失去了兴趣。他想做的事情不是从政而是要将古代文化传承下来，培养更多的人才。

孔子的政治理想在社会上得不到实现，儿子与心爱的弟子相继去世，晚年的孔子陷入了凄惨的境地。在这种情况下，少年子思带给了孔子巨大的精神慰藉。《孔丛子·记问》篇记载了孔子与子思的一段对话：有一天，孔子在家中闲坐，想起愁绪之事，不免感慨万分，发出了阵阵叹息。机灵的子思看到爷爷愁眉不展的样子，起身给爷爷拜了两拜，小心翼翼地问道：爷爷是否担心做孙子的不能修德敬业，坏了祖上的名声？您是否担心尧舜的圣王之道不能传下来？孔子闻听此言，惊讶又欣喜地望着可爱的孙子说道：你小小年纪怎么能猜出我的志向？子思不慌不忙地答道：我每次和您在一起吃饭，听您教导说，父亲劈了柴，儿子如果不能背回家，就是没有做到儿子的职责。我每次听了以后都在思考其中的含义，恐怕有所懈怠。孔子听了子思的回答，脸上露出了好久没有出现的笑容，高兴地说：是这样啊！既然你已经明白了我的心事，我就没有什么忧愁的了。后世之人不忘记我的事业，我的理想一定能够得到实现。

聪颖机敏的子思，看出了祖父的心思，表示一定要继承祖父未竟的事业，把传承儒家思想的重任担负起来。子思的聪颖与懂事，深受孔子的喜爱，也使孔子看到了儒学的希望。《孔丛子》保存的这段祖孙问对，生动再现了孔子与子思之间学脉相传的场景，对于理解孔子与子思的学术传承具有重要的文献价值。

二、子思学术思想的来源

（一）传承孔氏家学

《孔丛子》一书记录了孔子、孔子之孙子思、七世孙孔穿、八世孙孔谦、九世孙孔鲋的嘉言懿行，是名副其实的孔氏家学的学案。孔氏家族奉孔子为一世祖，不但因为孔子是伟大的圣人，从家学上来说，孔子还是孔氏家学的开创者。司马迁在《史记·孔子世家》为孔子立传，这是世界上第一部"孔子传"。司马迁说："孔子布衣，传十余世，学者宗之。"司马迁的老师孔安国是孔子第十二世孙，传到此时，正是"十余世"。

孔子的儿子出生时，鲁昭公派人送来一条鲜活的鲤鱼，作为庆贺之礼。孔子为感激国君赐礼之恩，就给儿子取名为鲤，字伯鱼。孔子只有孔鲤一个儿子，但并不因伯鱼是独生子而溺爱他。在传授诗书礼乐方面，与众弟子同样严格要求。但即使这样，有的弟子也担心老师会偏心眼，给儿子开小灶。孔子的弟子陈亢，字子禽，找个机会试探着问伯鱼："您有没有从老师那里听到什么特别的教导？"伯鱼回答说："没有啊！有一天，父亲一个人站在那里，我从他面前快步经过庭院。他问我：'学过《诗》吗？'我回答：'没有。'父亲便说：'不学《诗》，就不会说话。'我回去赶紧学《诗》。又一天，父亲还是一个人站在那里，我从他面前快步经过庭院。他问我：'学过礼吗？'我回答：'没有。'他便说：'不学礼，就在社会上站不住脚。'我回去赶紧学礼。我只听说过这两件事。"陈亢听完伯鱼的回答，高兴地说："我提了一个问题，得到三点收获：了解到学《诗》的道理，了解到学礼的道理，又了解到君子不偏向自己的儿子。"这个故事说明，孔子对自己的儿子与弟子的培养路径是一样的。

图 2-6　曲阜孔庙诗礼堂

伯鱼去世以后，子思在爷爷的呵护下成长，成了孔氏家族的唯一希望。子思自幼聪颖，孔子对小孙子倍加疼爱。子思看到爷爷编《诗》《书》，定礼乐，耳濡目染，从幼年时候就开始了诗书礼乐的学习。当他猜透了爷爷的心事，知道爷爷在担心自己无法担负起传承"六经"的重任而叹息的时候，就向爷爷表达了自己的想法，愿意把这份历史的重担挑起来。孔子看到孙子如此懂事，内心感到无比的欣慰。从此，孔子对子思悉心教导，盼望着子思快快长大，长大以后，把这份珍贵的文化遗产发扬光大。《孔丛子·记问》篇记载了孔子向子思传授儒学的具体内容，主要表现在以下三个方面：

第一，任用贤人。子思问孔子，作为一国之君，没有人不知道要任用才能出众的贤者。每一个国君都知道这个道理，但是实际上却不能重用贤人，这是什么原因呢？孔子说，国君并非不想任用贤者，选用官员之所以遗失贤者，是因为君主自己不够英明。那些君主根据人们的称誉给予奖赏，根据人们的非议诋毁给予惩罚，贤能的人是不会任职的。

第二，以礼治国。法家的先驱管仲是春秋时期著名的贤相，在他的帮助下，齐桓公率先称霸，开创了春秋霸政的先河。孔子称赞说："桓公九合诸侯，不以兵车，管仲之力也。如其仁！如其仁！"（《论语·宪问》）孔子赞扬管仲，这使得子思大惑不解，于是问孔子：正俗化民的最好方法莫过于礼乐，而管仲用法治理齐国，天下人以为管仲仁德，看来"法"和"礼乐"是异用而同功，又何必一定用礼乐治国呢？孔子回答说，尧舜的教化，一百世也不会废止，这是因为仁义教化之风会产生深远的影响；管仲用法治国，他死后，法也就随之废止了。因为法严厉而不讲恩情，像管仲这样有才能的人可以采用法的手段治理国家，如果才能不如管仲但也效仿管仲用法治国，最终只会给国家造成祸乱。

第三，学习门径。子思向孔子请教说，世界万物纷繁复杂，有真有假，一定要仔细思考，那么，用什么来辨别真假呢？孔子说，用心来分辨事物的真假。内心的精神可以通达事理，推究探求事物的道理和规律，不被事物表面现象所迷惑，全面周密地考察自己所看到的事物，圣人不也觉得困难吗？孔子告诉子思，认识事物要由表及里，触及其本质。虽然这是一条布满荆棘与困难的道路，但又是一条通达真理的必由之路。后来，子思发展了孔子的修身思想，进一步提出要训练精神、培养心智的修心之路。

从上面三个例子可见，孔子亲自把儒家之道传授给子思，有一个由表及里、不断深入的循序渐进的秩序。治国用贤、礼乐治国、心智等问题都是子思后来努力探索的领域，也是儒学的基本问题。孔子一定给子思传授了诸多内容，而《孔丛子》在此处只选取了这三点，这种选编不是随意而为，而是以此作为子思受教于孔子的标志性内容。它表明孔子把儒学的基本内容，也是最主要的内容即思想、方法与精神都传给了子思。子思在《中庸》篇中，对任用贤人、礼乐治国、心圣等三个问题皆有论及，但其主旨是论心性，从修身成圣的高度论述儒家的内圣之道。可见，《中庸》与《孔丛子·记问》的记载在内容与思想主旨上都是吻合的。这进一步证明，《孔丛子》对子思少年时代学于孔子的记载是完全可以相信的。

孔子授子思以儒家之道，子思又把儒家之道传给了他的儿子子上。子思的儿子名白，字子上。《孔丛子》记载子上向子思请教进学的次第，子思给他讲述了学习的重要性与勤奋好学的道理。子思说，学习必须用心才能有所成就，就像刀刃必须磨砺才能锋利。不但要有学习的坚强毅力，还要慎重选择学习的内容，掌握好学习进度。先学诗书，再修习礼乐，至于其他杂说佚闻可以不学。子思教育上的学习内容与方法，显然来自孔子的教导。由孔子到子思、再由子思到子上，孔氏家族的早期家学史已经清晰可见了。

从史料记载看，子思是个遗腹子，母亲又改嫁到卫国。子思从来没有体会到一般孩子享受的父爱，得到的母爱也不多，子思的童年是不幸的。但子思又是幸运的，而且这种幸运是一般孩子无法比拟的，他有一个伟大的爷爷——孔子。子思在幼年与童年时期，在爷爷的照顾下成长与学习，得到孔子的亲自教诲。在孔子的教导下，子思从小时候起就开始培养坚强的性格，树立了远大的志向。

（二）学于曾子

孔子开创的儒家学派不是宗教团体，是培养修身、齐家、治国、平天下人才的学校。这些受教于孔子的三千弟子无不感念老师的教诲，当孔子弟子得知老师去世的消息，急忙从各地奔赴鲁都，为老师发丧。孔子的丧礼，是儒家学派的一次大集会。这次集会除了给老师发丧，还有一个议题，就是要讨论如何把老师的思想学说传承下去。大家决定把老师生前说的话和讲课内容编辑在一起，这就形成了《论语》的早期版本。

给孔子发丧的时候，由于孔鲤去世，孙子子思自然就是丧主。众弟子在讨论编撰《论语》时，一定还会讨论子思的未来培养问题。在孔子弟子中，年岁较小的弟子如曾子、子游、子夏在孔子去世后成为儒家学派的中坚力量。于是,子思跟随曾子、子游、子夏等弟子继续学习儒家之道。

《孔丛子·杂训》记载,鲁国有个好事之徒,名叫县子。县子用带有挑衅的口吻问子思,孔子和子产谁更胜一等,子思回答说:当年季孙曾就这个问题问过子游。季孙说:子产去世的时候,郑国人"巷哭三月,竽瑟不作",而孔子去世时,鲁国人并没有像郑国人对待子产那样对待孔子。那么,这是否说明子产的地位比孔子还高呢?子游答道:子产的仁爱,就像水浇灌农作物,浇到的农作物就活了,浇不到的就干枯死了。郑国人受到子产的恩惠,知道子产的仁爱,就像被水浇灌到的农作物一样。而孔子的仁爱就像上天下雨,遍及天下众生。这种众生之德,广大普照,百姓在不知不觉之中无不受其化育,时间久了就不知道这种恩德的由来,这正是"上德不德,是以无德"的道理。子思引用子游的话巧妙回击了县子的诘难。这个故事也说明,子思的有些知识来源于子游。

孔子晚年的弟子中,以子游、子夏、曾子学问最高,都给子思以教诲。孔子卒后,七十子之徒散游于诸侯,为实现治国平天下的理想寻找合适的机会,名气大的当上了诸侯的师傅卿相,名气小的教授士大夫。不愿意出仕的"修身派",如原宪等人则隐居起来。当时,最风光的可能要算是子夏了。子夏,姓卜,名商,曾为魏文侯师,教于西河,一时间在魏国刮起了一股儒风诗韵。一些战国名士,如田子方、段干木、吴起、禽滑厘都曾受业于子夏。

其实,子夏当年在孔子门下当学生的时候,就曾经表露出倾慕荣华富贵的思想倾向。他游离于学术和政治之间的想法,也曾遭到孔子的批评。如今老师不在了,子夏没有了顾虑,在魏国实现了早年的梦想。子夏想从政,未必是坏事。孔子不希望弟子过早地从政,是孔子对弟子的高标准严要求,希望弟子们把修身工夫做扎实些。历史证明,子夏不仅实现了他出入"纷华盛丽"的愿望,在儒家经典传承方面也做出了杰出贡献。《论语·先进》篇孔子称赞的"四科"十位弟子中,子夏名列"文学"科。《孔丛子·论书》篇两次提及子夏与孔子讨论《尚书》,这足以证明子夏擅长文献与经典。子思从子夏那里应当学习了不少历史知识与儒家文献。

宋代儒家总结了早期儒家正宗的传承谱系,在这个儒家道统谱系中,儒家之道经孔子创立,然后传给曾子,曾子又传给子思,子思传给他的门人,子思之门人又传给孟子。简单来说,这个传承谱系是孔子—曾子—子思—子思门人—孟子。子思最初学于孔子,孔子去世后又学于孔子弟子,在孔子弟子中,子思更多地学于曾子。

明末清初学者朱彝尊有本文集,名为《曝书亭集》,文集中有篇《孔子门人考》的文章称:"鲁孔伋子思,宋崇宁初赠沂水侯,咸淳中加赠沂国公。孔鲋曰:'子思受业于曾子。'韩子曰:'子思之学,盖出曾子。'按班氏《古今人表》子思居第二等。"此处的韩子指韩愈。朱彝尊的曾祖朱国祚,明万历十年(1582)进士,官至户部尚书兼武英殿大学士。朱彝尊深厚的家学渊源,使得他治学严谨,言必有据。从他引孔鲋与韩愈的说法来看,子思学于曾子的说法既有可靠的文献依据,又是被普遍认同的观点。

曾子,姓曾名参,字子舆,比孔子小46岁,鲁国南武城人(今山东嘉祥),被后世尊称为"宗圣"。曾子在儒学发展史上之所以有如此高的地位,与他对儒学的贡献是分不开的。他"一以贯之"地坚持孔子的"忠恕"之道,紧紧抓住了孔子思想的精髓。《孟子·滕文公上》记载,孔子去世以后,弟子守墓三年,子贡守了六年,然后各奔前程。后来,

图 2-7　曾子像

子夏、子张、子游以有若相貌长得像孔子,就想用以前侍奉孔子的礼节对待他,以表达对老师的思念之情。但是,当他们向曾子征求意见时,却遭到了

曾子的反对。正因为曾子的反对,这场重树领袖的运动宣告失败。假如曾子同意有子做儒家学派的领袖,有子就成了孔子之后儒家学派的第二代宗师了。这件事足以证明儒家学派的核心人物是曾子,而不是有子。曾子在"后孔子时代"孔门弟子中享有很高的威望,很可能就是儒家学派的实际掌门人。

《孝经》是曾子传述孔子孝道思想的经典文献。值得注意的是,《孝经·谏争》章指出,父与君的命令有义与不义之分,做儿子与臣子的不能不加以区别地盲目遵从。"不义,则争之",一味听从并不是孝。孔子说,"事父母几谏,见志不从,又敬不违,劳而不怨",又说,事父母要"无违"。"无违"与"谏净"并不矛盾,但如何把握两者之间的关系,既不违反父母之命,又能劝谏父母的过错,把两者统一起来,确实是一件棘手的难题。孔子的意思是多劝谏几遍,如果确实不采纳,就要按照父母的意思去执行。我们再看曾子的说法:"父母之行若中道,则从;若不中道,则谏;谏而不用,行之如由己。从而不谏,非孝也;谏而不从,亦非孝也。"父母中道而行就从,父母不中道就要谏,并且要把劝谏做到底,转化为行动。曾子的孝道思想直承孔子,但在孔子思想的基础上又有了新的发展。

子思非常重孝,视孝为人伦之首。《中庸》对舜极为尊崇,称"舜其大孝"。子思在《坊记》中强调为上者一定要孝,以此引导民孝。曾子从道从义,与曾子内向而坚韧的性格有关。曾子曰:"可以托六尺之孤,可以寄百里之命,临大节而不可夺也。君子人与?君子人也","士不可以不弘毅,任重而道远。仁以为己任,不亦重乎?死而后已,不亦远乎?"(《论语·泰伯》)只有具有坚韧顽强的毅力的人,才能肩负起弘道的重任。曾子的这种精神对子思产生了积极而深远的影响。

子思学于曾子,但在文献中却找不到明确的记载。对于这个问题,我们应该做如是观:子思比曾子少16岁,虽学于曾子,但因其是孔子嫡孙,身份极为特殊,所以曾子对子思并不以师自居。另据笔者统计,在文献中子思与孔子弟子同时出现的时候,子思和曾子同时出现的频率是最高的,远高于与其他弟子。这也说明子思与曾子的关系比其他弟子要密切得多。

《孟子·离娄下》有一段关于曾子与子思的记载。内容大致如下:曾子在武城居住的时候,越国军队将要前来犯境。消息传到武城,有人劝曾子说:"敌寇要来了,何不暂时离开一下呢?"曾子说:"好吧。"但在临走之前,曾子嘱咐武城的地方官:"不要使别人借住我的屋子,破坏我那些树木。"不久,越寇退了,曾子让人传话给武城的地方官说:"把我的屋子修理一下吧,我要回来了。"当曾子回到武城后,他旁边的人议论道:"武城的官员们对待您是这样的忠诚恭敬,敌人来了,便早早地让您离开;敌人退了,马上让您回来,您觉得这合适吗?"不等曾子说话,曾子的弟子沈犹行反驳说:"这个不是你们所晓得的。从前先生住在我那里,有个名叫负刍的作乱,跟随先生的七十个人也都早早走开了。"子思住在卫国的时候,齐国的军队前来侵犯,有人劝子思避一避,子思说:"假若我也走开了,君主同谁来守城呢?"

图 2-8 山东嘉祥曾庙

孟子评论这两件事说:"曾子与子思两个人的行为看似不同,但他们坚持的道义是相同的。曾子当时是老师，是前辈；子思当时是臣子，是小官。他们的地位不同、职责也不同，曾子、子思如果互换一下地位，也会像对方那样采取同样的行为。"孟子作为子思之后的儒家之道的捍卫者，在对抗外来侵略者的态度上，把曾子与子思放在一起评论，并且指出"曾子、子思同道"。这说明曾子与子思之间在道义的传承方面具有一致性。

（三）子思之儒

孔子去世以后，众多的杰出弟子从不同方面弘扬师说，著书立说，或讲学授徒。由于学生自身的喜好和禀赋不同，也就造成了众弟子的学术兴趣和思想关注点有所不同。曾子是孔子思想的重要传人，但在《韩非子》总结的儒家八派中并没有"曾子之儒"或者"曾氏之儒"。按理说，曾子名声显赫，且贡献卓著，应该有众多的弟子，他们可以形成一个强大的"曾氏之儒"，那历史上为何没有出现一个"曾子之儒"呢？这很可能与曾子的性格有关系。孔子说"参也鲁"，可见，曾子属于"刚毅木讷"型的弟子。曾子不善于表现自己，但内心坚韧。这种人往往会踏踏实实地做实事，而不去大肆宣扬。曾子的这种性格或许是他没有开宗立派的主要原因。

子思受教于曾子，在性格上当受到曾子的很大影响，但子思又有孔子晚年托付的重任，所以他要开创儒学的新局面。战国时期的"儒家八派"中，除了"子思之儒"，均为孔子弟子或者再传弟子所创立，唯有"子思之儒"是以儒家学派创始人孔子的孙子为宗师。子思继承孔子之学既有以道自任的责任感，又有家学的渊源，这两个因素就决定了"子思之儒"在"儒家八派"中具有特殊的地位。晚年的孔子把弘扬儒学的希望寄托在子思身上，对他悉心教导。子思聪颖好学，努力进取，不负祖父孔子之厚望，著书以传承圣脉，立说以弘扬儒学，开创了战国时期显赫一时的"子思之儒"。

一个学派的成立需要具备两个基本的条件：首先，有一位享有崇高地位的核心人物，以及一定数量围绕在他身边"听其言""信其道"的弟子。文献记载，从学于子思的弟子有孟子车（《孔丛子·杂训》）、子张之子申祥、羊客(《孔丛子·居卫》)、曾子之子曾申、卫公子交等人(《孔丛子·抗志》)。其次,该学派要有自己的著作。《汉书·艺文志》著录"《子思》二十三篇",《隋书·经籍志》等正史目录中著录"《子思子》七卷"。在传世文献中,明确属于子思学派著作的是《礼记》中的《坊记》《缁衣》《表记》《中庸》四篇(以下本书称这四篇著作为"《礼记》四篇")。其中,最重要的就是《中庸》。1973年长沙马王堆帛书的出土,1993年湖北荆门郭店竹简的发现,使得多篇传世未见的子思著作重现于世,从而在学术界掀起了一股研究子思著作与思想的热潮。上海博物馆购藏的战国楚竹书中亦有与子思有关的著作。此外,不少类书和文献也征引了《子思子》的佚文。可见,从弟子与著作来说,"子思之儒"作为战国时期的重要的儒家学派是有据可考的。

战国初期,在社会政治与经济领域进行剧烈变革的同时,思想文化领域同样发生了巨大的转变。明末清初思想家顾炎武有一段论述春秋战国的风俗异同的文字,其曰:

> 如春秋时犹尊礼重信,而七国则绝不言礼与信矣。春秋时犹宗周王,而七国则绝不言王矣。春秋时犹严祭祀重聘享,而七国则无其事矣。春秋时犹论宗姓氏族,而七国则无一言之矣。……春秋时犹有赴告策书,而七国则无有矣。

春秋晚期的孔子与战国初期的子思,两位早期儒学的重要思想家正好处在春秋战国之际的社会大变革中,他们的思想也表现出传统与创新相结合的特点。孟子称赞孔子是一位"圣之时者",根据形势的不同,孔子"可以速而速","可以久而久","可以处而处","可以仕而仕"(《孟子·万章下》)。孔子的思想既有谨守传统文化的一面,又有"与时偕行"的特色,用今天的话说,孔子是一位伟大的"与时俱进"的圣人。子思深得孔子真传,但子思的时代相比孔子时代又发生了很大的变化。子思在继承孔子思想的基础上,随着时代的变化又增加了新的内容,其思想具有非常鲜明的创新特色。

《孔丛子·居卫》篇有一则曾子与子思关于思想创新的讨论。曾子对子思说:"以前我跟随孔子周游列国,孔子未曾丢弃臣子的礼节,但圣人之道仍然不能通行天下。现在我看你有轻视君主之心,岂不是更不被国君们接纳吗?"子思回答说:"时光流逝,世事变化,每个时代都有适宜每个时代的做法。在我先祖的时代,周礼虽然崩坏,但周室与诸侯仍然有尊卑名分,上下相互约束,仍然像一个整体。如果想要推行其主张,不以臣下之礼求见国君,根本行不通。当今诸侯都崇尚武力,竞相招募英雄豪杰来辅助自己,这是一个得到人才国家就会昌盛,失去人才国家就会灭亡的时代。在这样的时代,如果我不抬高自己,别人就会以为我的地位低下;如果我不看重自己,别人就会轻视我。舜、禹禅让天下,商汤、周武使用武力得天下,并不是故意显示差别,而是由于时代不同啊!"这段对话更加明确地显示了子思与时俱进的思想创新特色。

图 2-9 孔庙圣时门

《礼记·檀弓上》记载,曾子坚持古代丧礼,丧亲之后,孝子七天内不允许吃饭。子思认为,孝子如果七天不吃饭,身体根本支撑不住,这样的古礼太缺乏人情味了,如果把七日缩短为三日,那么,孝子既能表达丧亲之后的悲痛之情，又能在三日以后扶着拐杖站立起来。这样，就不至于对孝子的身体造成太多伤害。

子思对传统礼制进行的变革，遭到了曾子的质疑。相比子思而言，曾子在对待古代礼制的态度上更加保守。从文献记载看，孔子弟子像曾子这样时常指责子思的人并不多见。这或许透露出曾子与子思之间亦师亦友的微妙关系。曾子具有坚韧的毅力与品格。曾子曰："可以托六尺之孤，可以寄百里之命，临大节而不可夺也，君子人与？君子人也。"可以托付幼主，可以寄托国命，生死关头不可动摇，这样的人可以称得上君子吗？应该是称得上君子的人啊。曾子自言"托六尺之孤"，按照当时的制度，六尺约合现在的1.2米，六尺之孤即1.2米左右的儿童。《论语》中只有这一处提到"托孤"，并且出自曾子之口。曾子所言托孤是否有所特指？如果有所特指，特指者何人？按照孔子、曾子与子思之间的关系，结合当时儒家面临的形势，合理的猜测是，托孤之人正是孔子，所托的孤正是子思。

三、游历诸侯

子思生活的年代，尚贤之风已起。子思作为圣人孔子的孙子，又是儒家学派的重要宗师，按照常理，鲁国国君应该给予他很高的礼遇，可是，子思历经哀公、悼公、穆公三朝，除了在鲁穆公时期出仕做官，担任鲁穆公的老师与国事顾问，此外，其他国君与子思的交往并不见于文献记载。子思的经历与孔子相似，也曾周游列国，寻找实现理想的舞台。

（一）困于宋

西周建立之初，把殷商贵族微子启分封到宋（今河南商丘），建立宋国，奉商祀。历史上孔姓起源可以追溯至微子启。微子启虽说是商纣王的哥哥，但他不同于暴虐的纣王，而是以贤德著称。宋国的殷商文化底蕴丰厚，又是孔氏先祖的发祥地，所以，宋国是子思的必到之地。

子思十六岁时来到宋国，一方面寻根问祖，另一方面追寻古代文化的踪迹。子思到宋国后，很快显示出他的非凡才能。宋国有个大夫叫乐朔，是个不学无术之人。他为了刁难子思，故意向子思提出艰涩而又难以回答的问题。乐朔说："《尚书》中的《虞书》《夏书》等三四篇，都是很好的。而这些篇章以下直到《秦誓》《费誓》等篇，都是效仿《尧典》《舜典》的话语，根本比不上《虞书》《夏书》。"乐朔此话意在批评孔子删《书》不妥，故意指责《尚书》的内容前后不相类。子思不慌不忙地回答说："事物的变化是有限度的，只是看它恰当还是不恰当。假如让周公和尧舜互换时代，那么《尧典》《舜典》也就和《周书》相同了。"乐朔并不甘心，接着问道："凡是写书，都是为了教化民众，应该简洁易懂为好，像这样故意使用难以理解的词语，不是很烦琐吗？"子思说："《尚书》含有深奥的哲理，通过文字训诂才能更好地理解，因此《尚书》才能称得上高雅而不浅俗。以前鲁国僻陋小巷里也有与您相同看法的人，我回答他们说：'道必须传授给能理解它的人，如果传非其人，道也就没有价值了。'您怎么能和鲁国小巷子里的人这么相似呢？"乐朔对子思的刁难、阴谋不但没有得逞，反而遭到了子思的讥讽。只有懂得先王之道的人才能读懂《尚书》，言外之意，乐朔不懂先王之道，虽然贵为大夫，却与鲁国小巷子里的人一样，没有学识。

乐朔在子思面前受到了羞辱，回来给他的弟子把事情的经过说了一遍。弟子们觉得自己的老师被人奚落了，但又觉得嘴上斗不过子思，于是就纠集了一帮地痞无赖前往子思的住处，把子思围困起来。乐朔的弟子围困子思的事情，很快传到了宋国国君耳中。国君惊闻此事，立即亲自率领卫士赶到子思下榻的地方，斥退了乐朔等人，把子思解救出来。

子思访问宋国，不曾想遇此一劫，虽然在国君解救下免难，但这件事对子思造成了很大的影响。他说："文王被困于羑里的时候，发奋作《周易》，孔子被困于陈蔡之地而作《春秋》，我现在被困在宋国，难道不应该写些东西吗？"于是，他撰写了《中庸》，给后世留下了千古名篇。

（二）居于卫

卫国是周武王的弟弟——康叔的封国，都城朝歌（今河南汲县北）。这里原来是商王统治的中心地区，有浓厚的殷商文化遗风。鲁国的第一任国君也是周武王的弟弟——周公。"鲁卫之政，兄弟也。"（《论语·子路》）苞氏注曰："鲁，周公之封。卫，康叔之封。周公、康叔既为兄弟，康叔睦于周公，其国之政亦如兄弟。"鲁卫两国具有相同的政治与文化传统，治国方略也相似。孔子当年周游列国，就试图借助卫国实权派国君夫人南子来推行德治。

子思多次来卫国，想完成孔子当年没有实现的理想。《孔丛子·居卫》记载，子思在卫国时，发现了一位将才名叫苟变，于是想把这个人举荐给卫君。一天，子思对卫君说，苟变有统率五百乘军队的才能，如果国君任用他做将军，必定无敌于天下。卫君也听说过苟变的才能，但在任用苟变的问题上又举棋不定。子思看出了卫君的心思，于是询问原因。卫君不得不把事情告诉了子思，他说："苟变以前做征税小吏的时候，吃过百姓两个鸡蛋，就因为这个原因没有用他。"子思听后，对卫君的迂腐感到不可思议。子思劝谏卫君说："圣人选用人才，就像木匠选用木材一样，取其所长，弃其所短。就像合抱粗的杞木、梓木，虽然也有几尺朽坏的地方，好木匠是不会抛弃它的。这是为什么呢？因为他们知道那些朽坏之处妨碍不大，最终能够制成有用的器物。现在国君您处在战乱的时代，正需要多多选拔得力的将士，如果仅仅因为两个鸡蛋，而舍弃保卫国家的将才，那不是太可惜了吗？这样的事可不能让邻国的人知道啊！否则会被他们耻笑的。"卫君听了子思的一番话，赶紧起身连连给子思作揖，说："谨受先生的教导！"卫君最终采纳了子思的建议。子思不拘小节、重大义的人才观，正适应战国初期时代发展的需要。

《孔丛子·抗志》篇记载，子思在卫国居住时，时常参与卫国朝堂之会。卫君提出一个想法，大臣们谁都不敢提出不同的意见，均异口同声地附和国君。子思看到这种景象，叹息地说："我看卫国，就是平时所说的君不像君，臣不像臣啊！"卫国大夫公丘懿子问子思，为何说出这样的话，子思回答说："国君自以为是，便无法听到大臣们的意见。即使事情做对了，还是会失掉众人的建议，更何况现在群臣都附和他的错误计划。这就会助长国君独断专行的歪风。国君不考察事理的是非，而喜欢听别人赞扬自己，再也没有比这更愚昧的了；臣下不判断事理是否正确，而一味阿谀奉承，再也没有比这更谄媚的了。君主愚昧，臣下谄媚，这样一帮人居于老百姓之上，老百姓是不会同意的。如果这样的现象再不停止，这个国家就快要灭亡了。"

但遗憾的是，当子思提醒卫国政治陷入了危险的境地时，国君还深陷其中，对其糜烂的政局浑然不知，反而问子思为什么说卫国的政事一天不如一天了。子思懒得搭理这种愚昧的君主，但又不忍心看到卫国百姓遭难，就对卫君说："我说这话是有根据的。您作为一国之君，说话自以为是，卿大夫又没有人敢于纠正您的错误。长此以往，是在纵容您犯错误。卿大夫说话也自以为是，下层官吏和老百姓又没有人敢于纠正他们的错误。君臣既然都自以为贤能，而下面的人都歌功颂德。歌功颂德的人过着平安的富贵生活，而直言劝谏的人却因为持不同意见而招致祸害。所以，卫国的国事一天不如一天。这样下去，善政又何从谈起呢？"

子思细致而又严密的分析，使得国君不得不承认自己的错误，并表示一定改正。但子思已经不再对他抱有幻想，提出要离开卫国，卫君好言挽留，但子思主意已定，对卫君说："国君大人您说一定改正，我看您是难以做到啊。我现在已经看明白了，您是不会改正的。嘴上答应我心里却不高兴，处理政事的时候还是会犯同样的错误。国君即使有命令，我再也不敢接受了。"说完，子思转身离去，离开了令他伤心的卫国，开始了新的游历生活。

（三）游于齐

子思离开卫国后，来到齐国。此时的齐国正在酝酿着政权更替。齐国始封之君是姜尚，到战国时期，国君名义上还是姓姜，但是实权已经旁落田氏。田氏的始祖是春秋时期陈厉公的儿子完。当时，陈国发生宫廷内乱，公子完寻求政治避难逃到齐国，投奔齐桓公，并改姓田。齐桓公收留了陈国公子完，并让他担任了管理百工的工正。齐国大夫齐懿仲还把女儿嫁给陈完为妻。从此，田氏在齐国就落下了脚。但这个被齐国收留的田氏却知恩不思报，渐渐地发展势力，对齐国政权觊觎已久。

子思游历齐国时，齐国的国相是田庄子（？—前411），公子完的八世孙。一天，田庄子与子思相约去泰山游览。当他们登上山顶，见到了记载古代天子巡狩的铭文，田庄子感叹说："我这辈子经历的大事很多，但惟独没有赶上古代帝王封禅泰山的时代！"子思认为田庄子太自负了，你怎么能与古代圣王相提并论呢？此人虽然自负，但又身居相位，如果他能听进去自己的劝说，说不定能做出一番大事业。子思说："您只是不想罢了。如今周王室力量衰微，诸侯之中没有可以担当霸主之人，假如您以齐国的名义率领邻国来辅助周文王、周武王有德行的后人，即使是齐桓公、晋文公的霸业也不足以与之媲美。"

子思的这番话正合田庄子的心声，但是田庄子又不好明确说出自己的政治目的，于是试探着问子思说："并不是我不愿意按照这个道理去做，只是我能力不足，实在难以承受这样的重任啊。您是圣人之后，我很想向您请教。您能否给我说说古代圣明君主巡狩时的礼仪呢？"子思看田庄子没有诚意，敷衍他说："凡是一个人想要了解的事情，目的都是为了能够践行它，现在您自己都说没有能力来实践，那即使知道了又有什么用？"田庄子见子思不言，诚恳地说："我虽然不聪明，但还是很喜欢先王的礼仪之道，您为什么要责怪我而不告诉我呢？"在田庄子的再三恳求下，子思给他讲述了周代的巡狩之礼。

周代的巡狩之礼从形式上来说，是天子在境内定期巡查诸侯的政绩，但在实际上却涵盖社会生活、经济、宗教等诸多领域。战国时期，由于西周礼仪制度崩坏，战国诸侯、大夫对于贵族礼仪制度已经浑然不知。当子思讲了一番西周的巡狩之礼后，田庄子感叹说："啊！古代的礼仪是多么美好啊，我从今而后知道不热爱学习的人是多么的肤浅了。"田庄子去世后，田悼子继任齐相，田悼子去世后，田和继位。公元前386年，周安王正式册命田和为齐侯，最终完成了齐国政权的大转移。

齐国国君眼看着田氏家族的势力一天天崛起，也曾试图阻止。子思来到齐国，去拜见齐国国君时，齐君抓住这个机会赶紧向子思请教问题："先生名闻海外，您的高论天下之士没有不信服的。现在我想任用梁起为相，取代田氏。但梁起名声太小，希望先生能给他宣扬宣扬，使他的名声显赫起来。"子思一听，齐君这是要让自己给他做宣传，于是对齐君说："天下之士之所以相信我说的话，是因为我议论是非公允得当。现在您让我凭空为梁起说好话，没有凭据乱说，天下之士一定就不相信。如果他们不相信，对梁起就没有什么益处。这样做，对我和梁起都是一个伤害，所以，我不敢遵从您的命令。"齐君的要求被拒绝了，但是他并不甘心，就追问子思说："梁起的缺点是什么呢？"子思反问齐君："您推荐的人，您难道不了解吗？贪恋财色的人必然道德浅薄，这是自然而然的道理。梁起以贪致富，天下人人皆知，又没有扶危救困的恩惠。他以好色闻名于齐国，违背男女有别的礼法。财与色只要贪恋其中的一个，就会惹来灾祸，而梁起二者兼有，能不受到牵累吗？"齐君眼看被子思揭穿了老底，不得不向子思承认自己的错误。

子思游历的国家，既有传统文化丰厚的卫、宋，又有充满时代变革精神的齐国。子思周游宋、卫、齐的经历，对他的思想形成和发展有很大帮助。他在传播儒学的同时，既保存了儒家传统思想，又吸收了其他学说的有益部分，为传统儒学增添了新的活力，这是子思学术思想的重要特点。

四、鲁穆公的政治顾问

子思晚年回到鲁国,鲁穆公以他为师。孟子生动地描述了鲁穆公与子思的关系,他说:"鲁缪(穆)公无人乎子思之侧,则不能安子思。"(《孟子·公孙丑下》)国君尊子思为老师,派人时刻侍奉在子思身边,只有这样的礼遇才能把子思留住。鲁穆公是鲁国历史上比较有作为的国君。即位之后,穆公就吸取三桓之乱的教训,决心加强君主集权,改善鲁国政治。在战国时期风起云涌的变法运动中,鲁国较早地推行新政。鲁穆公实行的一系列政治、经济改革措施,子思均作为主要决策者参与其中。

子思作为孔子的孙子,儒家学派的宗师,其言论备受世人瞩目。子思在宣传儒家学说的时候,经常引述孔子的话。子思圣人之后的身份,也难免遭到某些人的妒忌,甚至还有些风言风语,指责子思以孔子的名义抬高自己的声望。这些流言蜚语,几乎连国君都受到了影响。鲁穆公对子思说:"您的书中记载的关于孔夫子的言论,有人认为实际上是您自己的言辞,您怎么看这件事?"子思对于这样的问题早有耳闻,只是不愿意搭理这些流言蜚语。这时,既然连国君都提出了疑问,就必须给出一个解释了。子思说:"我所记载的我祖父的言语,有的是我亲自听到的,有的是从别人那里听来的,虽然不一定都是祖父的原话,但是并没有偏离祖父的原意。国君您怀疑的是什么?"

鲁穆公自觉没趣,便转向另外一个话题。"听县子说您有善行,却不想让人称赞自己,是这样吗?"子思回答说:"这不是我的本意。我修养善良的品行,是想让人知道的。人们知道后称赞我,我的善行就可以勉励民众,这是我的愿望,但却没有做到。修养善行却受到人们的诋毁,这是我所不愿意看到的，然而却又无法回避。如同公鸡打鸣，孜孜不倦一直到半夜才歇息。然而有人却说自己不想被人知道，害怕别人称赞自己，我认为这样的人，不是虚伪就是愚昧。"经过一段时间的相处与考验，鲁穆公终于信任了子思，并尊其为师。

面对内忧外患的压力，鲁穆公想尽快改变鲁国积贫积弱的危局，成为一代名君。但是，穆公对于政治改革没有信心，于是问子思："您看我们鲁国还有希望兴旺发达起来吗？"子思肯定地说："当然能啊！"得到子思的鼓励，穆公精神振奋起来，接着问："那该如何做呢？"子思回答说："如果您与大臣们能够仰慕周公、伯禽的治国方针，推行他们的政治教化，大开国家惠民之门，杜绝个人的私利，对百姓施行恩惠，以礼结交邻国，那么，我们的国家很快就会兴盛起来。"（《孔丛子·公仪》）子思提出的加强中央集权，限制私家势力，重视民生，实行和平共处的外交政策等一系列改革措施，既维护了鲁国一贯的德治传统，又有与时俱进的理论创新。子思的改革措施都是针对鲁国当时急需解决的重大问题。鲁穆公看到子思确有超人的政治才华，又向他请教治国原则和具体改革方案。子思提出了国家、集体利益高于个人利益的大原则，废除世卿世禄特权制度，惩治腐败，倡导节俭，赈济贫困等具体改革方案。子思的治国之策均被穆公采纳，这在很大程度上推进了鲁国政治经济改革的进程。

子思在鲁国有一位朋友，名叫公仪休。此人是远近闻名的贤者，有高尚的操守与品行，喜欢谈论圣王之道与古代文化，但对名誉利禄毫不在意。鲁穆公推行改革正需要像公仪休这样的贤者。但是鲁穆公与公仪休素无交往，于是就想凭借子思的关系召公仪休为相。鲁穆公给公仪休开出了优厚的待遇，对子思说："如果公仪休辅佐我的话，我会把鲁国三分之一的土地分封给他，您见到他就这样跟他讲。"

子思对鲁穆公以利益为诱饵的做法非常不满，义正词严地指出了穆公的错误："如果按照国君刚才的说法，那么公仪休就更不会来辅助您了。您如果像饥渴时盼望食物和水那样来对待贤能的人，采纳他的建议，即使吃粗糙的饭菜、喝凉水,我也愿意为您低声下气地去劝说他。现在您只是以高官厚禄为诱饵来招揽有贤德的君子,是没有诚意的表现。倘若公仪休的智慧如同鱼、鸟一般的话,也许他会前来,否则他将终生不会踏入您的朝廷来辅助您。况且我没有才智,也不想任凭您的吩咐为您操竿钓鱼,来伤害像公仪休这样坚守节操的人。"子思的人才观不是唯利是图,而是要充分发挥贤人的才智,为国家出力。如果贤人唯利是图,也就不能称其为贤人了。鲁穆公的想法是典型的政客思维方式,以为给出高官厚禄就可以拉拢人心,但这些政客不懂得真正的贤人志在治国平天下,而不是贪图荣华富贵。鲁穆公从此知道子思是一位慧眼识人的伯乐,在任用官员问题上都首先征求子思的意见。

鲁国庞栏氏有个儿子,才能卓著,但却有不孝之名。穆公想委以庞栏氏之子重任,但又下不了决心,于是问子思该怎么办。子思告诉他,圣明的国君治理国家,尊敬贤德的人以崇尚道德,表彰德行高尚的人来勉励民众努力做事,这样,整个国家的百姓,有谁不被感化呢?过于关注一个人具体的过失,那是眼光短浅的见识。治理国家不从根本着手而责备民众的过失,是只会探查到一些细小过错的为政方式。子思的一番话,让鲁穆公打消了原来的顾虑。

孔子时代判断贤人的主要依据是高尚的德行,一个人只有"据于德",才能"游于艺"。子思没有放弃德行的标准,但他根据形势的变化对人才标准做了变革,不再因为细小的事情而放弃对国家有用的人才。新旧制度的交替,必然要求用人观念的更新,子思的人才观符合战国时代变革的需要,与时俱进、富有改革精神的子思,此时已经显露出与孔子的很大不同。

由于鲁国传统势力太大,子思提出的改革方案很难深入推行,鲁穆公的改革虽有成效,但相比其他国家的改革来说,还是明显滞后了。后来,鲁穆公也渐渐失去了改革的锐气,对子思的建议表面上听从,但实际上并不实施。子思也渐渐感受到了穆公对他态度的转变,于是赋闲在家,无事不登朝堂。穆公时常派人来看望子思,每次来的时候都送给他肉食，子思很不高兴。最后一次，子思便把穆公的使者赶出大门，自己朝着公室的方向作揖行礼，拒绝了国君的肉食，说道："今天我才知道君主把我当成犬马一样的畜养"。（《孟子·万章下》）自此之后，国君就不再派人给子思送肉食了。

受到国君优厚的待遇，而又不用付出什么，这是很多人梦寐以求的好事。但这些庸俗的行为却为子思所不齿。当有人问子思为何这样做，子思说："如果我想富贵，那是很容易就可以做到的，然而别人却不容易做到。不向别人索取就称作'富'，不受到别人的侮辱就叫作'贵'。既不索取于人也不受别人的侮辱，那么这个人就很富贵了呀！"（《孔丛子·公仪》）子思的意思是，国君如果真的喜悦贤人就应该重用他，让贤人充分发挥作用，而不是把贤者当作犬马来畜养，只给予生活上的照顾，正如孔子所说的那样："不义而富且贵，于我如浮云。"（《论语·述而》）这也是子思富贵观的真实写照。

五、刚毅的品格

子思以弘扬儒家思想为毕生追求，无论身处何时何地，他都表现出执道弘毅的精神。从孔子开始，儒家一直面临一个难题，即在战乱局势下，儒者怎样实现治国平天下的抱负。他们虽然经常也会得到国君的礼遇，但是在已经失衡的社会秩序中，用仁爱之心应对乱世中的争端，儒家学说不免显得苍白无力，儒者精神上的失意和生活上的贫困也就在所难免。此时，儒家是降低对道的要求，来迎合统治者的口味，获得生活的富贵，还是坚守独立的精神家园而甘受清贫。这是摆在所有儒者面前的两难选择。

子思性格直率，感情真挚。《礼记·檀弓上》记载，子思的母亲在其父亲伯鱼去世后，改嫁到卫国。母亲去世后，子思前往奔丧。当时的礼仪制度是，如果父亲在世，母亲改嫁后去世，儿子可以为母亲服齐衰（zī cuī），即穿用粗麻做的丧服。这种丧服的上衣剪成平齐，在儒家的"五服"中，是仅次于斩衰（zhǎn cuī）的重服。但是对于在父亲去世后改嫁的母亲去世，儿子则可以不用服丧。卫国人柳若看到子思欲为改嫁的母亲服齐衰之礼，于是劝告子思说："先生是圣人的后代，各方来的人都要观礼，先生一定要慎重啊！"子思说："我为什么要慎重呢？我听说：虽然要备办礼物，但无资财来备办，有德之人也不会去做；能够备办礼物，而且有足够的资财，但不应该以此凌驾于丧主之上，有德之人也不会去做的。我又有什么可慎重的呢？"子思不顾当时丧礼的规定，执意到卫国为改嫁的母亲服丧，显示了子思率直而丰富的情感世界。正是这样的思想家才不畏惧昏庸统治者的诱惑与打压，敢于直言，维护儒家之道。

道家学派的老莱子对子思直率而刚毅的性格有所了解。他听说鲁穆公想让子思做鲁相，就问子思如果当了官，将会怎么做？子思说："顺着我的性情，以道相辅，不畏惧死亡。"老莱子听了以后，担心说："不可以顺着您的性情来做事啊！您的性情太过刚直又藐视小人，而且不畏惧死亡，这种性格不适合做臣子。"子思对于老莱子的好言劝告并不以为然："没有才德，因此才被人轻视。侍奉君主，大道畅通且言听计从，那么怎么会有死亡之祸？大道不行且谏言不听，连侍奉君主犹不可能，所以说谈不上死亡。"老莱子见子思无动于衷，就给他打了一个比方，说："您没见过牙齿吗？虽然坚硬，最终因相互之间的摩擦而消磨；舌头柔顺，最终也不会有什么破损。"子思好像明白了老莱子的苦心，点头说："我不能像舌头那样柔顺，所以无法侍奉君主。"（《孔丛子·抗志》）老莱子的劝说，最终使得子思没有做鲁国的相，而是当了鲁国的政治顾问与鲁穆公的老师，始终保持着自己独立的精神。

鲁国人胡毋豹试图劝说子思放下高傲的姿态，融入世俗之中。子思说："喜欢大道不是我所担忧的，我担忧的是道还不够大。凡是寻求为世俗所容纳的，都是为了推行大道。毁坏大道来被世俗接收，大道将如何推行呢？如果我推行大道而不被容纳，这是天命啊；毁坏大道以求世俗容纳，这是罪过啊。我不会改变我的做法，而去适应世俗的要求。"子思坚持认为，自己所操持的高洁志向和追求的远大道义，不是别人可以非议的。为了坚持儒家之道，必须有远大的志向和道义感。子思希望自己能够为世所容，但如果以牺牲志节和降低儒家之道为代价，那就不是儒家所为。远大的志向和道义不容于世，不是志向和道义有问题，只是时机还不成熟。

《孔丛子·抗志》篇记载：子思的弟子、曾子的儿子曾申问子思："屈己以伸道乎？抗志以贫贱乎？"子思曰："道伸，吾所愿也。今天下王侯其孰能哉？与屈己以富贵，不若抗志以贫贱，屈己则制于人，抗志则不愧于道。"现实中的子思正是秉承了"屈己以富贵，不若抗志以贫贱"的人生信条。

郭店竹简有一篇《鲁穆公问子思》。简文记载：鲁穆公问子思："何如而可谓忠臣？"子思回答说："恒称其君之恶者，可谓忠臣矣。"这篇简文的发现，令学者们非常兴奋，有的学者甚至指出，这是古代君臣观的重要论述。在古代，做臣子的居然能讲出这样国君不爱听的话，得需要多大的勇气，冒多大的政治风险。其实，这种忠臣观正是子思伟大君子人格的真实写照。《孟子》《孔丛子》等古代传世文献有许多相似的论述，只是在以往的研究中没有被重视。

子思敢于言国君之恶，在国君面前保持着知识分子的独立人格与道义主张。子思的这个做法就连曾子都感到做得有些过

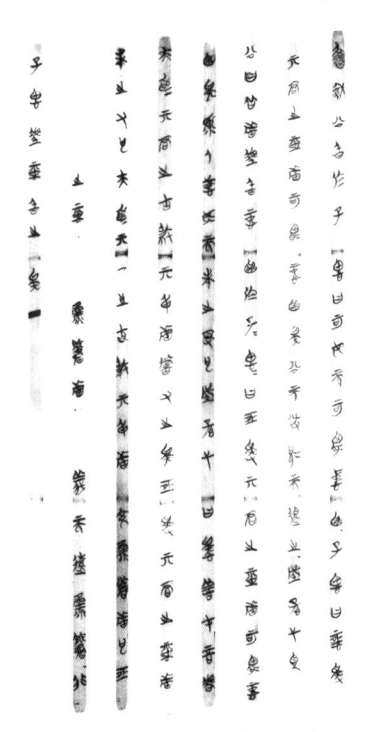

图 2-10　《郭店楚墓竹简·鲁穆公问子思》

头。子思向曾子解释说：这是因为时代不同了，孔子时代，礼制虽然衰微，但君臣之位还是较为固定的，现在是"得士则昌、失士则凶"的时代，诸侯无不想争霸天下，竞相招贤纳士。所以君子首先应该认为自己有过人之处，

善于自我推荐，别人才能看得起你。尧舜时代禅让之风盛行，商汤、周武王用武力夺取政权，但这并不矛盾，而是时代使然。(《孔丛子·居卫》)看来，子思傲慢有傲慢的道理，也是推行儒家学说的现实需要。孟子善养"浩然之气"（《孟子·公孙丑上》），"穷则独善其身，达则兼善天下"（《孟子·尽心上》），其豪情与气派颇得子思"傲慢"之真谛。

子思卓尔不群、独立傲世的志节，鲜明地体现了他的独立人格与尊严。他不愿接受别人的馈赠，生活经常陷于穷困的境地。面临"屈己以富贵"和"抗志以贫贱"的两难困境，子思毫不犹豫地选择了"抗志以贫贱"。他认为降低人格就会受制于人，抗志则无愧于道义。子思具有刚毅的性格，侠风傲骨的气节，抗志守道的高尚人格。这些对孟子都产生了深刻的影响。孟子心目中"富贵不能淫，贫贱不能移，威武不能屈"的大丈夫形象，激励着中国历史上无数的爱国志士，为了理想与道义而不惜献出了宝贵的生命。正是有这样的文化精神与社会责任感，"人"才可以真正做到"弘道"。

第三章

考古新发现与《子思子》

中华民族五千年的灿烂文化得益于一代代学者的不懈努力。在这些文化遗产中，古代文化典籍是重要的组成部分，是我们研究古代历史文化的宝贵财富。古代思想家的著作是古代文化典籍最富有哲理性的著作。这些著作有的是思想家自己写成的，有的则是在他们去世后弟子们编撰而成的。子思与他的学派的文集就是由子思自著与弟子们共同编撰组成的。

《汉书·艺文志》是中国现存第一部目录学著作。这部著作收录了先秦至汉代的文化典籍目录，是研究这个时期中国学术流传的重要参考。《汉书·艺文志》著录"《子思》二十三篇"，归属儒家类。此后，《隋书·经籍志》《新唐书·艺文志》《宋史·艺文志》这些正史的目录著作均称"《子思子》七卷"，《旧唐书·艺文志》与上述记载略有不同，著录"《子思子》八卷"，但在《元史》《明史》《清史稿》中，《子思子》却不见著录。学者们推测，《子思子》很可能在两宋之交的战乱中失传了。南宋时期，学者汪晫整理了《子思子》的辑本，清代舟山定海人黄以周认为汪晫的辑本《子思子》不够完善，又做了重新整理，编撰七卷本《子思子辑解》。

自《子思子》失传之后，怀疑《子思子》真实存在的传闻就不绝如缕。尤其近代以来，掀起了一股"疑古"思潮，对古代历史的存在、古籍的真伪等问题持怀疑与批判的态度。但历史是不容否认的，《子思子》的真实存在与价值也是不容否认的。近年来出土的大量战国秦汉时代的简帛佚籍，使得子思部分著作重现于世，为子思的研究提供了珍贵的资料。

一、《子思子》的源流

（一）先秦时期的子思著作

《汉书·艺文志·诸子略》首称"《晏子》八篇"，次之"《子思》二十三篇"，班固在此条下注释曰："名伋，孔子孙，为鲁缪（穆）公师"，下一条为"《曾子》十八篇"。可见，子思的著作在汉代已经结集，而且位列《曾子》之前，这或许反映出，在汉代人心目中，子思的地位比曾子更重要。

先秦时期，最早记述子思著作的是孔氏家学的著作《孔丛子》，《孔丛子·居卫》篇记载子思的话说：

> 文王困于羑里作《周易》，祖君屈于陈蔡作《春秋》。吾困于宋，可无作乎？于是撰《中庸》之书四十九篇。

《史记·孔子世家》记载"子思作《中庸》"，《孔丛子》称"《中庸》之书四十九篇"。那么，《孔丛子》与《史记》所说的《中庸》是否为同一部书，如果不是，又有何差异？理清楚这两个问题，对于梳理子思著作的源流是有所帮助的。

《孔丛子》是孔氏家学的产物，记录关于子思的材料基本上都有可靠的来源。一般来说，家族相传的文献具有较高的史料价值。近代学者蒋伯潜指出，《孔丛子》有史实上的错误。"孔子作《春秋》在归鲁之后，不在困于陈蔡时。"但蒋伯潜对子思居于宋作《中庸》之事认为是可信的，"《中庸》为子思所作，两汉学者均有此说也"。（蒋伯潜：《诸子通考》)《孔丛子》成书于孔子九世孙孔鲋之手,他在把家族流传下来的材料进行结集时,为了突出重点,对有些带有相同性质的事情做了归纳。如将"孔子作《春秋》""子思作《中庸》"和"文王作《周易》"三件事情列在一起,这样做是为了更加突出三位圣人都是在遭受巨大挫折的时候立下大志,经过不懈的努力终于完成了传世名著。学者所指史实之误,不足以否认子思与《中庸》的关系。

《中庸》是《礼记》中的一篇文章。到了南宋,朱熹把《中庸》从《礼记》中抽了出来,与《论语》《大学》《孟子》编撰在一起,并详加注释,遂成《四书章句集注》。从此,《中庸》就成为《四书》之一,逐渐成为家喻户晓的儒学名著。

单篇文章《中庸》为何在《孔丛子》书中被说成"四十九篇"?对于这个问题,清代学者翟灏给出了如下解释:"四十九篇即《子思子》谓之《中庸》者,盖以首篇之名为全书之名。犹邹衍所作有四十九篇,而《史记·孟荀列传》仅言《主运》;《屈原赋》尚有《九歌》等,而《史记·屈贾列传》仅言作《离骚》也。"按照这个说法,《中庸》是子思的代表作,子思的文集就以《中庸》冠名。这种古代文集的命名方式在历史上确实存在。日本著名的中国思想史研究专家武内义雄对中国古代文献有深入的研究,他曾撰写《子思子考》,认为:"《孔丛子》之记《中庸》四十九篇,即是此类。"武内义雄又根据《史记》《汉书》征引的《中庸》文字,进一步指出"《汉书》与《史记》文字虽有出入异同,但与《礼记·中庸》之文字无大差。是唐以前之《子思子》含于《中庸》之确据。"种种推论证明,《中庸》就是子思文集《子思子》中的名篇。

唐代时期,韩愈(字退之)的学生李翱(字习之)在其著作《复性书》中说:"子思,仲尼之孙,得其祖之道,述《中庸》四十七篇。"宋代晁说之的《中庸说》称:"《中庸》本四十七篇。"郑樵的《六经奥论》也说:"《中庸》四十七篇。"《孔丛子》书中说"《中庸》四十九篇",唐宋学者众口一词,都说是《中庸》"四十七篇"。由此,蒋伯潜怀疑"四十九篇"的

"九"字可能是"七"字之讹,《中庸》本来就是"四十七篇"。为了圆融"四十七篇"与《汉书·艺文志》"《子思》二十三篇"之间的关系,蒋伯潜说,《汉书·艺文志》著录的《子思子》二十三篇,每一篇应该分为上、下二篇,再加上一篇《序录》,这样就成了四十七篇。但这种推测找不到文献的支持。

西汉时期,在中国学术史上出现了一位特别需要关注的人物,他就是孔安国。孔安国(字子国,前156—前74),按照孔氏家族世系,孔安国是孔子第十二世孙(《孔子家语·孔安国后序》)。他不仅是汉魏时期孔氏家学的重要传承者,也是汉代古文经学的主要代表人物。说起古文经学,不得不提一下古文经学的由来。

在孔安国之前,汉代的儒家经书是用汉代通行的隶书写成的。汉武帝末年,在孔子的老家发生的一件大事,惊动了整个朝廷与学术界。

图 3-1　孔安国像

当时,汉代实行分封制与郡县制并行的政治体制,被分封在山东曲阜鲁国故地的是鲁恭王刘余。此人喜好大兴土木,建造公室。"共(恭)王坏孔子宅,欲以广其宫。"(《汉书·艺文志》)正当施工人员拆除孔子故宅的老屋时,却发现了一道夹层墙,墙中的夹缝里有大量竹简。人们取出一看,竹简上面书写有文字,但在场的人都不认识。消息传到孔安国耳中,孔安国马上意识到这肯定是先祖藏的书。于是,他立即前来把这些书收集起来,带回家中悉心整理。

正如孔安国所料,这批书正是孔氏家族世代相传的古籍,由孔子第九世孙孔鲋藏于孔子故宅的墙壁中。孔鲋是孔氏家学史上的重要人物,《孔丛子》一书就是由他编订而成的。他博通经史,喜欢结交名士,但不仕于秦。秦始皇"焚书坑儒"，实行文化专制统治，不准许民间私藏儒家经典。孔鲋闻之后，立即把祖传的《论语》《孝经》《尚书》等书，藏于家中墙壁的夹缝里，然后带着弟子离开了曲阜，来到嵩山过起了隐居生活。陈胜、吴广在大泽乡振臂一呼，发起了农民大起义，孔鲋应邀参加了陈胜的农民起义军。孔安国得到这批孔鲋所藏的先秦儒家古籍后，如获至宝。他仔细对比了这些古代经典与当时流行的儒家经典，发现，两者之间不但文字不同，而且篇章不同，内容也有异。孔安国感觉到这批没有被秦火烧过的先秦典籍具有珍贵的学术价值，于是孔安国想把这些经典献给朝廷。

图 3-2　曲阜孔庙鲁壁

但是，孔安国的想法只是基于学术的考虑，而忽视了政治因素。汉代政府尊崇儒学的目的，是想更好地借助儒学的伦理道德治理国家，而不是要弄清楚原始儒学的面貌，尤其是政府不希望原始儒学中不利于他们的言词出现。朝廷把传授儒家经典《诗》《书》《春秋》《礼》《易》的学者十四家立为"五经博士"，让他们世代传授儒家思想学说，中央设太学，培养儒家学说的青年才俊。这些"五经博士"与"太学生"所传授的儒家经典是用汉代的隶书写成的。这些汉代通行的儒家经典，其来源或是老学者口耳相传，或是民间私藏之书重现于世。这些经师传诵的儒家经典自从孔子故宅墙壁先秦古籍发现之后，被人们称为"今文经"，孔安国所藏孔壁中古籍被称为"古文经"。"今文经"强调维护大一统，非常符合汉代政治的需要，况且，今文经学的博士在取得政治与学术地位之后，他们也不希望再冒出来一个异端的"古文经"来和他们抢饭碗。于是，"古文经"从一开始就面临一种尴尬的命运。

孔安国当时在朝廷担任谏大夫，建议朝廷像对待今文经那样重视古文经，也把学习与传授古文经的学者立为博士，以便在社会上进一步扩大古文经的影响，让更多的人了解先秦儒学的原貌。孔安国的初衷是好的，但选的时机却不对。朝廷当时正陷入"巫蛊门"事件。"巫蛊"，即巫鬼之术或巫诅（咒）之术，是通过言语诅咒和针刺泥人、面人的方式使仇敌或敌国受到祸害的原始巫术。秦汉时期巫蛊之术来源于匈奴族信仰的萨满巫术。公元前91年（汉武帝征和二年），有人向朝廷告发当朝丞相公孙贺的儿子公孙敬声以巫蛊术诅咒汉武帝。武帝命人彻查此事，受牵连者无数。在这种政治风波下，皇帝怎么能顾得上孔安国立古文经为学官的建议呢？

图 3-3　孔安国传《尚书》

即使暂时得不到政府的承认，孔安国还是要把古文经传承下去。《汉书·儒林传》记载，孔安国把古文经传授给了都尉朝。司马迁从孔安国问学，因此在他的《史记》里也保存了许多古文经的内容。

孔安国既是汉代著名的古文经学大师，又是孔氏家学的传人，他不仅对孔鲋所藏的古文经有收藏与研究，而且还保存着家族史上的著作。孔安国在《孔子家语》的《后序》中说："伋常遭困于宋，作《中庸》之书，四十七篇，以述圣祖之业。"孔安国见到的三世祖子思的著作《中庸》四十七篇，应是子思的文集，不是汉代《礼记》中的《中庸》篇，但毫无疑问前者包含后者。司马迁从学于孔安国，受其影响，所以《史记·孔子世家》说

"子思作《中庸》",虽然司马迁没有说"《中庸》四十七篇",但如果考虑到他是孔安国学生的身份,此处司马迁所讲的《中庸》,有可能是指子思的文集——《中庸》。

《孔丛子》称"《中庸》四十九篇",到了孔安国的《孔子家语·后序》"四十九"变成了"四十七",是"九"误写为"七"了吗?还是在流传过程中丢失了二篇?在印刷术发明以前,典籍的流传依靠人工抄写。即使职业的抄写手也难免出错,古籍中文字讹误现象时有发生。此外,战国古文字中,"九"误写为"七""五"的现象经常发生,甚至误写为"六"。如果事实真是这样,"四十九"很有可能被误写为"四十七"。除了抄手的失误、文字字形的误写,是否还有另外的可能呢?

孔安国传承家学,误写的可能性不大。孔氏家族有孔子这样的祖先,从家族感情上来说,会倍加珍惜祖上流传下来的文献资料。那么,既然孔安国的"四十七"篇和《孔丛子》的"四十九"篇都不误,问题到底出在什么地方?

在《汉书·艺文志》中,除了著录"《子思》二十三篇",在《六艺略·礼部》还著录"《中庸说》二篇"。唐代颜师古注:"今《礼记》有《中庸》一篇,亦非本礼经,盖此之流。"顾实《汉书艺文志讲疏》曰:"以志既有《明堂阴阳》,又有《明堂阴阳说》为例,则此非今存《戴记》中之《中庸》明也。"蒋伯潜认为这两篇《中庸说》就是《礼记·中庸》篇的"训说"。可见《中庸说》非《礼记》之《中庸》已经很明白了。但如果把《汉书·艺文志》的这两处有关子思著作的记载结合起来看,不难发现,这两篇《中庸说》可能就是"《中庸》四十九篇"除"四十七篇"以外的二篇。"四十七"篇《中庸》加"二"篇《中庸说》,正好符合《孔丛子》所载的"四十九篇"之数。

值得注意的是,孔安国的《中庸》"四十七篇"说法出现在前,《汉书·艺文志》成书在后。孔安国的时代,"四十七篇"已经与"二篇"单行,《礼部》二篇《中庸说》既然是"说",必定涉及论礼的内容。汉成帝时期，刘向主持校书，把子思著作除了两篇《中庸说》以外的四十七篇，进行重编，所以就出现"《子思》二十三篇"。正因为《汉书·艺文志》把先秦时期的子思著作分别著录在"诸子略"和"六艺略"中，造成后人不知《中庸说》为先秦旧书，误认为是汉人训说之书。其实，从先秦到西汉孔安国时期，经历了多年战乱，孔氏家族为了保存先祖著作，历经艰辛，甚至把书藏在屋墙中。孔安国看到的"四十七篇《中庸》"正是孔氏家族世代保存的子思著作的主体部分。至于刘向校书所列的《中庸说》二篇也是先秦子思学派著作，但这二篇并不由孔氏家族保存。到了班固著《汉志》时，《中庸说》与其他子思著作已经不相类，所以就被列在《六艺略》礼部类。北宋学者郑樵在其《六经奥论》中指出："《中庸》《大学》子思孟子之论也，不可附之礼篇，至于《乐记》《表记》《学记》《坊记》《燕居》《缁衣》格言甚多，当为《中庸》《大学》之次也。"郑樵所论，意在说明《中庸》不属于礼类著作，列入《礼记》本来就不妥当。这个论述或许对于我们理解《中庸说》从"《中庸》四十九篇"逸出的原因带来帮助。

（二）从《子思》到《子思子》

先秦时期，子思的著作就已经被引用。《汉书·艺文志》颜师古注言："尸子，名佼，鲁人。"商鞅曾师事尸子。《汉书·艺文志》著录《尸子》二十篇，列入杂家类。《尸子》书中有多处地方和《中庸》《缁衣》《五行》《鲁穆公问子思》的文句相似，甚至完全一致。这说明，先秦旧籍《尸子》一书已经开始引用子思的著作了。

汉唐之间的史书对《子思子》的流传状况记载很少，这为考察该时期《子思子》的流传带来很大困难。我们只能从《礼记》等其他书的征引情况略知其情。秦朝旨在加强思想文化专制的"焚书坑儒"，使大量先秦诸子的著作毁于秦火。汉代废"挟书令"，广开献书之路。经历了战国连年战乱以及秦朝暴政的学者，凭借着自己的记忆写出了自己所知的先秦典籍。民间藏匿的先秦古书也纷纷献了出来，开始在社会上流传。自汉武帝罢黜百家，尊崇儒术以后，儒家思想逐渐成为正统的统治思想，儒家文献的地位也随之由诸子之学上升为"经"典。在国家力量的支持下，刘向对当时所能见到的书籍进行了大规模的整理工作，写出校书笔记《别录》。刘向的儿子刘歆，子承父业，据《别录》编成《七略》。班固又据《七略》作《汉书·艺文志》。《七略》失传后，《汉书·艺文志》就成为中国现存最早的目录学著作。

虽然《孔丛子》记载的"《中庸》四十九篇"难知其详，但从唐宋时期的文献著作以及文人笔记征引的《子思子》佚文中，可以发现其中与《孔丛子》中的《记问》《杂训》《居卫》《巡狩》《公仪》《抗志》有大量重合之处。如在宋代目录学家晁公武编撰的《郡斋读书志》卷十中，引《子思子》曰：

> 孟轲问："牧民之道何先？"子思曰："先利之。"……"仁义者，固所以利之也。上不仁则下不得其所，上不义则乐为诈。此为不利大矣。故《易》曰：利者，义之和也。又曰：利用安身，以崇德也。此皆利之大者也。"

该段材料与《孔丛子·杂训》中的文字几乎没有差别。

北宋时期，《子思子》流传于世，晁公武说上面这段话出自《子思子》，是没有任何疑问的。除此以外，《韩非子》《金楼子》，以及《太平御览》《意林》征引《子思子》的文字，大多见于《孔丛子》。这种现象说明《孔丛子》中极有可能保存了《子思子》的内容。可以推测，《汉书·艺文志》"《子思》二十三篇"，就是《孔丛子》"《中庸》四十九篇"的主体。而这"二十三篇"应该都是先秦时期的旧文，而非汉代人的创作。

汉代编订《大戴礼记》和《礼记》是为了适应政治统治的需要而进行的文化工程。出于政治的原因，编订者戴德与戴圣叔侄两人格外谨慎。他们编撰礼书的最高原则应是政治的而非学术的，不合政治需要的著作、文章自然不会收录。子思的性格刚傲，宁可贫困，也不愿与无道的统治者合作，子思这种不为权贵折腰的性格与专制主义的精神相违背，而子思书中也体现了子思的这种品格。所以，凡是带有这些性格痕迹的子思著作均会被编纂者抛弃，久而久之，子思书中饱含抗志守道、与时俱进等思想精髓的篇章，就逐渐淡出了官方的视野。但在民间私学与孔氏家学中，子思的著作与精神却一直在传继着，没有中断。作为民间学术与孔氏家学著作的《孔丛子》，正大量保存着这些被官方弃而不用的子思著作，而在国家意识形态指导下编订的《礼记》，收录的只是子思著作中涉及政治思想和礼仪方面的内容。于是，子思著作的不同部分就有了不同的命运。

总之，《汉书·艺文志》著录子思的著作定名为《子思》，较之以《中庸》单篇作为书名更加合理。此外，古书在流传过程中，散佚、改名、重编等现象在所难免，再加上统治者出于政治的考虑，按需裁剪，"《子思》二十三篇"的内容比先秦时期子思著作有所减少也就在所难免了。

除了《汉书·艺文志》著录《子思》"二十三篇"，汉代文献中的《子思子》还有踪迹可寻。《淮南子·缪称训》和子思的关系比较密切。清代学者黄以周辑解《子思子》时，把收录《子思子》佚文与《淮南子·缪称训》做了对比，发现"《淮南子·缪称训》多取子思书"。黄以周的《子思子辑解》卷六"逸篇"共辑得《子思子》佚文四十一条，其中有十二条佚文见于《淮南子·缪称训》。杨树达在校读《缪称训》时，认为此篇多引经证义，皆为儒家之说。由于该篇与《子思子》佚文相同者较多，所以，他怀疑《淮南子·缪称训》的内容取自《子思子》。

郭店简的出土又使这个问题出现转机。《性自命出》下篇论"情"之说与《淮南子·缪称训》最为接近。《缪称训》保存了大量子思学派的学说，篇中不少文句与《子思子》佚文相近。因此，《性自命出》下部分的论"情"部分，应和《缪称训》一样，很可能与《子思子》一书有密切关系。《缪称训》的主体部分就采自子思之书，很有可能就是《子思子》中的《累德》篇。

《淮南子》是汉景帝的儿子淮南王刘安组织门人编写的，其书包罗万象，阴阳家、道家、儒家思想在书中都可以找到。《缪称训》篇中也体现出道家思想的痕迹。据《孔丛子·抗志》篇记载，子思与道家人物老莱子有过交往，其思想也有道家学派痕迹。《礼记》不收子思的《累德》篇，可能与篇中的道家思想有关，而《淮南子》思想具有包容性，遂采子思书入其中。

南北朝时期，汉代传入中国的佛教已经有了长足的发展，汉武帝开创的儒家思想大一统的格局在魏晋时期逐渐被玄学所取代，儒家的伦理观念与礼制到了南北朝时期更加涣散。南朝梁武帝即位后，面临礼乐朝仪混乱的局面，"思弘古乐"，希望可以"移风易俗，明贵辨贱"（《隋书·音乐志》）。于是梁武帝向群臣征询建议，散骑常侍、尚书仆射沈约给梁武帝上奏曰：

> 窃以秦代灭学，《乐经》残亡。……案汉初典章灭绝，诸儒掇拾沟渠墙壁之间，得片简遗文，与礼事相关者，即编次以为礼，皆非圣人之言。《月令》取《吕氏春秋》，《中庸》《表记》《防记》《缁衣》皆取《子思子》，《乐记》取《公孙尼子》，《檀弓》残杂，又非方幅典诰之书也。……宜选诸生，分令寻讨经史百家，凡乐事无小大，皆别纂录。乃委一旧学，撰为乐书，以起千载绝文，以定大梁之乐。

从《隋书·音乐志》这段记载来看，先秦的《乐经》经过秦代的"焚书坑儒"而残亡。汉代收罗部分与礼事相关的简文编成《礼记》，但已经不是孔子的话。《礼记》中的《表记》《坊记》《缁衣》《中庸》四篇取自《子思子》，《月令》出自《吕氏春秋》，《乐记》取自《公孙尼子》。梁朝欲复兴礼乐，应该重新编撰乐书。

在沈约的时代，《子思子》在社会上广为流传，他说《礼记》四篇出自《子思子》，不会有问题。值得注意的是，《汉书·艺文志》著录的《子思》到了南朝时期，其名称改为《子思子》。"子思"之后加"子"，表明子思及其著作的地位有了新的提高。有学者统计，南北朝以前的古籍中，就有二十六部书引用过子思的言行来说明事理和教育他人。可见，《子思子》在南北朝时期是一部畅销书。

（三）辑本《子思子》的出现

南宋时期，汪晫辑本《子思子》九篇出现，同时也说明长期流传的七卷本《子思子》已经失传了。汪晫，字处微，安徽绩溪人。庆元、嘉泰年间，汪晫把散见于各种文献中有关曾子、子思的著作做了收集工作，整理成《曾子》《子思子》二书。他的孙子汪梦斗于咸淳十年把《曾子》《子思子》辑佚本献于朝廷。邵享的《知见传本书目》云："汪晫本有明刻本。"到了清代乾隆年间，朝廷命大学士纪昀组织编撰大型丛书《四库全书》。《四库全书》分为经史子集四部，子部的儒家类收录了汪晫的辑佚本《子思子》。辑佚本《子思子》分为内外两篇，内篇有《天命》第一、《鸢鱼》第二、《诚明》第三，外篇有《无忧》第四、《胡毋豹》第五、《丧服》第六、《鲁穆公》第七、《任贤》第八、《过齐》第九。《四库全书总目提要》称其书"割裂《中庸》，别列名目"，对汪晫采集《孔丛子》的材料编入辑本提出了非议，但同时，四库馆臣也不得不承认汪晫的辑佚本《子思子》对于保留有关子思的资料，起到了重要的作用。

图 3-4　汪晫辑本《子思子》

清代时期，浙江舟山出了两个有名的学者：黄式三与黄以周父子，两人均以治礼学而著称。黄以周幼年时期就开始跟随父亲学习儒家经典、研习礼乐，在清代礼学研究领域卓有贡献，著《礼书通论》一百卷。黄以周除了在礼学上取得突出成就，在先秦儒家学术史研究方面尤为用力。他发现孔孟之间的子思是一位特别重要的人物，子思对于儒学的传承极为重要，于是他

"求孟子学孔圣之师承,以子思为枢轴"。他认为,"孟子学孔子,由博反约,而未尝亲炙孔圣"。虽然孟子没有得到孔子的亲自教诲,但孔孟之间的子思,起到了重要的桥梁作用。子思"综七十子之前闻,承孔圣以启孟子",于是黄以周发奋要把子思这位早期儒学史上的关键人物研究清楚。研究子思首先面临的问题就是资料的收集。传世的《子思子》早已失传,汪晫的辑佚本又不完善,于是,黄以周立志自己编撰一本新的《子思子》。

图 3-5 黄以周辑解《子思子》

黄以周以子思亲闻孔子所授之教,认为子思进学始于《诗》《书》,终于《礼》《乐》,以仁义来制利,紧紧抓住了子思的学术思想的主线,从浩如烟海的文献中搜寻着有关子思的资料。黄以周晚年身体不好,疾病缠身,但他还是凭借坚强的毅力完成了七卷本《子思子辑解》。时任江苏省学政的黄体芳是黄以周的友人,出资在江阴建了一个南菁书院,聘请黄以周担任书院的主讲教师,并出资为其刻印了《子思子辑解》。

黄以周的七卷本《子思子辑解》由三部分组成。第一部分为内篇,也是该书的主体部分,由《中庸》《累德》《表记》《坊记》《缁衣》等有篇名的部分组成。第二部分为外篇,由《礼记·檀弓》《孟子》,以及汉、魏、唐、宋儒者书中的零散材料组成。第三部分为附录,内容为《孔丛子》中的子思言论。对于采用这种编排体例的原因,黄以周在第六卷篇末做了如下说明:

> 凡编辑逸书,或以前见诸书为次,或以义理相同而附排比前后,原无义类可言,考《子思子》原书次第,惟《意林》可见其略,故居首

以下据诸子史注,各类书为次,略进退之末,以《通典》《通考》《郡斋读书志》《困学纪闻》为次,而以《孟子》《檀弓》之记载语殿后,又以《御览》之误文附焉。

可见,黄以周编撰《子思子辑解》时,对其材料的来源做了认真的甄别。但在当时,学术界考据辨伪之风盛行,《孔丛子》一书由于《汉书·艺文志》未著录,许多学者认为该书是后人伪作,对其材料弃而不用。受这种学术思潮的影响,黄以周在编撰《子思子辑解》时,把《孔丛子》书中子思的事迹归入《附录》中,可见,他对《孔丛子》的材料还是心存疑惑。比如,《太平御览》《意林》等类书中多处征引《子思子》的材料,而这些材料又见于《孔丛子》,黄以周在编撰时,就会在这些材料下面加上"《孔丛子》袭之"的案语。本来,在先秦时期《子思子》就与《孔丛子》有诸多重合之处,所以,他书征引《子思子》又见于《孔丛子》者,当是《孔丛子》中保留的《子思子》原文,而不是"《孔丛子》袭之"。但从整体来看,黄以周的《子思子辑解》比汪晫的辑佚本《子思子》内容更丰富,体例更完善,价值更高。黄以周《子思子辑解》问世后,与汪晫辑佚本《子思子》并行于世。

二、出土简帛与子思"新著"

原始本《子思子》失传以后,汪晫的《子思子全书》与黄以周的《子思子辑解》先后出现,成为我们今天看到的《子思子》辑本。但这两部《子思子》辑本的篇目与先秦时期"《中庸》四十九篇"的《子思子》祖本差距甚大。可以肯定,《子思子》的大部分内容在流传过程中亡佚。但近几十年来,新的出土文献不断被发现,埋在地下两千多年来的子思著作也随之重见天日!

（一）马王堆汉墓中的《五行》篇

学者们对子思认识的转变开始于二十世纪一次重大的考古发现。1971年底，解放军驻长沙某部在长沙东郊的马王堆高地上施工，兴建地下医院。但在工程推进过程中，经常遇到塌方问题，于是施工人员用钢钎进行钻探，接着从探孔中冒出一股刺鼻的气体。有人用火柴一点，生成了一道蓝色的火焰。在场的人员被眼前的现象惊呆了，立即把这个情况报告给湖南省博物馆的专家。专家意识到，这个高高的土堆下面很可能埋藏着古墓。1972年1月，考古队正式开始了对马王堆的考古发掘工作，历经2年多时间，考古挖掘工作取得重大成果。

考古专家研究发现，马王堆1号墓的主人是西汉长沙国丞相利仓的妻子辛追，2号墓的主人是利仓，3号墓的主人是利仓的儿子。原来，这是一处规模巨大的西汉早期侯王的家族墓地。随着马王堆1号、2号、3号墓陆续被打开，一个个振奋人心的消息不断从现场传出。辛追的尸体虽然历经两千多年，但面目栩栩如生，皮肤富有弹性。这位马王堆千年女尸是迄今世界上发现的保存最好的古代尸体，远胜于古埃及的干尸木乃伊。周恩来总理得知此事后，立即指示要严密做好考古发掘与保卫工作。在解放军的保卫下，发掘工作顺利进行，陆续出土了震惊中外的帛画、漆器、乐器、丝织品、帛书等大量文物。在这些珍贵的出土文物中，学术界最为关注的就是马王堆帛书了。

图3-6　长沙马王堆汉墓出土的帛画

据统计，马王堆汉墓出土帛书共计28种，12万余字。这些帛书在书写之前，有的用朱砂在帛上画出宽0.7—0.8厘米的界格，宽幅的满行60—70字或稍多，窄幅的满行30余字。凡有篇题的，都写在末行空白处，有些还记明字数。帛书的形制与文献记载和出土的汉代简册制度基本一致。马王堆帛书原来多无书名，整理者根据内容给无名者定名。依照《汉书·艺文志》的分类法，分为六艺类、兵书类、数术类、方技类。这批宝贵的帛书中，有西汉初年的《老子》，而且是甲、乙两个版本，只是次序与今本不同。帛书《老子》是《德经》在前，《道经》在后，今传本《老子》是《道经》在前，《德经》在后。在《老子》甲本卷后附有四篇文章，皆为传世文献所无。经过学者们的研究，发现其中有一篇与子思的关系非常密切。

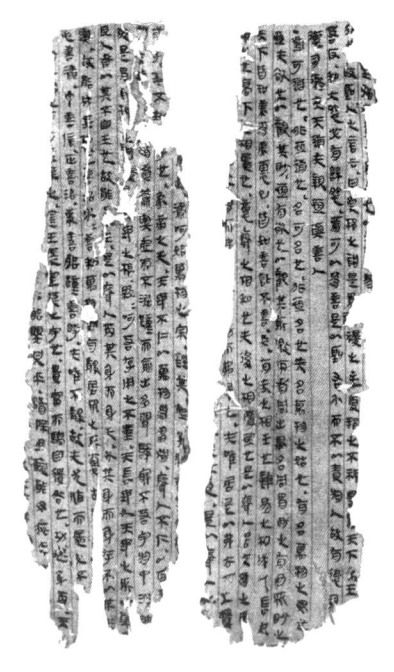

图 3-7　长沙马王堆汉墓出土的帛书《老子》

这篇古佚书没有篇名，全篇182行，5400余字，用篆体字写成。从文中不避"邦"字推测，抄写年代当在汉高祖卒年（公元前195年）以前，从字体及其内容来看，又应是抄写于秦亡（公元前207年）之后。魏启鹏将其命名为《德行》，庞朴对这篇佚书非常关注，指出篇中主要论述的"五行"学说，就是《荀子·非十二子》篇非议的子思、孟子学派的"五行说"，遂把该篇命名为《五行篇》。帛书《五行篇》由两部分组成，自第170行至第214行，即原第一大段，为第一部分；自第215行开始，直至末尾第351行，为第二部分。第一部分提出了若干命题和基本原理，第二部分则对这些命题和原理进行了解说。这是战国时期的一种文章格式。《管子》《墨子》《吕氏春秋》《韩非子》等书中，都有这种写法的篇章。按照当时的习惯说法，这

第一部分叫《经》；第二部分叫《说》。《说》相当于后世的《传》，是对《经》的解释性文字。

庞朴对帛书《五行篇》的研究开启了"思孟五行说"研究的先河。1991年，魏启鹏出版《德行校释》一书，进一步推进了子思五行说的研究。千百年来，由于缺乏足够的证据，子思与《子思子》的研究长期停滞不前，长沙马王堆汉墓帛书《五行篇》的出土，为子思研究提供了新材料，使沉寂了许久的子思重新引起了人们的关注。虽然学者们依据《荀子》对思孟五行说的批评，又借助帛书《五行篇》的"仁""义""礼""智""圣"组成的德之"五行"说，想到了子思五行说的线索，但从总体上来说，帛书《五行篇》单篇文献提供的学术信息略显单薄，要想解决子思研究中的诸多问题，还需要寻求新的证据。

（二）郭店竹简中的《子思子》

如果说马王堆帛书《五行篇》只是激发了人们关注子思与早期儒学的兴趣，那么，郭店楚墓竹简的出土，则激发了学术界研究子思学说的极大热情。在1993年的初冬，一个沉寂的小村庄——湖北荆门市四方乡郭店村，一下子成为中国学术界关注的焦点。在这里，人们发现了一座具有重大学术价值的古墓。

这座惊动世界的古墓被考古专家命名为郭店1号墓，它位于郭店村的一处土岗子上。这处土岗子高出周围地面3—5米，南北长700米，东西宽350米，历年的考古资料表明，这里分布着多座东周时期楚国贵族墓地。在它南面约9公里的地方就是东周时期楚国的都城——纪南城。1993年8月23日，郭店1号墓被盗墓者盗掘，已经挖到了墓中的椁板。可能是受到了惊扰，盗墓者没有继续往里挖就撤出了墓地。过了2个月，盗墓者见毫无动静，于是在10月中旬，又一次对该墓葬进行疯狂盗掘。这一次，这座古墓没有逃脱厄运，盗墓者进入墓中，撬开箱子，盗走了里面的文物。郭店1号墓的被盗，致使墓内器物残损，摆放秩序被打乱，雨水和泥土浸入椁室内。这起恶性盗墓事件的发生，终于引起了相关责任部门的注意，为抢救墓中残存的文物，考古工作者于10月18日—24日对郭店1号墓进行了抢救性清理发掘。

经过紧张的工作，考古工作者在墓中清理出的残存器物还是较为丰富的，有礼器、生活用具、车马器、兵器、丧葬器、乐器、工具、装饰品、竹简等。从考古学上推断，该墓的年代为战国中期偏晚。墓中出土的一个漆耳杯，上有铭文"东宫之师"。东宫是太子居住的地方，那么"东宫之师"就是楚国太子的老师。墓中的随葬品有两根鸠杖，可以推断墓主人是年事已高的男子。墓中随葬了大量竹简书籍，表明死者是位有学问的人。李学勤根据种种证据以及墓主人下葬时间判断，该墓的主人应该是楚国太子横（即后来的顷襄王）的老师。当然，也有学者认为，把墓主人定为太子之师的证据不足。但无论墓主人到底是谁，都不能否认墓中竹简的文献价值。

图3-8 郭店1号楚墓出土的漆耳杯铭文摹本

郭店1号墓共出土竹简804枚，其中部分竹简上没有书写文字，据统计，有字简共有730枚，总字数约13000字。竹简长15—32.4厘米，宽0.45—0.65厘米。分为两种形制，一种两端平齐，另一种两端削成梯形。简上保存有编连的痕迹2—3道。简文字体笔法与以前出土的包山楚简相近，带有明显的战国时期楚国文字的特点。郭店竹简出土时已经散乱，虽然依据竹简的形制，抄手的书体和简文文意进行了重新编连与分篇，但已经无法恢复简书的原貌。

1998年5月，学术界热切期待的郭店竹简由文物出版社出版，它被定名为《郭店楚墓竹简》。该书公布了郭店竹简的全部图版与释文。从中我们可以发现，这批战国楚竹书从总体上包含儒家与道家两个学派的著作。

在郭店竹简儒道两家文献中，与我们本书讨论话题有关的主要是儒家竹简文献。郭店竹简儒家著作共有 11 种 14 篇，篇名分别是《缁衣》《五行》《鲁穆公问子思》《穷达以时》《性自命出》《成之闻之》《尊德义》《六德》《唐虞之道》《忠信之道》，以及《语丛》4 篇。《语丛》内容较为杂乱，类似于随手记的笔记。

根据东汉学者王充、郑玄的说法，儒家最重要的经典是"六经"，简策二尺四寸。《孝经》简策的尺寸比《六经》少一半。《论语》简策是八寸，其他诸子的著作简长为一尺。郭店竹简儒家著作除《语丛》外，其他十篇简文根据竹简的形制，可以分为三组：第一组为《缁衣》《五行》《性自命出》《成之闻之》《尊德义》《六德》六篇，简长 32.5 厘米，两端都修整为梯形；第二组是《鲁穆公问子思》《穷达以时》两篇，简长 26.4 厘米，两端梯形；第三组包含的《唐虞之道》简长 28.1—28.3 厘米，《忠信之道》简长 28.2—28.3 厘米，基本同长，简端平齐。按照简长与文献重要程度的关系，第一组最为重要。

图 3-9 《郭店楚墓竹简》

学者大多主张，第一组六篇简文属于子思学派的著作，应为子思自著；第二组的两篇应该出于子思的弟子或门人之手，是对学派宗师子思话语的记录和阐释；第三组的两篇应为子思后学，有可能属于孟子一系的著作。总之，郭店竹简儒家著作与子思的关系最密切，其中多篇未见于传世文献。这些珍贵的佚籍很可能就是已经失传的《子思子》的部分内容。

郭店竹简的出土，无疑给子思与早期儒学的研究带来了前所未有的契机。在早期儒学史上，有两座思想高峰，分别是孔子与孟子，一位是至圣、儒家学派的创始人，另一位是亚圣、儒家学派的捍卫者与开拓者。孔子亲传儒家之道给孙子子思，子思再传给他的弟子，而孟子学于子思的弟子。可见，子思是孔子与孟子之间的重要学术桥梁。

郭店竹简的问世，为《子思子》相关学术问题的研究提供了有利条件。李学勤兴奋地指出："《缁衣》等六篇简文正是已经亡佚的《子思子》。"我们判断郭店竹简与子思之间关系的文献依据又是什么呢？郭店竹简有一篇《鲁穆公问子思》的简文，虽然篇幅不长，但明确提到子思的名字。该篇简文生动再现了鲁穆公与子思之间的君臣对话的情景。鲁穆公问子思什么样的臣才能称得上是忠臣，子思回答说："恒称其君之恶者为忠臣。"子思敢于直率表达自己的观点，本身就说明他是一位忠臣。简文体现了子思刚毅的忠臣观与高尚的品格，这与传世文献有关子思的记载是完全一致的。郭店竹简《鲁穆公问子思》篇明确记载了子思的言语，这篇简文应出自子思门人。如果《子思子》包含子思学派的著作，那么该篇亦可归入《子思子》。这篇竹简的意义正在于，它使我们看到了战国中期的书中记载的子思形象的原貌，是没有经过后人篡改的战国古籍。

按照《隋书·音乐志》所记梁朝沈约的话，《礼记》中的《中庸》《表记》《防记》《缁衣》四篇，皆出自《子思子》。郭店简《缁衣》的内容与传世本《礼记·缁衣》的内容大体相合，由于流传过程中的改动，今本的章序、文字与简本有些差异，但这些差异并不影响其整体思想内涵。简本与今传本相比，简本更古朴，章序排列更合理，文字释读更顺畅。毫无疑问，简本《缁衣》更接近子思著作的原貌。

自马王堆汉墓出土帛书《五行篇》以来，已有学者认定它为思孟学派的作品。庞朴的《马王堆帛书解开了思孟五行说古谜》一文，发表于1980年，拉开了研究子思《五行》篇的序幕。帛书《五行篇》既有"经"，又有解释"经"文的"说"，郭店竹简《五行》只有"经"，没有"说"。按照古书形成的通常规律，"经"的形成肯定在"说"之前，所以郭店竹简本《五行》的成书年代应当早于马王堆帛书《五行》。另外，帛书《五行》的"说"部出现了世硕的名字。颜师古注："世子，陈人，七十子之弟子。"《汉书·艺文志》著录"《世子》二十一篇"。据此，世硕的年代应在子思之后。李学勤进而指出，既然世硕是"七十子"的弟子，那么，帛书《五行》的成书时代应晚于子思，而简本《五行》有"经"无"说"，当为子思自作。

郭店竹简有一篇名为《性自命出》的文章。该篇简文主要论述心、性、情的问题，是一篇宝贵的早期儒家心性论的专文。众所周知，在早期儒学中，子思、孟子、荀子论述心性论较多。人们对孟子与荀子的心性论较为熟悉。孔子的性情论，除了"性相近，习相远"等少量格言，其他并不多见。孔子重视后天因素在人发展过程中的重要作用，强调"学而知之"，但孔子没有解释人性为什么能改造，以及怎样改造等关键性的理论问题。孔子未解决的话题正是子思努力的方向。

郭店竹简《性自命出》篇是目前发现的最丰富的先秦儒家性情论的著作。《性自命出》说"性自命出，命自天降，道始于情，情生于性"，这句话可示意为"天—命—性—情—道"。这句简文与《中庸》开篇"天命之谓性，率性之谓道，修道之谓教"有着惊人的相似。《性自命出》和《中庸》的人性都本原于天，但是《性自命出》从"性"到"道"之间有"情"相连，而《中庸》却省略了这个环节。《性自命出》对人"情"的论述特别为学界所瞩目，因为此简文不但探讨了情与性的关系，还阐发了怎样通过外在显露的人情来引导人性的发展。《性自命出》论性情只是手段，其目的还是为儒家的德治思想和道德教化服务。

《性自命出》认为，教化的依据是孔子编订的《诗》《书》《礼》《乐》。简文深刻论述了《诗》《书》《礼》《乐》皆起源于人性，圣人孔子加以编订，使之更符合人性发展变化的规律，用这样的教材实施教化，才能使受教者的心中具备德行。《性自命出》阐发了"始者近情，终者近义"的理论，认为最初的人情接近人的本性，这种人的本性就是儒家语境中的"仁"。以"仁"作为儒者思想历程的出发点，沿着"义"的道路，进行不断的修身与教化，最终使人具备"仁义"之德，遵守"礼"的规范，达到人际间的和谐、社会秩序的稳定。而这个心性论与性情论的发展路向，正符合由孔子到子思，再到孟子的学术传承之路。郭店竹简《性自命出》篇的多处论述与《中庸》的思想是相通的。《中庸》为子思所著，我们以《中庸》为参照来研究《性自命出》，可以发现《性自命出》篇出于子思的判断是完全可以成立的。

从文献学的角度来看，郭店竹简的《成之闻之》与《忠信之道》简文与子思著作之间颇有相同的表述。据笔者统计，《忠信之道》引《表记》两条，《成之闻之》引《表记》一条。《表记》与《缁衣》一样，同属于《礼记》中的《子思子》。郭店竹简《忠信之道》《成之闻之》引述《子思子》，说明这两篇也与《子思子》有一定的关系。《忠信之道》选用的竹简虽然较短，但作者将"忠""信"作为执政者的最基本的政治伦理原则，亦值得重视。简文中的"口惠而实弗从，君子弗言尔；心疏而貌亲，君子弗申尔"，见于子思的《表记》。《忠信之道》对君主道德的要求与《鲁穆公问子思》《尊德义》的思想相通。有学者主张，该篇可能出自子张一派儒者。子张比孔子小48岁，孔子去世以后，子思除了从学于曾子、子游，可能也学于子张。《忠信之道》又与《表记》等文献相通，亦可归入《子思子》。

《成之闻之》篇可视作子思关于君子"求之于己"的修身学说专论。简文认为，外在的语言是末，内在的德性是本，良好的表率是无声的语言，身教重于言教，把修身成德上升为德治的本体地位看待。简文认为，君子的教化，就是引导民众从事善道，这个过程好像以水浇地，如果不循序渐进，就难以浇深。所以，"是以民可敬导也，而不可弇也；可御也，而不可牵也"，这和《尊德义》篇中论述君子引导民众的方法完全一致。《成之闻之》的修身学说以人性论为前提，简文中"圣人之性与中人之性"的论述与《论语·雍也》的人性论对读，可明显看出《成之闻之》的人性论是对孔子人性论的进一步阐释，而和《性自命出》的人性论类似。《成之闻之》论人性的理论晚于孔子，而明显早于孟子。结合文献的相通之处和简文体现的修身思想和德治主张，《成之闻之》应为《子思子》一书的佚篇。

儒家在政治上主张德治。郭店竹简《尊德义》开篇说："尊德义，明乎民伦，可以为君"，可见，儒家的德治首先是对统治者的道德要求。该篇有些内容见于《论语》《礼记·曲礼》《缁衣》以及《孟子》等书。长期以来，"民可使由之，不可使知之"，被视为孔子愚民思想的体现，郭店简《尊德义》的出土，才使我们恍然明白其误。《尊德义》简文说："民可使，道之，而不可使，知之；民可导也，而不可强也。"治民要谨慎的引导，不可愚弄和蒙蔽；民可以因势驾驭，但不可强制。简文重视君德的同时，特别强调教化和学习，这是子思的一贯主张。

竹简《六德》篇论述夫妇、父子、君臣三种关系对应的六种道德，分别为圣、智、仁、义、忠、信。"六德"正是汉代"三纲五常"的源头。《六德》要求六种人各安其位，做到"父父、子子，夫夫、妇妇，君君、臣臣"，使"圣生仁，智率信，义使忠"，只有各自遵守相应的道德规范，才可能使妇、子、臣服从夫、父、君的约束。显然，《六德》论述伦理道德、君臣上下关系远比"三纲五常"更具有人情味，民本思想更加凸显。《六德》与《五行》一样，曾被西汉思想家贾谊的《新书》所引据。

除了简文与《子思子》有相同的表述，简文各篇内部也出现了相似的文句，如：

《成之闻之》："行不信则命不从。"

《缁衣》："下之事上也，不从其所以命，而从其所行。上好此物也，下必有甚焉者矣。"

《尊德义》："下之事上也，不从其所命，而从其所行。上好是物也，下必有甚焉者。"

在论述统治者要为政以德，做民众的表率方面，《缁衣》《成之闻之》《尊德义》几乎使用了同样的语句。《孟子·滕文公上》也有类似的论述："上有好者，下必有甚焉者矣。"这就进一步说明，从文字表述到思想主旨，郭店竹简《缁衣》《成之闻之》《尊德义》都符合子思著作及其思想特征。而《孟子·滕文公上》与这三篇简文的一致性，也为孟子与子思之间的学术传承增添了新的证据。

《唐虞之道》是儒家向统治者提出用"义"的原则进行统治的政论文，从时代来看，应晚于孔子，而早于孟子。李景林认为，把《中庸》《孟子》的有关章节与竹简《唐虞之道》相印证，《唐虞之道》应属于思孟学派的著作。《唐虞之道》与《忠信之道》的竹简形制相同，简文通过阐述尧舜"禅让"之道来论证"尚德""尊贤"的重要性，集中反映了先秦早期儒家深刻的忧患意识和改良君主政治的美好愿望。孔子赞同禅让说，而到了孟子、荀子那里就对此不怎么感兴趣了。庞朴把《唐虞之道》的成书年代定为在"孔孟之间"，明确指出它是属于思孟学派《孟子》成书以前的著作。彭邦本指出，如在"亲亲""爱亲""尊贤"等问题上，《唐虞之道》等佚文与子思的《中庸》不仅有共同的议题，而且术语、论点乃至思路的相同、相似及相承亦脉络清晰。至此，可以说《唐虞之道》也属于子思学派的著作《子思子》。

无论从文献记载的《子思子》，还是典籍与郭店竹简的相合之处，以及简文内部的相通之处，我们都可以认定：郭店竹简可能就是已经在地下沉睡两千多年的《子思子》，至少是《子思子》的一部分。《子思子》产生于一个战乱纷争、诸侯雄起的时代。在那样的岁月里，道德慢慢地被人们遗忘了。两千多年以后，在荆楚故地下沉睡了两千多年的子思著作重现于世，子思的形象因而变得更加清晰，形象更加巍峨，从此，孔子、孟子之间的学术传承缺环得以填补，先秦时期儒、道之间的关系需要重新审视。

（三）上博简与《子思子》

1994年5月，上海博物馆从香港购藏一批战国楚地竹简。经过专家们的去泥、清理、脱水等环节的处理，这批竹简的真容终于展现在人们面前。原来，这批竹简的数量与涉及的古籍种类比郭店竹简还要丰富。

据悉，这批竹简的来源距离郭店1号楚墓不远，上海博物馆购买的这批竹简，其出土墓葬、成书年代应该与郭店楚墓竹简相差不大。上海博物馆组织相关专家对这批竹简（简称"上博简"）进行了深入的研究，认为上博简当为战国晚期楚国贵族墓中的随葬品，与郭店竹简的性质类似。它涉及80余种古籍，包括原存书题20余篇，全部是秦代"焚书坑儒"前原汁原味的战国古籍，涉及历史、哲学、宗教、文学、音乐、文字、军事等。其中以儒家类为主，兼及道家、兵家、阴阳家等，多为传世本所无。有些虽有传世本，如《周易》等，但文本也多有不同。

图3-10 《上海博物馆藏战国楚竹书》第一册

从2001年12月到2008年12月，上海博物馆组织专家对购藏的这批战国竹简进行编连、整理、校释，由上海古籍出版社以《上海博物馆藏战国楚竹书》为书名，陆续出版。上博简有相当一部分内容涉及早期儒学，其中与子思有关的竹简材料也有不少。

《上海博物馆藏战国楚竹书》第一册有《孔子诗论》《缁衣》《性情论》三篇，它们皆与子思有关。《孔子诗论》是孔子阐发《诗经》义理的专门性论文，其中多与《孔丛子》书中论诗的内容有关。上博简《缁衣》与郭店竹简《缁衣》极为相似，与《礼记·缁衣》略有差异。《性情论》和郭店竹简《性自命出》只有少许不同。可见，仅第一册就有两篇属于《子思子》的著作。

上博简第二册包括《民之父母》《子羔》《鲁邦大旱》《从政》《昔者君老》《容成氏》六篇内容，其中《从政》篇与《子思子》关系最大。杨朝明先生认为，该篇应属于《子思子·累德》篇的内容。原《考释》将《从政》分作甲、乙两篇，研究者指出它们其实可以编连到一起，应属于同一篇，这种看法已经得到普遍认可。那么，该篇如何编连，《从政》篇本来的面目如何?学术界虽然进行了许多研究,但依然存在分歧。当我们充分参酌各家编连和释文,借鉴研究成果,依照竹书的形制、内容重新编排分章后,竟然意外地发现《从政》篇每一段落都应该以"闻之曰"起始。全篇完、残简统计,共出现了13次"闻之曰",如果加上第十支简开头"曰"字前的"闻之"二字,则有14次。以"闻之曰"起始的每一节都集中论说一个主题,彼此相对独立。

《从政》篇中的"闻之曰",其实与"子曰"相同。《从政》篇的原《考释》举出其中一简,其曰:"闻之曰:可言而不可行,君子不言;可行而不可言,君子不行。"指出此语又见于《上海博物馆藏战国楚竹书·缁衣》《郭店楚墓竹简·缁衣》以及《礼记·缁衣》,惟前两者中"闻之曰"作"子曰",说明"闻之曰"正是"闻之"于孔子所说。其实,《从政》篇中这样的例子很多。例如,在《论语·尧曰》的倒数第二章中,子张问孔子如何才能管理好国家的政事,孔子回答说应该"尊五美,屏四恶"。《从政》篇中有"四毋"之说,明显可与《论语·尧曰》的倒数第二章对读。《从政》篇关于"四毋"的论述紧接"五德"的论述,前者的结尾与后者的开头同在一枝简上。由此不难发现,《从政》"五德"与《论语》"五美"之间的联系。细细观察,孔子关于"五美"的解释,实与《从政》的宽、恭、惠、仁、敬"五德"相互贯通。

将《从政》篇中所引述的孔子的话与子思著作比较,二者不仅思想相合,语句相近、用词相同的也有很多。《从政》篇与其他著作所记录的孔子言语当然也会有相同相通者。相比之下,与子思著作的相同和相通显得十分集中,这种现象的出现应该不是偶然的。从史籍著录来看,《子思子》一书的确有专门记录孔子遗说的篇章。在子思学派的文献中,除了子思著作、各种典籍所载子思言行、子思门人著作,另外还有子思所记孔子言论,而在子思著作中,子思所收集的孔子言论即包括在其中。

《从政》篇与《中庸》等四篇同记孔子遗说,但他们之间有明显的不同,这就是《中庸》等四篇没有"闻之曰"的记载形式,而是在记述孔子遗说时冠以"子言子""子曰""子云"等。《从政》通篇以"闻之曰"而记孔子之言，原《考释》认为本篇凡言"闻之曰"皆缺主语，似乎何人"闻之""闻之"何人都不明确。其实，这里的"闻之曰"与"子曰"相同，这里用"闻之曰"而不用"子曰""子云"等，更能说明《从政》篇原属于子思著作。鲁穆公说"子之书所记夫子之言"，表明子思著作中有很多是专门记述孔子的话。子思说这些孔子言语"或亲闻之者""有闻之于人者"，不论是子思亲自听孔子所言，还是他从其他人那里听来，在记述时前面冠以"闻之曰"都合情合理。子思是孔子的孙子，最有条件和资格传述孔子遗说。尽管如此，还有人表示怀疑。所以，通篇以"闻之曰"的方式叙述孔子学说，非子思莫属。

我们推测，现保存在《礼记》中的《坊记》《中庸》《表记》《缁衣》四篇，它们原来在《子思子》中时，其中的"子曰""子云""子言之"本来也很可能像《从政》篇那样，都是作"闻之曰"的，只是后来《礼记》的编者将它们改成了现在的样子。在《子思子》中，《从政》篇和《坊记》等四篇原来都是记述孔子遗说的专篇，只是《从政》篇的性质与《礼记》不洽，不像《坊记》等四篇那样幸运地保存在《礼记》中，而归于亡佚。可是，《从政》篇虽然发现较晚，却更接近《子思子》的原貌。

由以上分析，我们可以推测上博简中的《缁衣》《性情论》《从政》属于《子思子》。

三、《礼记》中的《子思子》

《中庸》《表记》《坊记》《缁衣》在《礼记》中次第相接，体例相似，郑玄《三礼目录》称这"四篇"于《别录》属《通论》（以下简称"《礼记》四篇"）。《隋书·音乐志》记载，南朝梁武帝即位后，向群臣征询改变礼乐朝仪混乱局面的建议，沈约奏答曰："《中庸》《表记》《防记》《缁衣》，皆取《子思子》"。从沈约的奏答可知，汉代收罗"片简遗文"编成《礼记》，其中的《表记》《坊记》《缁衣》《中庸》四篇取自《子思子》，已非"非圣人之言"。这里的"圣人"应当指"孔子"。"《礼记》四篇"虽然不是孔子之言，但都出自《子思子》一书。

（一）竹简本《缁衣》与《礼记·缁衣》文本的比较

郭店简与上博简中都发现了《缁衣》篇，两简本相近，与《礼记·缁衣》（以下称"今本"）有异。简本没有今本第一、十六、十八章。简本首章为今本第二章，以"夫子曰"开篇。黄以周指出：《缁衣》篇"本以好贤如《缁衣》，恶恶如《巷伯》为章首，书以'缁衣'名篇，即取章首之言。'子言之曰'云云，乃其序也"。《表记》的"子言之"八处，分别为八个段落的总括。《缁衣》和《坊记》的"子言之"皆为篇首，并且有总领全篇的作用。《坊记》在《礼记》四篇的结构最为整齐，且行文不用"子曰"，而用"子云"，说明《坊记》的传述者与子思的关系，较《表记》《缁衣》的传述者疏远。黄以周据《意林》而排列《子思子辑解》之序列，顺序为《中庸》《累德》《表记》《缁衣》《坊记》。简本没有今本首章，正说明今本首章为后人增益。黄以周在未见简本的情况下，推断今本《缁衣》首章为章序，是有道理的。

郭店简与上博简《缁衣》均无《礼记·缁衣》首章，两个简本又差别不大，这说明《缁衣》的文本在战国中期已经固定下来。《礼记·檀弓》出现"夫子言之曰""君子言之曰"的行文格式。"言之曰"不同于"曰"，"言之曰"不是直接回答或者叙述问题，而是借别人之口来转述。《缁衣》《表记》《坊记》的"子言之曰"可解释为："老师论说这个问题"或者"老师对这个问题的看法是"。从语气上看，"子言之曰"的内容为子思后学增加的可能性较大。当然也不排除汉代人所为的可能，理由是，《礼记》编订者既看到了《子思》书，又看到其他篇中出现的大量"子曰"（孔子之

图 3-11　郭店楚简《缁衣》

言),所以,为了区分《礼记》中的子思著述,《礼记》的编订者特意在《表记》等篇首标注"子言之"。但《中庸》篇首没有"子言之",很可能是因为《史记·孔子世家》已经明确记载"子思作《中庸》",所以也就没有必要在《中庸》首章冠以"子言之"了。

郭店简《缁衣》与《礼记·缁衣》主要有三个方面的差异:

1. 章目与章序不同。今本 25 章,简本 23 章,今本的第七章对应简本的第十四、十五章,所以,今本比简本多出三章。这三章是今本第一章、第十六章、第十八章。此外,今本与简本的章序亦不完全对应。如今本第四章对应简本第八章,今本第五章对应简本第七章。

2. 简本每一章皆以引《书》或引《诗》结尾,今本不完全遵照这种体例,且今本与简本引同一句诗却见于不同章。简本第八章引《诗》云:"赫赫师尹,民具而瞻",该《诗》却见于今本第五章。

简本每一章同时引《诗》《书》,皆先引《诗》,后引《书》。而今本有两处先引《书》,后引《诗》。而且今本最后一章比简本增加了引《书》的内容,又引《易》。这说明今本的整理者更重视《书》。郭店简《缁衣》之后的时代,《尚书》更为儒者所重。此外,简本引《书》更接近《尚书》原貌,今本引《书》则有误。晁福林先生对比了郭店简《缁衣》与《礼记·缁衣》引的三处《尚书·吕刑》文,指出"简文的时代引用《吕刑》尚未对经意有较大更动,而传世本《缁衣》则增字解经"。郭店简《缁衣》除了引《吕刑》,还引《尚书·君牙》,从中亦可见简本引书比《礼记》更古朴。

简本引《君牙》:"日暑雨,小民唯日怨。资冬祁寒,小民亦唯日怨。"今本引《君雅》:"夏日暑雨,小民惟曰怨;资冬祁寒,小民亦惟曰怨。"简本引《诗》没有"夏",今本有,以达到"夏"与"冬"对应的目的。此外,简本引《尚书·君牙》篇说明为君之难,《君雅》,《书序》作"君牙",而简本正作《君牙》。简本的"唯日怨",今本作"惟曰怨"。结合上下文,引《君牙》意在论述夏日天气炎热,冬日寒冷,百姓都怨日,而今本不用"日",而用"曰",意思就是夏日炎热,冬日寒冷,百姓都有怨气。此意虽通,但不如简本的表述更顺畅,所以,应是在《缁衣》的传抄过程中"日"字被误写为"曰"。

3. 今本有的章句出现解释章旨的现象。《礼记·缁衣》"唯君子能好其正,小人毒其正。故君子之朋友有乡,其恶有方。是故迩者不惑,而远者不疑也。""是故"郭店简和上博简均作"此以"。"此以"和"是故"都可以释为"所以说"。简本《缁衣》此章虽没有用"是故",但全篇用"故"引起下文者有11处,今本有13处。简本第十一章"此以",今本作"故"。时代欲靠后,"是故"比"故"更多地出现在文本中。如:

心好则体安之,君好则民欲之。故心以体废,君以民亡。(简本第五章)

心庄则体舒,心肃则容敬。心好之,身必安之;君好之,民必欲之。心以体全,亦以体伤;君以民存,亦以民亡。"(今本第十七章)

以心喻君,以体喻民,以心体关系指代君民关系。简本论述简洁明快,而今本则明显带有解释成分。

通过以上对郭店简《缁衣》与《礼记·缁衣》文本与结构的比较,可以发现简本比今本更古朴。在《缁衣》流传过程中,文句和结构做了一定的改动,章句也有增益,《礼记·缁衣》有一个从原始文本到定本的变化发展的较长过程。郭店简《缁衣》与《礼记·缁衣》有文字、结构的差异,其思想也略有差异。郭静云指出,郭店《缁衣》的版本最接近作者的原文,并不推行天命,而是系统地讨论以"仁"为基础的君权。而后来的《缁衣》根据主流的《吕刑》文改了《缁衣》引文。这反映出战国早期至晚期以来儒家思想中"天命"概念发生了演化。但从总体上看,《缁衣》努力劝导统治者为民之表率的典范政治论却是一致的。所以,《礼记·缁衣》亦有重要的文献价值。

（二）"《礼记》四篇"的结构

从体例上看，"《礼记》四篇"大量出现"子言之""子云""子曰"，引用孔子之言和《诗》《书》作为说理依据，然后再以"故"或"故君子"展开议论。四篇引经据典，然后以"故"得出结论，意在表达孔子和经书都这么说了，遵照孔子的教导和经书的说法，就知道应该做什么或者不应该做什么。"故"和"君子"多连用，其说教的对象是君子。考整部《礼记》，用"子言之"者仅见此三篇，其中，《坊记》1处、《表记》8处、《缁衣》1处。三篇皆以"子言之"开篇，以"子曰"或"子云"铺叙行文，辅之以《诗》《书》《易》论证"子曰"或"子云"之内容，再继之以"故曰"申说己意，体例相同，思想相近，这或许是《礼记》编者把他们次第相连的原因。像这种体例的篇章在《礼记》中并不多见。但三篇体例又稍有差异。《缁衣》和《坊记》首章以"子言之"开篇，具有总括全文的作用，《表记》首章"子言之"的内容并不具有这个特征。《表记》凡八处"子言之"，间或均匀分布于全篇，每一处皆开启下面的内容，《表记》的"子言之"是每一章节的概括。

以《礼记·缁衣》为参照，今本《礼记》中的《中庸》《表记》《坊记》虽然没有简本可以对照，但其性质与流传情况当与《缁衣》的情况类似。

（三）《子思子》中的"子曰"

王蘧常认为，春秋时期称卿大夫"子"或者"夫子"，《论语》中孔子称蘧伯玉、季氏为"夫子"。"官师合一之世，肆版者必入官。故弟子称师曰'子'，曰'夫子'。迨学在私家，其人率身从大夫之后，而曾掌管守之实，子弟遂以子题其造述，此亦名得其正者也"。后来汉人称自己的老师，更冠"子"于姓氏之上。《公羊》有"子沈子""子司马子""子女子""子北宫子"诸家，何休曰："以'子'冠上，著其为师。"宋人承其说，遂有"子程子""子朱子"之称，并以子为各派中本师或先师之称矣。按照王蘧常的说法，"子"或"夫子"旧指卿大夫，私学兴起之后，弟子称其师曰

"子"或"夫子"。这说明作为知识分子的士,也可以用上层贵族的称呼,以"子"称师。"子"内涵的演变蕴涵着时代风气的变化,春秋时代掌权的贵族是"子",但是贵族衰落之后,崛起的士人阶层自称"子"。这表明士能弘"道",具有以"道"自任的文化自觉,士已经取代传统贵族成为社会发展的主流力量。

"《礼记》四篇"中"子曰""子言之"的"子"何指,学界大致有以下说法。

1. 孔子

李零就郭店简《缁衣》篇指出,"子曰""子言之"都是"孔子曰"。不仅如此,在记录孔门言行的《礼记》各篇中,"夫子曰""子曰""子云""子言之曰"和"子言之",其实全部都是如此。《缁衣》等篇是记孔子之言,子思子和公孙尼子都是传述者。

郭沂认为,"《礼记》四篇"等结构类似的都属于《论语》类文献。《论语》之外那些门人所记孔子言行录的性质与《论语》一样,故我们可称之为《论语》类文献。大小戴《礼记》的内容大致可分为四类。第三类为七十子后学的文献。其中亦包括一些《论语》类文献,如《缁衣》《表记》《坊记》之属。《礼记》四篇的"子曰"是孔子之言无疑。

2. 战国诸子

任铭善认为,子曰的"子"不是指孔子。《坊记》"记文义例与《表记》《缁衣》相同,但此言'子言之''子云'者,此'子'不指孔子而言,盖战国诸子之语,其弟子记之,皆称子也。知之者,此篇引《论语》曰:'三年无改于父之道,可谓孝矣。'按《论语》孔子弟子门人所记,则孔子不得引之,是知必非孔子之言。……郑君于《坊记》《表记》《缁衣》目录俱不言孔子,必知其非孔子言矣"。此外,陈澧认为,《坊记》《表记》《缁衣》的结构是:"传闻而记之,所记非一时之言,记之者则一人之笔,伸说引证而成篇。"

3. 子思

钱大昕曰:"《坊记》一篇引《春秋》者三,引《论语》者一,《春秋》

孔子所作，不应孔子自引，而《论语》乃孔子没后，诸弟子所记录，更非孔子所及见，然则篇中云'子言之''子曰'者，即子思子之言，未必皆仲尼之言也。"

黄以周认为，《坊记》"篇内引《春秋》，并引《论语》，则子云为子思之言！""《坊记》《表记》于发端并著'子言之'者，自道作书之大意。"

被康有为称为"岭南大儒"的清末民初学者简朝亮，认为此《缁衣》《表记》《坊记》这三篇（不含《中庸》）的"子言之""子曰""子云"的"子"皆指子思，而非孔子。他在《礼记子思子言郑注补正》说：

> 《坊记》《表记》其篇首称"子言之"，皆与《缁衣》例同。盖称"子"，则著其为师也，斯皆门人述子思而作者欤？其篇首称"子言之"者，别乎《论语》而变文也。其下或称"子云""子曰"者，以篇首既别则无嫌也，皆子思也，非孔子也。

简朝亮认为，篇首称"子言之"故意与"子曰"相区别，如果直接称"子思子"，就不能指明是老师。"今记者首称则不同，是先变文以为别也"。比简朝亮稍晚些的苏州人胡玉缙也认为所称"子云""子曰""子言之"者，"皆子思子之言"。

4.《表记》篇的"子言之"与"子曰"问题

郑玄注《表记》首章"子言之"："此孔子行应聘诸侯莫能用己，心厌倦之辞也。"可见，郑玄视"子言之"的"子"为孔子。

胡玉缙在《礼记表记子言之说》篇中指出："凡称'子言之'，大都义正词纯，与《论语》为近，郑以为孔子言，致为精确。其称'子曰'，则纯驳不一，……然则'子言之'，乃子思引孔子语，'子曰'之'子'，即斥子思子也。……'子言之'为子思原引孔子文，余'子曰'为子思之徒，杂取子思说。"

黄以周与郑玄、胡玉缙的看法不同，他认为《表记》"第七章先以'子言之'表明旨趣，而又引'子曰'皆明其意，则'子言之'与'子曰'必两人之言，而'子曰'为夫子语，则'子言之'为子思子语又何疑乎？"

笔者认为，"《礼记》四篇"既然出自《子思子》，而《子思子》又是子思学派的文集，那么"四篇"的整理者应为子思弟子或者后学。子思弟子为了把子思之言与孔子之言相区别，特以"子言之"别之于"子曰"。所以，"子言之"的"子"指子思，"子曰"的"子"名义归孔子，但"子曰"的内容已经被子思加以转述，亦可视为子思思想的反映。顾实认为："《中庸》独称'子曰'称'仲尼曰'，故司马迁谓子思作《中庸》，其《表记》《坊记》《缁衣》，开端皆称'子言之'，盖子思语而弟子述之也。称'子云''子曰'者，引孔子语也。"其实，早在梁朝时期，沈约就曾说过，"《表记》《坊记》《缁衣》《中庸》四篇皆取《子思子》……皆非圣人之言"，透漏出"《礼记》四篇"思想的归属不是孔子，而是子思。梁涛指出："'子曰'作为子思一种特殊的表达形式，虽然有孔子的思想、言论为根据，但并不是严格意义的'实录'，同时也包含了子思个人的观点、主张，是既内在于孔子思想之中，又做了主观的诠释、创造。"这种说法正揭示了《子思子》中"子曰"的内涵。

子思书中的"子曰"是引用孔子原话，还是子思借孔子之口言说自己的想法，在当时就已经引起了鲁穆公的怀疑。子思说，这些话既有自己受教于孔子时亲自所闻，又有其他人转述的，虽然有的不是孔子原话，但并没有失去孔子本意。可见，子思书中的"子曰"名义上是孔子之言，但经过子思的转述，已经包含了子思自己的思想。为了表达自己的看法，子思就会把孔子说过的话重新整合，甚至是加上自己的理解。从这个意义上说，子思书中的"子曰"可以视为子思之言。

需要注意的是，《坊记》不用"子曰"，而用"子云"。但"子曰"与"子云"毕竟不同。遍查先秦秦汉儒家典籍，像《坊记》这样集中出现38

处 "子云" 的，仅见于该篇。"子云" 的文气似乎比 "子曰" 要轻松。《坊记》的传述者可能习惯使用 "子云"，而不用 "子曰"。可以推测，《坊记》与《表记》《缁衣》的传述者很可能不是同一个人。由于这三篇文本有共同的思想主旨与结构特征，所以，仍然不影响他们同属于《子思子》。三篇虽为子思之儒所记，但其著作权归属子思。

孔子 "述而不作"，开创了中国古代的著述传统。后世学者们皆尊孔子为圣人，想表达自己想法的时候，以 "子曰" 的形式或者借用一位名人来申说己意。古代人没有著作权观念，很多古籍根据传述者口味和时代的需要不断增减内容，甚至互相抄袭，也不标注出处，这是古书流传的普遍规律。汉代传习先秦儒家文献，是整理先秦旧籍，而不是创作，对于 "子曰""子言之" 的问题，已难鉴别。他们大多把 "子曰" 或 "夫子曰" 的内容均视为孔子之语。子思少年受孔子之教，孔子既是子思的老师，又是子思的祖父；子思学于孔子既是师承，又有家学传统。因此子思传述孔子之言，借 "子曰""孔子曰" 来申说己意也是理所当然的。

（四）简本《缁衣》的启示

从郭店简《缁衣》与《礼记·缁衣》的结构比较来推论，《礼记》其他三篇属于《子思子》的文献亦具有相同或相似的特征。在流传过程中，"《礼记》四篇" 有后人增补的成分，但其结构主体为先秦旧文没有问题。从对 "《礼记》四篇" 中 "子曰" 的分析，可以发现，先秦两汉文献（尤其是诸子著作）借古人之口阐发己意的特征非常明显。"《礼记》四篇" 的 "子曰" 内容其原始来源为孔子，但经过子思的转述，已经打上了子思思想的烙印，所以，著作权应归于子思。先秦两汉文献 "层累" 形成的过程清晰可见。

但 "层累" 的文献并不等同于 "伪书"。裘锡圭指出，自从疑古的学风在宋代兴起以来，有不少传世的先秦子书被怀疑为后人伪作。二十世纪七十年代汉墓出土的古书抄本为好几种这一类的古书恢复了名誉。诸如《晏子春秋》《六韬》《尉缭子》《文子》等。李零近年来借助出土文献研究古书的经典化与传流问题，指出过去辨伪学讲的真伪概念，今天要重新考虑。比如陈寅恪对《尚书》的看法，就比较公允。鉴别伪书，目的是定出年代，看它在什么时间条件下可以应用，如果把它判为伪书，扔到垃圾箱里，就失去了意义。辑本和改编本是不是伪书，也值得重新考虑。这是富有启示意义的看法。

四、子思与《中庸》

《史记·孔子世家》记载"子思作《中庸》"。金德建言："司马迁断定《中庸》出于子思所作，大概司马迁也有因承以前旧说的地方，不是随便创立这一说的。"（金德建：《司马迁所见书考》）按前文所考，司马迁曾就学于孔子第十二世孙孔安国。孔安国是西汉孔氏家学的重要传人，对于三世祖子思的事迹及其著作应该有所了解。"子思作《中庸》"的说法，应是孔氏家族世代相传的历史记录。孔氏家族学案体著作《孔丛子》就明确记载子思"撰《中庸》"。

图 3-12 子思作中庸处石碑

《礼记正义》引郑玄《目录》解释《中庸》称："孔子之孙子思伋作之，以昭明圣祖之德。"唐代陆德明在其《经典释文》中认为《中庸》是子思伋所作，"《礼记》者本孔子门徒共撰所闻以为此记，后人通儒各有损益。故《中庸》是子思伋所作。"程颢、程颐、朱熹认为《中庸》为子思作，是孔门传授心法的书。朱熹《中庸章句序》:"中庸何为而作也?子思子忧道学之失其传而作也","盖其忧之也深,故其言之也切;其虑之也远,故其说之也详"。钱大昕说:"子思述孔子之意,而作《中庸》。"《伪书通考》的作者张心澂也不得不承认《中庸》采之《子思》。

(一) 从《孟子》《荀子》看子思与《中庸》的关系

孟子、荀子在子思之后,去子思未远,他们对于子思与《中庸》关系的看法,应该最具有说服力。《孟子》书中有一段类似《中庸》的文字:

> 在下位不获乎上,民不可得而治矣;获乎上有道:不信乎朋友,不获乎上矣;信乎朋友有道:不顺乎亲,不信乎朋友矣;顺乎亲有道:反诸身不诚,不顺乎亲矣;诚身有道:不明乎善,不诚乎身矣。诚者,天之道也;诚之者,人之道也。(《中庸》)
>
> 居下位而不获于上,民不可得而治也。获于上有道;不信于友,弗获于上矣;信于友有道:事亲弗悦,弗信于友矣;悦亲有道:反身不诚,不悦于亲矣;诚身有道:不明乎善,不诚其身矣。是故诚者,天之道也;思诚者,人之道也。至诚而不动者,未之有也;不诚,未有能动者也。(《孟子·离娄上》)

两段文字基本相同,不同的是《离娄上》对《中庸》有所增益。在"诚者,天之道也"之前加了"是故",结尾增添了"至诚而不动者,未之有也;不诚,未有能动者也"。金德建指出:"据此,我们便可以察见到《中庸》和《孟子》的时代先后。这篇《中庸》应当成书在《孟子》以前,故能为《孟子》所征引而再加以补充。"

对于同样一段论述,《中庸》没有"是故",而《孟子》出现,并且增加一句话,很显然,这说明《孟子》引用了《中庸》。蒙文通指出,子思先孟子作《中庸》,开启了孟子性善论。蒙文通分析了《中庸》首章蕴涵的性善论:"天命之谓性,率性之谓道,修道之谓教",则性非但形色也,即"天之所以与我者",是至善者也。"率性之谓道",则仁义德教所从生,率性之性已非节性之性也。戒慎恐惧,先有以养而无害,则喜怒哀乐无发而非中节之和。此已开性善论之端,而大本已立。孟子之学源于子思,而又以"本心""良知"之说发挥而广大之,此孟子之进于子思者。孟子"受业于子思之门人"(《史记·孟子荀卿列传》),是子思的再传弟子,所以《中庸》成书在《孟子》之前,是理所应当的。

《荀子·非十二子》批评了子思、孟子的五行说。金德建在《中庸》中找到了荀子批评子思五行说的证据(金德建:《司马迁所见书考》)。但是,许多研究先秦学术思想的专家,似乎并没有注意到金德建的研究成果。现把这个论点逐条简述如下:

1. "略法先王而不知其统"。"统"在《荀子》一书中指礼义或者制度。而《中庸》认为除了天子就不准再有人来议礼、制度、考文,岂不是"不知统"。

2. "犹然而材剧志大"。《中庸》"大哉圣人之道!洋洋乎!发育万物,峻极于天","万物并育而不相害,道并行而不相悖,小德川流,大德敦化,此天地之所以为大也"等,有包举天地和万物的气魄,似乎就是"材剧志大"。

3. "闻见杂博"。《中庸》的思想超出了《论语》的范围,受到墨家的影响,此之谓"闻见杂博"。

4. "案往旧造说,谓之五行"。《中庸》"天命之谓性",郑玄以金木水火土之五行比附五常作注。金德建指出,"这样讲法,兜上几个圈子,扩大了涵义,估计必定还有本于子思遗说的地方,当非郑玄自己别出心裁所能够信口揣拟。"在没有见到出土简帛《五行》篇的时候,金德建已经慧眼指出了"本于子思遗说"。而这个"遗说"正是郭店竹简《五行》篇。"五行"最早出自《洪范》,所以荀子说"案往旧"。

5. "僻违而无类"。《中庸》从尽人性到尽物性,再到参赞天地,层层演绎开去；舍人事，叫人欲知天，贸然说"知天"，而不把道理指出来，这正符合"僻违而无类"。

6. "幽隐而无说，闭约而无解"。《中庸》："是故君子戒慎乎其所不睹，恐惧乎其所不闻，莫见乎隐，莫显乎微"，确实玄妙而不可猜测。

7. "案饰其辞，而祗敬之，曰：此真先君子之言也。"《中庸》在辞语上夸饰妄诞，假托孔子讲话的口气叙述自己的思想。金德建指出的《中庸》的这个特点，在《缁衣》《表记》《坊记》中也普遍存在。谭戒甫认为《中庸》"君子之道四，丘未能一也"一节，孔子并没有四伦并称（君臣夫子兄弟夫妇），子思提出先祖名讳来言说四伦，正是荀子指责的"案饰其辞，而祗敬之，曰：此真先君子之言也。"可见，荀子非子思"案饰其辞"是有根据的。

8. "子思唱之，孟轲和之"。程伊川说："《中庸》之书，是孔门传授心法，成于子思，传于孟子。"从思想源流上说，的确要有子思所作的这么一篇《中庸》，拿来安置在孟轲的前头，才能够讲得圆通。

最后，金德建指出："荀卿当年既然已经认为《中庸》是子思的书，那应当是准确可靠，能为我们所信据的。"此外，《孟子·万章下》因袭子思《五行》篇的情形与《离娄上》征引《中庸》近似，亦可证明孟子书中多引子思著作。可见，无论是"学于子思之门人"的孟子，还是批评子思的荀子，都认为《中庸》出自子思。

（二）对欧阳修疑问的再认识

后人怀疑"子思作《中庸》"，发端于北宋的欧阳修。那么，欧阳修原本是怎么说的，是否明确说明子思没作《中庸》，这是解决问题的关键。欧阳修《问进士策》曰：

> 礼乐之书散亡，而杂出于诸儒之记，独《中庸》出于子思。子思，圣人之后也。其所传宜得其真，而其说有异乎圣人者，何也？《论语》云："孔子十有五而志于学，三十而立，四十而不惑，五十而知天命。"盖孔子自年十五年而学，学十五年而后有立，其道又须十年而一进。孔

子之圣,必学而后至,久而后成。而《中庸》曰:"自诚明谓之性,自明诚谓之教。"自诚明,生而知之也;自明诚,学而知之也。若孔子者,可谓学而知之者,孔子必须学,则《中庸》所谓自诚而明、不学而知之者,谁可以当之欤?……夫孔子必学而后至,尧之思虑或失,舜、禹必资于人,汤、孔不能无过,此皆勉人力行不怠,有益之言也。若《中庸》之诚明不可及,则怠人而中止,无用之空言也。故予疑其传之谬也。(《欧阳修全集》第二册)

笔者反复阅读以上的这段文字,发现欧阳修只是批评《中庸》极力颂扬没有过错的圣人。而孔子并不承认历史上有这样的圣人,孔子本人也不以圣人自居,但是子思在《中庸》篇里却大力颂扬"自诚而明""不学而知之"的人,这不是要否定孔子主张"学"的思想吗?所以欧阳修怀疑子思误传了孔子的思想。从以上所引文字中,我们并没有找到欧阳修否认子思作《中庸》的证据。刘子健著有《欧阳修的治学与从政》一书。他指出,欧阳修的经学思想有信经不信注疏的特点,所以对孔子思想不疑,对孔子后学有疑。而《中庸》与孔子思想的差异,使欧阳修认为子思把孔子思想传错了。

图 3-13 欧阳修像

欧阳修对《中庸》极力宣扬"自诚明"的批评,与他的身份、官职有很大关系。欧阳修是北宋仁宗朝的谏官,专门负责给皇帝提意见。仁宗重用大臣杜衍、富弼、韩琦、范仲淹等,增谏官员,欧阳修"首选"。他为人正直,凡是认为不合圣人之道的地方,就敢于和当权者对抗,直言相对,不讲策略，因此得罪了不少人，甚至敢于指责当朝参知政事王安石，对其青苗法带来的弊端提出严厉批评。欧阳修所处的时代，正是北宋儒学的复兴时期。士大夫作为政治主体的共同意识日渐凸显，范仲淹"以天下为己任"的呼声获得了普遍认同。有学者认为，在神宗与王安石之间，出现了一个共同原则，就是皇帝必须与士大夫"共定国是"，这是北宋政治史上一项具有突破性的大原则。据《宋史·欧阳修列传》记载：欧阳修时代的北宋出现严重的党争，"国是"成为权相用来镇压反对派的合法工具。奸党专权，致使杜衍、韩琦、范仲淹、富弼罢官，欧阳修为四人据理抗争，"天下皆知其有可用之贤，而不闻其有可罢之罪"。欧阳修担任谏官的特殊身份，使他有职责反对奸党借朋党之名弹劾大臣，对抗权相以"国是"为借口镇压反对派的运动。欧阳修在思想上和政治上都不自立门户，在这样特殊的政治斗争时代，再加上刚直的性格与谏官的政治身份，所以他反对《中庸》赞颂的"自诚明"，反对世上有"从容中道"的"圣人"。

欧阳修倡导修身，讲"理"但不赞成"性"。他的"理"是人事之理，与当时张载、二程和后来南宋道学派所讲的性理不同，他认为"自诚明"很容易导致不切实用的空言。欧阳修在其《答李诩第二书》中写道：

> 修患世之学者多言性，故常为说曰：夫性，非学者之所急，而圣人之所罕言也。《易》六十四卦不言性，其言者动静得失吉凶之常理也；《春秋》二百四十二年不言性，其言者善恶是非之实录也；《诗》三百五篇不言性，其言者政教兴衰之美刺也；《书》五十九篇不言性，其言者尧、舜、三代之治乱也；《礼》《乐》之书虽不完，而杂出于诸儒之记，然其大要，治国修身之法也。六经之所载，皆人事之切于世者，是以言之甚详。……《论语》所载，七十二子之问于孔子者，问孝、问忠、问仁义、问礼乐、问修身、问为政、问朋友、问鬼神者有矣，未尝有问性者。孔子之告其弟子者凡数千言，其及于性者一言而已。……今之学者于古圣贤所皇皇汲汲者，学之行之，或未至其一二，而好为性

说，以穷圣贤之所罕言而不究者，执后儒之偏说，事无用之空言。……为君子者，修身治人而已。性之善恶不必究也。使性果善邪，身不可以不修，人不可以不治；使性果恶邪，身不可以不修，人不可以不治。(《欧阳修全集》第二册)

欧阳修对"诚明"的疑问，并不无道理。明朝时期，王阳明的心学兴起，良知良能之说流弊于空疏，其实欧阳修早就有先见的警告。但是，事实上是否存在"自诚明"的圣人，与《中庸》是否承接孔子思想而宣扬"自诚明"，这是两码事。

其实，《中庸》讲"自诚明"与孔子的思想并不矛盾。孔子说："生而知之者，上也；学而知之者，次也；困而学之，又其次也；困而不学，民斯为下矣。"(《论语·季氏》)"我非生而知之者，好古，敏以求之者也。"(《论语·述而》)裘锡圭说，古人曾经认为，有些特殊人物是"生而知之"的。这些各族传说的始祖通常具有圣王或贤佐的身份，有天生的知识，能够治理、育成万物，并教导普通人正确利用万物。生而知之者能知物、名物、致物。遗传学表明，人的禀赋能力是不同的，古人认为人的能力有差异，是有科学道理的。孔子从学习的主动性与先天禀赋能力的差异，把人划分为四个层次。"生而知之"是天赋极好的人。孔子谦虚好学，不耻下问，不说自己是"生而知之者"。相反，越是浅薄的人越觉得自己是天才。"中人以上，可以语上也；中人以下，不可以语上也"(《论语·雍也》)。郭店竹简《成之闻之》亦有相同论述："圣人之性与中人之性，其生而未有别之。即于儒也；则犹是也，虽其于善道也，亦非有择娄以移也。及其博长而厚大也，则圣人不可从与效之，此所以民皆有性而圣人不可慕也。"可见，中人经过学习修身，可以近于善道。这个中人就是"学而知之"或者"困而学之"的人。

子思与孔子身份不同，时代不同，使命也不同。他越是传承孔子思想，越觉得孔子伟大。孔子弟子中，也出现了极力颂扬孔子的溢美之词："仰之弥高，钻之弥坚；瞻之在前，忽焉在后"(《论语·子罕》)；"仲尼不可毁也。

他人之贤者，丘陵也，犹可逾也；仲尼，日月也，无得而逾焉"（《论语·子张》）。孟子对孔子的颂扬更是到了无以复加的程度。公孙丑问孟子："伯夷、伊尹于孔子，若是班乎？"赵岐注："班，齐等之貌也。问此三人之德，班然而等乎？从有生民以来，非纯圣人，则未有与孔子等德也。"孟子说："自有生民以来，未有孔子也"，"仁且智，夫子既圣矣"，"出于其类，拔乎其萃，自生民以来，未有盛于孔子也。"（《孟子·公孙丑上》）如果按照欧阳修所说，《中庸》"传之谬也"，那么颜回、子贡、子思、孟子皆是"传之谬也"。

图 3-14　曲阜孔庙雍正皇帝题写的"生民未有"匾额

　　欧阳修不只是对《中庸》，还对《易传》《周礼》的时代提出了质疑。程石泉指出："《易童子问》并非无可嘉许之处，如论'十翼'非孔子之作等等，但持论偏颇，说理不透辟，以致引发疑窦，遗误后学。尤其自民初以来，国内疑古及考据学风步欧阳修后尘，遗害国家民族文化之前途，至深且巨。"文化的传承就是这样，在源头处本来不是确指某个意思，但是往往被后来者借题发挥，成为阐释自己学说的资源。文化知识越往后积累越多，学者们偏于一隅，或干脆懒得去核对原始文献，直接引用其说，以致于造成"文献的层累误读"，时间愈久远，积弊愈重，渐渐不知其本然面目。当代学术界认为"子思不作《中庸》"的说法始于欧阳修，这就是典型"文献的层累误读"的案例。其后，宋代叶适、陈善、王柏也提出己见，更加剧了对"子思作《中庸》"的怀疑。

(三) 对崔述质疑的解答

明确指出子思没作《中庸》的是清代学者崔述。崔述，字武承，大名（今河北省邯郸市大名县）人，乾隆二十七年举人，曾任福建罗源知县。崔述把《中庸》置于《论语》《孟子》之间，在《洙泗考信余录》中，举出《中庸》的三个疑点：

首先，孔子、孟子之言皆平实切于日用，无高深广远之言；《中庸》独探赜索隐，欲极微妙之致，与孔、孟之言皆不类。

其次，《论语》之文简而明，《孟子》之文曲而尽。《论语》者，有子、曾子门人所记，正与子思同时，何以《中庸》之文独繁而晦，上去《论语》绝远，下犹不逮孟子？

最后，"在下位"以下十六句见于《孟子》，其文小异，说者谓子思传之孟子者。然孔子、子思之言多矣，孟子何以独述此语？孟子述孔子之言皆称"孔子曰"，又不当掠之为己语也。崔述遂认为："由是言之，《中庸》必非子思所作。盖子思以后，宗子思者之所为书，故托之于子思，或传之久而误以为子思也。"

清人陈澧的《东塾读书记》，把儒家书籍分为三种：第一种为《论语》体，乃弟子记亲闻于孔子之言。所记非一时之言，记之者亦非一人，乃汇集异时人之所记者。第二种如《坊记》《表记》《缁衣》等，乃举传闻所得之孔子之言而记之。所记虽非一时之言，而记之者则为一人，乃引孔子之言而加以伸说者。第三种如《仲尼燕居》《孔子闲居》《儒行》《哀公问》之类，亦记传闻所得之孔子之言。且所记为一人一时之言，经敷衍润色而成者。此三种记言体，由简而繁，由质而文，时代先后，即可由此推知。

蒋伯潜对此陈澧的说法极为赞同，依照三种体例，对号入座。他把《中庸》划分为四个部分：《中庸》第二章至第十一章，尚与《论语》相似，属于第一种记言体；自第十二章至第十九章，则与《坊记》《表记》《缁衣》

等相似,属于第二种记言体;第二十章"哀公问政……",与《哀公问》《仲尼燕居》《孔子闲居》《儒行》等相似,属于第三种记言体。此外,第一章及第二十章以后,非记言体而为议论体。"故以文体衡之,《中庸》殆非一人所撰,且各段成书之先后,至不一律也。"

在疑古风气的推动下,清人对古籍的用词与时代特征也进行了考证。著名文学家袁枚引他人言曰:"《中庸》引山称华岳而不重,明明是长安之人,引长安之山,此伪托子思之明验。"叶酉、俞樾等人亦有此论。对这个疑问,顾实已经作了回应:"不知此正子思所以形容祖德之广崇。《二南》《大雅》常言江汉矣,岂必囿于咫尺之间哉?""宋钘宋人,尹文齐人,作华山冠以自表,此亦可为《中庸》称华岳无可疑之例证。"徐复观考证华、岳为是齐国境内二山,在今山东历城境内,可作为佐证。

此外,"书同文"一段曾被怀疑者视为《中庸》晚出的铁证:

> 子曰:愚而好自用,贱而好自专,生乎今之世,反古之道,如此者,灾及其身者也。非天子不议礼,不制度,不考文。今天下车同轨,书同文,行同伦,虽有其位,苟无其德,不敢作礼乐焉;虽有其德,苟无其位,亦不敢作礼乐焉。

怀疑者以为,孔子时代,政治、文化的分裂已经不存在"车同轨,书同文,行同伦"的局面。这种制度、文化、伦理的统一是秦汉以后的事情。蒋伯潜举《史记·秦始皇本纪》《琅邪刻石》以证《中庸》末段,当成于秦始皇统一六国以后。对此,李学勤认为,"今"字应该训为"若","孔子所说,也是假设,并非当时的事实"。《经传释词》列举许多古书中的例子,如《礼记·曾子问》:"今墓远,则其葬也如之何?"《孟子·梁惠王上》:"今王与百姓同乐,则王矣。""今"都是作为假设的口气。这个解释非常合理。孔子时代确实没有制度、文化、伦理统一的现实,但这正是孔子向往的统一和谐之境。郑玄和孔颖达从孔子所处的时代背景出发,认为孔子期待有德的圣人能有位，以作礼乐挽救危亡的时局。郑玄曰："反古之道，谓晓一孔之人不知今王之新政可从"，"礼，谓人所服行也；度，国家宫室及车舆也；文，书名也"，"言作礼乐者必圣人在天子之位。"孔颖达疏："当孔子时，礼坏乐崩，家殊国异，而云此者欲明己，虽有德，身无其位，不敢造作礼乐，故极行而虚己，先说以自谦也。"孔子集古代文化之大成，"金声而玉振"，但终究有德无位，一生颠沛流离。子思有感而发，希望圣人有德有位，完成制礼作乐的大业。

图 3-15　曲阜孔庙同文门

（四）子思作《中庸》

金德建撰《论子思作〈中庸〉于宋地》，认为子思到过宋国，而墨子学说产生的渊源和宋地的关系异常密切。《中庸》里吸收了墨学思想，所以，子思作《中庸》与宋地有很大关系。《中庸》有引《论语》之处：

> 子曰："夏礼吾能言之，杞不足征也。殷礼吾能言之，宋不足征也。文献不足故也，足则吾能征之矣。"（《论语·八佾》）

子曰:"吾说夏礼,杞不足征也。吾学殷礼,有宋存焉。吾学周礼,今用之,吾从周。"(《中庸》第二十八章)

对于殷礼,《论语》说"宋不足征",《中庸》作"有宋存焉"。子思当时居于宋,所以说"有宋存焉"。蒋伯潜认为:"《中庸》所记于宋不曰'不足征,而曰'有宋存焉'者,殆以时正居宋,为宋讳耳。则子思作《中庸》,在居宋时,宜若可信矣。"(蒋伯潜《诸子通考》)《中庸》是否一定是子思居宋地所作,对于判断《中庸》的时代与作者并不重要。但子思作《中庸》确实与宋地有一定的联系,司马迁说"子思尝困于宋,作《中庸》"。"尝",曾经之意,即子思曾经困于宋。

《中庸》文本蕴涵着作者对孔子极强的尊崇之情,这是判断子思作《中庸》的另外一个证据:

仲尼祖述尧舜,宪章文武,上律天时,下袭水土。辟如天地之无不持载,无不覆帱,辟如四时之错行,如日月之代明。万物并育而不相害,道并行而不相悖,小德川流,大德敦化,此天地之所以为大也。(第三十章)

唯天下至圣,为能聪明睿知,足以有临也;宽裕温柔,足以有容也;发强刚毅,足以有执也;齐庄中正,足以有敬也;文理密察,足以有别也。溥博渊泉,而时出之。溥博如天,渊泉如渊。见而民莫不敬,言而民莫不信,行而民莫不说。是以声名洋溢乎中国,施及蛮貊;舟车所至,人力所通;天之所覆,地之所载,日月所照,霜露所队;凡有血气者,莫不尊亲,故曰配天。(三十一章)

作者笔下的仲尼承继尧、舜、文王、武王之德,是优秀历史文化的代表;又兼备天时、地利、人和,无论以历史时间还是地理空间论,都是天下的"至圣"。有人对《中庸》篇中出现"仲尼",否认为子思所作。朱熹说:"古人未尝讳其字。明道尝云:'予年十四五,从周茂叔。'本朝先辈尚如此。伊川亦尝呼明道表德。如唐人尚不讳其名，杜甫诗云：'白也诗无敌。'李白诗云：'饭颗山头逢杜甫。'"（黎靖德编：《朱子语类》第4册）

大德化育天下万物，"至圣"的名声遍及诸夏与蛮夷。很显然，这个"至圣"之人除了孔子，无人能担当。作者对孔子道德文章如此深解，对孔子无比敬仰，必定是孔子亲传道学之人。"凡有血气者，莫不尊亲"，这句话绝不是一般意义上的论孝，在此处，是特指对孔子的孝。作者当为血性刚烈之人，而且是孔子后人。子思性情刚烈，又是孔子裔孙，少年时期受孔子亲传儒家之道，完全符合《中庸》作者的这两个条件。

子思作《中庸》的说法也得到了出土文献的证实。郭店简有多篇被学者视为《子思子》的文献与《中庸》思想相通。

> 故君子不可以不修身；思修身，不可以不事亲；思事亲，不可以不知人；思知人，不可以不知天。（《中庸》第二十章）
>
> 知己所以知人，知人所以知命，知命而后知道，知道而后知行。（《郭店楚墓竹简·尊德义》第9简）

《中庸》开篇："天命之谓性，率性之谓道，修道之谓教"，这个思路与上面两段引文的思路是一致的。《性自命出》第2、3简："性自命出，命自天降。道始于情，情生于性。"这个天—命—性—情—道的思路也与《中庸》相似。《性自命出》接着说："始者近情，终者近义。"始者近情是知己、知性，"终者近义"是知人，知道，整个就是"修己安人"之道的过程。"始者近情"就是人的本性仁，"终者近义"就是在仁的指引下，以义作为做事的原则。结合起来，《性自命出》是在为儒家的仁义理论寻求人性论上的支持。郭店简《尊德义》《性自命出》属于《子思子》的佚篇，其时代与《中庸》接近。

《荀子·非十二子》曾指责思孟"五行"说，简帛《五行》出土后，说明了什么是《荀子·非十二子》批评的思孟五行说。《中庸》第三十一章从五个方面论说孔子之德。五德分别对应智、仁、信、礼、义五性，"五性充盛，洋满于中，而以时发见于外"。(黄以周：《子思子辑解》)可见，《中庸》也讲"五行"，并且"五行"已内化为"五性"，比《五行》篇有所深化。

《中庸》第三十一章与简帛《五行》篇的相合之处，对于《中庸》的成书研究具有重要价值。传统说法认为第二十章"哀公问政"以下晚出，而三十一章处于《中庸》全篇后半，其思想与篇首"天命之谓性"呼应，证明全篇是一个整体。李学勤指出，有学者以为《中庸》前后思想内容不同，文体有异，恐怕是不对的。

从《中庸》全篇思想的一贯性看，把《中庸》割裂为几个板块均不妥当。只要割裂，就说明《中庸》材料的来源不同，或者早出，或者晚出，这严重影响了对《中庸》时代与作者的判定。考之今人对《中庸》若干部分的划分，无论出于文献学还是思想史的角度，都没有实际意义。正如杨儒宾所说："大体而论，此篇除一两段文字或有可疑之外，论者的大部分质疑都没有什么杀伤力。依据先秦古籍流传的一般情况判断，我们看不出《中庸》不是子思著作、至少不是《子思子》篇章的任何理由。《中庸》是我们了解子思思想最重要的一条支柱。"其实，朱熹在宋代疑古的风气下，也曾提到《中庸》全篇文气统一的问题。他为石𡒄编《中庸集解》撰写的序文，指出："(石𡒄对《中庸》分章)虽'哀公问政'以下六章，据《家语》本一时问答之言，今从诸家不能复合，然不害于其脉理之贯通也。"

蒙文通、金德建考察了《易传》与《中庸》的关系，为解决《中庸》的时代问题提供了新的证据。清人钱大昕指出，《彖传》与《象传》论"中""中道"，而《中庸》的主旨就是"中"，子思述孔子之意，而作《中庸》，与大《易》相表里。金德建从12个方面列举了《中庸》与《系辞传》《文言传》的相通之处。而《系辞传》和《文言传》所反映的正是孔子思想，由弟子记录下来，著于竹帛而成书。两传的成书时代不会迟于子思的时代。"必定是子思的时候已经有《系辞传》和《文言传》的存在，于是子思在写作《中庸》这篇书的时候能够吸取它们的辞语，融贯在文章里。"《中庸》与系辞传相同或相通之处有：推重颜回，"与天地参"，"鬼神其为德"，"前知"，"待其人而后行"，"言默"，"文王无忧"；与《文言传》相同或相通之处有："遯世不见知而不悔"，"庸言庸行"；"建诸天地"，"质诸鬼神"，"问学"，"至道不凝"。（金德建：《先秦诸子杂考》）蒙文通从思想上论证了《易传》《大学》《中庸》《孟子》以及《乐记》等著作的传承。"《大学》诚意之功曰慎独、自慊。慎独者，思孟之要旨，明而毕具于斯。""《易传》析义之精，为儒宗之正，而多陈天道，迹近老庄。自思孟接近荀卿，凡所研讨，虽义有正否，而相承之迹较然可见。《易传》义虽精至，似别为统绪，若与思孟不相闻接，谅《易》学别为儒学之行于南方者。"（蒙文通：《先秦诸子与理学》）可见，心性天道之学儒家本来就有传承。正如李学勤所说，清代以来，学者多认为宋学的兴起是受了释道二氏的影响。实则古代思想界限不甚严，孔子即曾问学于老子，而思孟一系畅言心性，至少在形式上与道家有共通之处。帛书把《五行》《德圣》抄于《老子》书后，与道家的《九主》同列混陈，可能就是这个缘故。

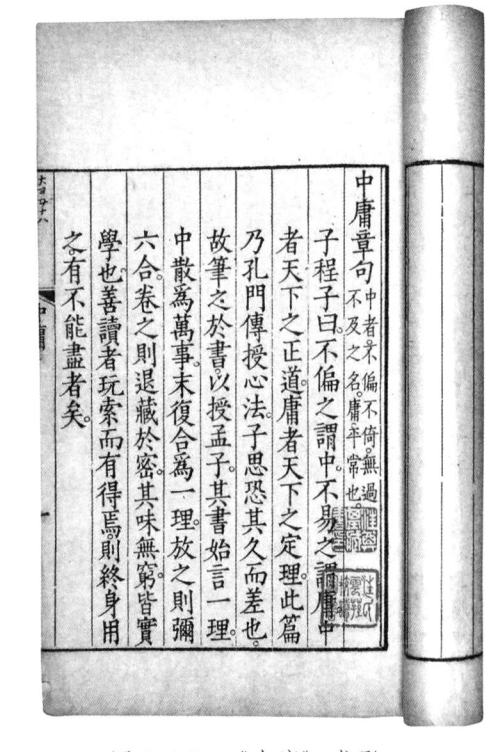

图 3-16 《中庸》书影

　　《中庸》首章"天命之谓性，率性之谓道，修道之谓教"，这是子思人道思想的纲领。以天道作为人道的依据，把人性与天道贯通，看似言天道，实则言人道。自先秦时期，子思文集就用《中庸》名篇。《中庸》篇所体现出来的"中庸"之道，是人道应该遵循的首要原则。中庸思想在《五行》《缁衣》《表记》《坊记》皆可寻见。

第四章 子思五行学说及其意义

子思的特殊身份以及在儒学史上重要贡献，使他在儒家学派中享有崇高的地位。但是，在《荀子·非十二子》篇中遭到了批评：

> 略法先王而不知其统，犹然而材剧志大，闻见杂博。案往旧造说，谓之五行，甚僻违而无类，幽隐而无说，闭约而无解。案饰其辞，而祗敬之，曰：此真先君子之言也。子思唱之，孟轲和之。

从荀子对子思的批评来看，荀子批评的依据是子思的"五行"说。荀子认为子思根据以往的材料自创五行说，"僻违而无类，幽隐而无说，闭约而无解"，却声称这个学说是"真先君子之言"。荀子在该篇对十二位思想家提出了非议，均抓住他们的主要学说加以批判。由此，可以推断，荀子批评的"五行说"在子思学术思想中占有重要地位。

令人遗憾的是，子思的五行说的内容如何，传统文献并没有记载。自荀子以后，好像并没有谁再提起子思的五行说。因此，子思的五行说一直是一个谜团。直到两千多年以后，简帛《五行》篇的出土，人们才知道思孟五行说的本来面目。

一、寻找子思"五行说"

（一）依据传统文献的研究

在帛书《五行》出土之前，人们对思孟"五行说"不知其详，一般认为"五行"就是汉代的"五常",也有人认为是"五伦""五德",或者与子思、孟子没有关系。二十世纪三十年代,有多篇文章涉及思孟五行学说,刊登在当时的《东方杂志》《文哲季刊》《史学年报》等刊物上,后收入顾颉刚主编的《古史辨》。大体言之,当时的思孟五行说可以归纳为五种观点:

1. **五常说**

唐代杨倞《荀子》注:"五行,五常,仁义礼智信也。"郑玄注《中庸》首章曰:"木神则仁,金神则义,火神则礼,水神则信,土神则知",以"五行"解子思书。《礼记·乐记》"道五常之行",郑注:"五行,五常也。"可见,郑玄认为"五行"就是五常。

郭沫若认为,《孟子·尽心下》篇记载"仁之于父子也,义之于君臣也,礼之于宾主也,智之于贤者也,圣人之于天道也",其中的"天道"就是"诚"。思孟书中虽然没有金木水火土的五行字面,而五行系统的演化确实是存在着的。所以,仁义礼智和诚结合起来就是思孟的"五行"。可见,思孟五行说指的是"仁义礼智诚"。

2. **五德说**

梁启超的弟子刘节认为《洪范》是战国末期的著作。顾颉刚认为:"《非十二子》中所骂的子思、孟轲即是驺(邹)衍的传误,五行说当即驺衍所造。"战国后期的邹衍大倡五行说,邹衍可能属于儒家,所以,邹衍五行说是战国后期的思潮,又早于荀子,那么荀子所非的就是邹衍,所非的五行说就是邹衍的"五德"。钱穆在《刘向歆王莽年谱》中,已经指出了顾文中大量的失实之处,并撰写书评与之商榷。谭戒甫也认为刘节和顾颉刚的大胆假设转了太大的弯子。范文澜、童书业、徐文珊等人也纷纷指出其谬误。

吕思勉认为,《非十二子》对子思、孟子五行说的批评诚为可疑,"然予谓此颇足为子思、孟轲传五行说之佐证"。栾调甫认为:"大抵春秋以前,阴阳五行各有分畛,皇与帝三坟五典之书,周与齐四官五图之制,均各不同,及孔子赞《易》,墨子谈变化,义尤显然。其并为一谈者,盖始于子思孟轲，而大成于邹衍，一则以齐乱鲁学，一则以阴阳乱五行也。"实际上，吕思勉、栾调甫并没有明确指出思孟五行说为何解，但是，他们的思路是把思孟五行说置于传统阴阳五行说发展的中间环节，所以，吕思勉和栾调甫的观点可以归为五德说。

3. 原始五行说

童书业指出，"五行说"实为一种甚幼稚的物理哲学，而三五数目又是原始人的一种数学上规范观念，则五行说之产生或甚早也。邹衍的五德终始说甚为完备，倘无草创的五行说为其基础，他似也不能创造如此。《荀子·非十二子》说，子思、孟轲"案往旧造说，谓之五行"，子思、孟轲所案的往旧，当是原始的五行说。童书业对顾颉刚把《墨子》与《洪范》《甘誓》置于战国末期的说法提出质疑，并举例证明《墨子》大部分篇章、《洪范》、《甘誓》都是战国早期作品。由此推翻了五行说起源于邹衍的说法。并且他指出顾颉刚混淆了五行和五德，以至于把思孟五行说看作邹衍五德说。《汉志》兵阴阳家有《孟子》一篇，兵阴阳家与五行说深有渊源，或孟子后学有发挥五行说者，荀子不察，遂以归之孟子；又《表记》相传为子思学派之书，亦见五行说的痕迹，或子思学派确曾提倡五行说。按此，童书业认为思孟五行就是原始五行的发展。

范文澜认为，《孟子》有气运终始观的痕迹，原始的五行说，经孟子推阐，已是栩栩欲活，接着邹衍大鼓吹起来，成了正式的神话五行。孟子娴熟气运、天时和历法，证明孟子有五行思想。所以，孟子是深化五行说的创造者，邹衍是发扬光大五行说的老师父。

4. 五伦说

章太炎撰《子思孟轲五行说》，认为五行并不是五常，如果是五常，荀子就不会讥讽。《礼记·表记》云："今父之亲子也，亲贤而下无能。母之亲子也，贤则亲之，无能则怜之。母亲而不尊，父尊而不亲。水之于民也，亲而不尊，火尊而不亲。土之于民也，亲而不尊，天尊而不亲。命之于民也，亲而不尊，鬼尊而不亲。"据此，他认为"五行"应该是"五伦"。"五行，五常，仁义礼智信也。五常之义旧矣，虽子思始倡之亦无损，荀卿何讥焉。寻子思作《中庸》，其发端曰：'天命之谓性。'注曰：'木神则仁，金神则义，火神则礼，水神则智，土神则信'……是子思之遗说也。"

5. 阙疑说

梁启超在考论传统五行说起源时，论及子思五行说。他说，思孟五行不知作何解。如果是《洪范》之五行，子思、孟轲书中只字未提。那么是否为《中庸》"天下之达道"之五伦？杨倞注释为仁义礼智信之五常，或者近是。"此文何指，故勿深论"。梁启超还指出，很可能还有另外一种说法，"或《中庸》外尚有著述"，但一定不是后世"金木水火土"的五行。

值得注意的是，梁任公意识到《中庸》之外的子思著述有可能存在五行说，这显示了他的远见卓识。简帛《五行》篇的出土证实了这种推断的正确性。此外，徐文珊在《史学年报》第三期撰文《儒家和五行》，梳理了儒家与阴阳学说的关系，从孔子、思孟、荀子讲到汉代的董仲舒，认为儒家和阴阳五行说有很大关系。但《荀子·非十二子》所批评的子思、孟子的五行说没有证据表明是五常、五德还是五伦，只好阙疑。

《荀子·非十二子》对思孟的一句批评之词，引来后人长期的争论。看来，在没有见到直接证据之前，猜测与推理都不能作为定论。思孟五行说的千古谜团最终还是需要由子思自己的著作来解答。

（二）简帛《五行》的发现

王国维在1925年受聘为清华国学院导师之后，为学生们做了题为《最近二三十年中中国新发见之学问》的演讲，后刊登在《科学》杂志上。在这篇演讲中，王国维提出了著名的"二重证据法"："古来新学问起，大都由于新发见。"王国维先生所指出的历史上几次重大发现是：汉代的孔子壁中书、西晋的汲冢竹书、近代殷墟甲骨文字、敦煌塞上及西域各处之汉晋木简、敦煌千佛洞之六朝及唐人写本书卷、内阁大库之元明以来书籍档册。每一次重大发现均推动了一场重大学术研究的兴起。他在《古史新证》书中批评了历史研究中"信古"与"疑古"的做法,指出:"吾辈生于今日,幸于纸上材料之外,更得地下之新材料。由此种材料,我辈因得据以补正纸上之材料,亦得证明古书之某部分全为实录,即百家不雅驯之言,亦不无表示一面之事实。此二重证据法,惟在今日使得为之。虽古书之未得证明者,不能加以否定。而其已得证明者,不能不加以肯定,可断言也。"王国维有感于古代的"信古之过"与近世的"疑古之过",提出二重证据法。他说:"皇甫谧作《帝王世纪》亦为五帝三王尽加年数,后人乃复取以补太史公书,此信古之过也;至于近世乃知孔安国本《尚书》之伪,《纪年》之不可信,而疑古之过。……其于怀疑之态度,反批评之精神不无可取,然惜于古史材料未尝为充分之处理也。"思孟五行说的研究再一次显示了二重证据法的重大价值。

1973 年长沙马王堆三号汉墓出土了大批帛书。考古学家推断该墓的年代是公元前 168 年。帛书共约 12 万字以上,可分为 15 种 40 件。包括《老子》《周易》等二十多种古籍,其中很多是湮没两千多年的古佚书。这批珍贵的文献涉及古代学术思想、军事、天文、历法、地理、医学等领域。帛书的发现引起国内外学术界广泛关注。

帛书《老子》有甲乙两种抄本。其中,《老子》甲本卷后第一篇和第四篇佚书,与儒家思孟学派有关。庞朴撰文指出,这两种古佚书属于儒家思孟学派的著作,给解开两千多年未得其解的思孟五行说之谜,带来了一把钥匙。他把这篇思孟学派的古佚书定名为《五行》,逐渐得到了学者们的认同。魏启鹏认为,《老子》甲本卷后古佚书,从 170 行至 350 行是第一篇,全篇围绕着君子之道的五种德行进行论述,

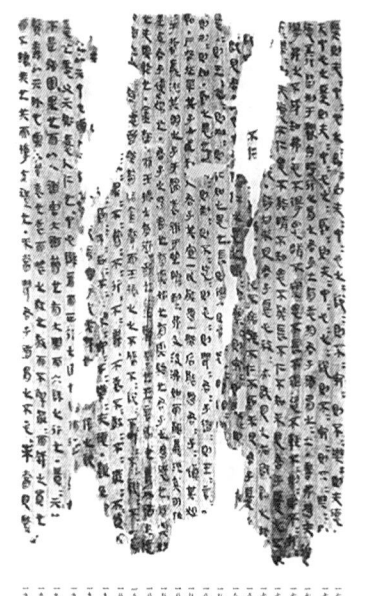

图 4-1 马王堆帛书《五行》图版

认为这五行相合，就能使德行升华，从"人之道"而臻"天之道"的伟大境界。原抄本无篇名。又引王国维、余嘉锡语，认为这篇古佚书虽有残缺，应题篇名为《德行》，既与全篇主旨相合，又不违古籍之通例。并把第四篇古佚书题名为《四行》。(魏启鹏：《简帛文献〈五行〉笺证》)郭店简《五行》篇出土以后，证明庞朴的推断是准确的。李学勤指出："帛书《五行》等篇的发现，为《大学》《中庸》及其他一些儒学著作提供了可靠联锁，使我们弄清了思孟一派的若干基本观点。"马王堆帛书的抄写时代在汉高祖到吕后时期。帛书《五行》有经有说，《五行》"经"文时代的上限不能超过子思，很可能就是子思所作，或其弟子所记，为已经散佚的《子思子》中的一篇。"说"文为世子解经之作。这是帛书《五行》属于《子思子》的最早论断。

在当时条件下，从汉初到帛书下葬这段时间内不可能产生较多著作。因此汉初竹简帛书种种佚籍，不仅反映着当时的学术面貌，而且可以由之上溯先秦学术，关系到学术史上的好多重大问题。西汉初期，经济凋敝，民生问题尚不能解决，哪有时间进行学术思想的整理与创造？帛书《五行》虽出于汉墓，实为先秦旧籍。

帛书《五行》开篇说：

> 仁形于内谓之德之行，不形于内谓之行。智形于内谓之德之行，不形于内谓之行，义形于内谓之德之行，不形于内谓之行，礼形于内谓之德之行，不形于内谓之行，圣形于内谓之德之行，不形于内谓之行。德之行五，和谓之德。四行和谓之善。善，人道也。德，天道也。

可见，"仁、义、礼、智、圣"，就是"德之行五"的五行。思孟五行说的真相终于大白于天下，既非金木水火土的"五行"，又非仁义礼智信的"五常"，亦非君臣、夫子、夫妇、兄弟、朋友的"五伦"，也非邹衍终始的"五德"。上节所述有关思孟五行说的争论也随之冰释。围绕帛书《五行》篇，学术界就思孟五行的内容、源流、荀子批评的原因，以及《五行》与

《中庸》的关系等问题展开新的讨论。荀子认为五行说系子思所倡,《中庸》又与《五行》有关,帛书《五行》有源自曾子、子思、孟子三人的内容,正说明他们是一脉相承的儒家支派。如果说,帛书《五行》篇使我们已经接近了思孟五行说的真相,那么竹简《五行》的出土就进一步推动了这个问题的解决。

1993年冬湖北省荆门市郭店楚墓出土大批竹简。1998年,文物出版社出版《郭店楚墓竹简》一书,分三类:道家文献有《老子》甲乙丙三组,以及《太一生水》;儒家文献竹书十篇,《缁衣》《五行》《性自命出》《成之闻之》《尊德义》《六德》《鲁穆公问子思》《穷达以时》《唐虞之道》《忠信之道》。此外,还有四篇类似笔记体性质的《语丛》。

郭店楚墓年代为战国中期偏晚,墓中书籍当为孟子所见到。大量儒家文献流传到楚国故地,需要一段时间,其成书又需要一段时间。整体来说,郭店楚墓儒家竹书定位于孔孟之间是准确的。这些竹书填补了孔子到孟子之间的文献缺环,从而为梳理该时期的学术史、思想史提供了珍贵的出土资料。竹书《五行》使我们看到了子思五行说的原貌。

二、子思五行学说的来源

一提到五行,人们首先想到的是金、木、水、火、土的五行。这种"五行"说起源很早,可以追溯至夏代。"五行"与阴阳学说有密切的联系,经过长期间的发展,到春秋战国时期,五行说已经发展成为涵盖家庭伦理、社会组织、农时安排、国家行政、天文历法、医学科技等领域的一个纲领性的思维模式。范毓周认为:"五行"以数术的方式力图说明宇宙的根本秩序,强调事物之间的相互影响与联系。在中国古代社会,这一学说不仅对于自然科学、应用技术和人文科学的发展影响巨大，而且在一定程度上还推动着古代中国思维的发展，决定着中国哲学在一定时期内的基本走向。可以说，五行学说涉及领域之广、对中国历史文化影响之深，是其他学说无法替代的。

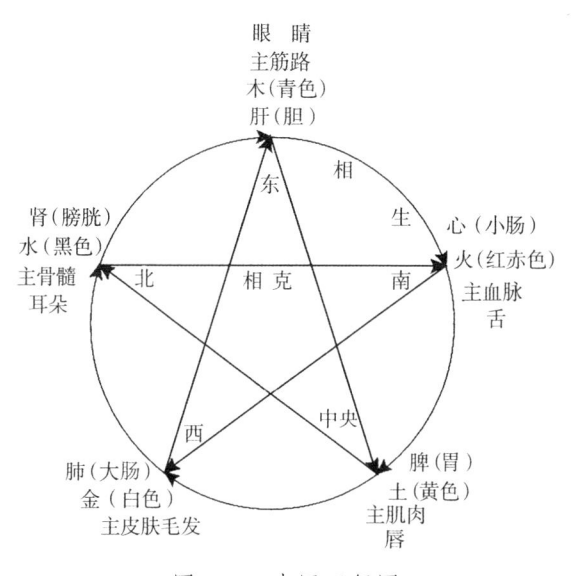

```
                    眼睛
                    主筋路
                    木（青色）
                    肝（胆）

                        相
                东           生
肾（膀胱）                        心（小肠）
水（黑色）                        火（红赤色）
主骨髓    北    相克    南    主血脉
耳朵                              舌

                西      中央

肺（大肠）                    脾（胃）
金（白色）                    土（黄色）
主皮肤毛发                    主肌肉
                              唇
```

图 4-2　中医五行图

中国古代的思维模式是关联性思维，认为人和万物都生活在天地之间，所以他们之间必然存在着某种关联。在这种系统中，一个方面的变动就会引起其他方面的变化。五行学说的产生和这种关联性思维模式有直接的关系。子思以"五行"来标识"仁、义、礼、智、圣"，很可能借用了当时流行的原始五行说的思维方式。在中国传统文化观念中，四方与中央组成的五方的模式，最能代表平衡、和谐与中庸的观念。所以，五行说又与中庸思想有紧密的关系。但子思的五行说毕竟不同于原始五行说，其"五行"之"行"是指人的外在表现。而这种外在之行只有以内心之德为依据，才能表现出真诚的、持久的礼的教养。从本质上来说，子思的五行说是儒家修身与教化的理论基础。

(一)《洪范》的意义

刘起釪认为：五行的原始意义是指天上的"五星"。天上的五行指辰星、太白、荧惑、岁星、填星（镇星）等五星的运行，这五星数目是确定而不易的。地上的五材指金木水火土五种物质，也是最终归于确定而不变易的。唯有人间的五行指人的行为、品行，或指"五常"，则异义歧出。在《洪范》等书出现以前，这一人间五行与地上五材不发生牵连。可见，五行的原始意义并没有歧义，但是在《洪范》出现之后，五行的意义发生了转变。《洪范》是《尚书》的一篇，被儒家视为治国宝典。《洪范》篇正是"五行"意义发生转换的关键点，这对于理解子思五行说的源头有重要的启示意义。

《尚书·洪范》记载周武王向殷朝故臣箕子征询治国之策，箕子答以"洪范九畴"。洪，大也；范，法也；畴，类也。"洪范九畴"指九类天地之大法。第一畴就是五行，其言曰："一，五行：一曰水，二曰火，三曰木，四曰金，五曰土。水曰润下，火曰炎上，木曰曲直，金曰从革，土爰稼穑。润下作咸，炎上作苦，曲直作酸，从革作辛，稼穑作甘。"远古时期，人们在生产劳动的过程中，逐渐认识到金木水火土这五种物质与人们的生产生活有密切的关系。五行起初均与农业生产有关，对耕地的平整和治理，谓之治土。防止旱涝的水利事业谓之治水。火的发现使原始人向文明的门槛迈进了一大步，治火成了人们保证生产和生活顺利进行的必要手段。金和木是古代制作劳动工具的材料。甲骨卜辞中有"帝五工臣""帝五臣正""工臣"和"臣正"都是管理"五工"的官职。可见，五行作为五种与人们生产生活密切相关的物质，在殷代就已经对其实施了有效的管理。

《洪范》论"五行"，从表面上看论述了五种资源，但还有更深层次的政治意义。《洪范》是《尚书·周书》的第一篇，记载了商纣王的叔父箕子向周武王陈述的治国大法。箕子作为商代王族的重要成员，对商纣王的暴虐与政治弊病当有深刻的认识，但无论怎么劝谏，均无法说服纣王。最后，反被纣王囚禁以来，直到武王伐纣才得以解脱。周武王把箕子分封到朝鲜，箕子感念周天子之恩,当周天子虚心向自己请教如何治国时,箕子告之以"洪范"。可以说,《洪范》虽为《周书》,但实际上商代治国经验与教训的总结。

箕子告诫周天子,治理国家首先要掌控好五种基本的立国资源:水、火、木、金、土。国家只有牢牢地控制五行并按其特性妥善地利用,才能建立国家和巩固政权。近些年来的考古学进展表明,政治权力在中国古代文明的演进中扮演了重要的角色。张光直指出:"在中国,资源(文明)的最初集聚,是通过政治手段(国家社会)而不是技术突破来实现的。"(张光直:《美术、神话与祭祀》)《洪范》论国家管理,把物质资源的分配、民生问题与统治者的作为联系在一起,充分说明统治者的政治行为在国家建设方面的重要性。《洪范》论治国问题,必然要首先考虑重要物质的分配问题,而统治者的德与行就与此问题直接相关。这样,原始五行说与人之间就开始发生了关联。

《洪范》"九畴"第一类是五行,第二类是五事:"一曰貌,二曰言,三曰视,四曰听,五曰思。貌曰恭,言曰从,视曰明,听曰聪,思曰睿。恭作肃,从作乂,明作哲,聪作谋,睿作圣。"这一段包含三重含义:第一言其所名,第二言其所用,第三言其所致。貌是容仪,体现人的总体形象。言是口之所出,视是目之所见,听是耳之所闻,思是心之所虑。每一个人的内外德行都可以概括为这"五事"。貌必须恭,言乃可从,视必当明,听必当聪,思必当通于微密。这一层次,即是敬用之事。貌能恭,则心肃敬;言可从,则政必治;视能明,则所见照晢;听能聪,则所谋必当。思通微,则事无不通,乃成圣。这一层次,言其所致之事。《洪范》陈述政治大法,政治的根本在于统治者的德与行。统治者德行的根本始于修身。而《洪范》所陈"五事",则为天下之本。

五事"貌、言、视、听、思"分别对应行为、语言、视觉、听觉和思维,即视、听、言、动与思,表情要恭,说话要正,看要看明,听要听清,思要深远。表情谦恭就显得严肃,说话正就能治事,看得明就能明事,听得清就能谋事，思考深远就通达事理。《洪范》论述的"五行"与"五事"正为子思五行说的建构提供了借鉴。

（二）孔子论"五行"

据《国语·郑语》记载，在周幽王时代，史伯对郑桓公说："夫和实生物，同则不继……先王以土与金木水火杂，以成百物。"史伯揭示出"五行"与万物之间的关系，并以此论述"和实生物，同则不继"的道理。春秋时期，有关"五行"的记载逐渐多了起来。"天生五材，民并用之，废一不可"（《左传》襄公二十七年），"天有三辰，地有五行"（《左传》昭公三十二年）。人们不仅用金、木、水、火、土五种最基本的自然物质来解释世界的构成，更赋予了"五"特定的涵义，用来解释社会领域的诸多问题。人们发现"五行"和"五方""五色""五材""五味"之间有着对应关系。春秋时期，五行的观念已经广为流行，这也进一步推动了"五行"学说向个人修身方面发展。

真正促进原始五行说与德之五行相结合的是孔子。《孔丛子》记载了孔子与子夏、子张等弟子讨论《尚书》义理的问题。子夏问《书》大义。孔子说："《帝典》可以观美，《大禹谟》《禹贡》可以观事，《皋陶谟》《益稷》可以观政，《洪范》可以观度，《泰誓》可以观义，《五诰》可以观仁，《甫刑》可以观诚。通斯七者，则书之大义举矣。……吾于《洪范》见君子之不忍言人之恶而质人之美也。发乎中而见乎外以成文者，其唯《洪范》乎！"（《孔丛子·论书》）孔子编订《尚书》，对古代的先王之道有深刻的体认。孔子发现《洪范》的核心精神是"度"。度，适宜、适度，即中庸。以"中庸"为依据，君子要做到言语适中，"不忍言人之恶而质人之美"；行为要规范，"发乎中而见乎外以成文"。可见，孔子教人修身以"度"为指导，使之符合中庸。这种君子修身思想推广到治国之道上，就是"王道荡荡；无党无偏，王道平平；无反无侧，王道正直"的中庸之道。

《礼记·礼运》篇也有一段孔子论"五行"的记载："故人者，其天地之德，阴阳之交，鬼神之会，五行之秀气也。……播五行于四时，和而后月生也。……故人者，天地之心也，五行之端也。"又曰："礼必本于太一，分而为天地，转而为阴阳，变而为四时，列而为鬼神。……礼必本于天。"孔子将"礼"纳入自然五行的演化之中，开启了自然五行与道德之礼的结合之路。本来儒家礼文化属于人伦日用层面，本于人情而生，并不与天道关涉，孔子晚年的思想发生了向天道的转移，为现实之礼寻求终极依托。

（三）曾子的贡献

孔子以后，"儒分为八"，弟子们从不同方面弘扬师说，或著书立说，或设坛讲学。孔子去世后，子思跟随曾子、子游、子夏等弟子继续学习儒家之道，其中，主要学于曾子。

《吕氏春秋·孝行》篇就有三段曾子论孝的材料。论"五行"与孝的关系曰：

> 身者，父母之遗体也。行父母之遗体，敢不敬乎？居处不庄，非孝也。事君不忠，非孝也。莅官不敬，非孝也。朋友不笃，非孝也。战阵无勇，非孝也。五行不遂，灾及乎亲，敢不敬乎？

曾子认为，父母赋予子女生命，做子女的就一定要好好珍惜自己的身体。在社会交往中要谨慎从事，就是关爱生命的行为，关爱生命也就是对父母尽孝。曾子说，有五种行为一定要慎重：居处、事君、莅官、交友、战阵。这就是曾子论孝的"五行说"。如果子女不能慎重地对待这"五行"，就会"灾及乎亲"。一旦身体受伤或者危及生命，那就是对父母"不孝"。

曾子认为，社会生活与交往中要保持"五行"矜持适中。这是保全身体与生命的必要手段。为了做到身体健康，身心舒适，必须注重养生与锻炼。涵养身体有"五道"：

> 养有五道：修宫室，安床第，节饮食，养体之道也。树五色，施五采，列文章，养目之道也。正六律，和五声，杂八音，养耳之道也。熟五谷，烹六畜，和煎调，养口之道也。和颜色，说言语，敬进退，养志之道也。此五者，代进而厚用之，可谓养善矣。

"五道"是养"体、目、耳、口、志"的五种方法。此处，"体"是身体的统称，"志"体现内心的想法。曾子的养"体、目、耳、口、志"之道，是人的身体诸器官支配人外在之行的方法。人体诸器官又以心志为统帅，所以，曾子此处着眼点是努力论证身体支配行为的自主性问题。控制外在之行，就要修养身体，修养身体就要涵养内心之德。由此，外在之行必须内化为内心之德，这是儒家思想的逻辑发展的必由之路。

郭店简《五行》篇几乎使用了同样的思路，来论述人的主观自觉与外在行为之间的关系。

> 耳目鼻口手足六者，心之役也。心曰唯，莫敢不唯；诺，莫敢不诺；进，莫敢不进；后，莫敢不后；深，莫敢不深；浅，莫敢不浅。和则同，同则善。

把这段文字与《吕氏春秋·孝行》篇曾子论"五道"相对比，可以发现，曾子的"体"既包括"手、足"，又涵盖"目、耳、口"，但没有把"志"的独特意义说清楚。而子思的《五行》篇却讲得非常清晰。《孝行》篇的"体、目、耳、口、志"在《五行》被分成了两部分，一部分是支配执行外在行为的"耳、目、鼻、口、手、足"，另外一部分是"心"。这种相似又稍有差异的表述，显示出子思对曾子的思想既有继承又有创新。

《孝行》与《五行》都提到"和"与"善"：

> 《孝行》："和颜色，说言语，敬进退，养志之道也。此五者，代进

而厚用之，可谓养善矣。"

《五行》："和则同，同则善。"

曾子的养志之道，即是对"心"官能的要求。"和颜色，说言语，敬进退"，即和颜悦色，举止退让皆遵守礼仪。做到这些，再加上身体其他诸官恰当的表达，就会产生"善"的效果。按《五行》篇，五种行为与内心和谐的统一，外在之行内化为内心之德，君子即表现出文质彬彬、表里如一的"善"，此之所谓"和则同，同则善"。曾子与子思在内外之道的阐释上，无论其论证方式还是表达的主旨，都是完全一致的。曾子论心对身体的支配关系直接被子思所借鉴。

《吕氏春秋·孝行》篇论"五行"与"五道"，分别在社会交往与个人身体修养方面阐释了孝道的重要性。在此基础上，曾子又提出了孝对道德名声方面的要求，即"五德"：

> 父母既没，敬行其身，无遗父母恶名，可谓能终矣。仁者，仁此者也。礼者，履此者也。义者，宜此者也。信者，信此者也。强者，强此者也。

《大戴礼记·曾子大孝》篇保存了一段曾子论孝道的言论，与《吕氏春秋》的这段几乎完全一致。曾子提出修养"仁、礼、义、信、强（勇）"五德，就是在道德名声方面尽孝父母的表现。

至此，曾子从人的主体与社会交往的"五行"，到修养个人生命的"五道"，再到修养精神与道德名声的"五德"的三个层次，建构了一个论孝的严密思想体系。此三者虽然围绕孝道而展开，但是，这个论证的理论意义绝不只在于"孝"，而是可以推广至儒家的所有德行修养方面。不难发现，在这个论证过程中，个人的生命是人立足于社会的生物基础，个人的名声是立足于社会的精神财富。立足社会既需要"行"，又需要"德"，而"行"与

"德"两者实现统一的桥梁就是"身体"。而子思五行说的主要内容就是论证如何把外在之行转化为内心的自觉，使"仁、义、礼、智、圣"之"行"在内心固化为"仁、义、礼、智、圣"之"善"、之"德"。

在《五行》篇中，子思虽然在为"修己安人"建立一个新的理论基础，但其并非只重视行或德，而是德与行并重。"仁、义、礼、智、圣"首先是五种行为表现，其次才是五种德。我们从曾子论"五行""五道""五德"的过程中，不难觉察曾子"五行说"与子思"五行说"之间的学术传承关系。

由以上论述可见，原始五行说早在西周之前就已经出现。《尚书·洪范》中的五行既指五种物质，又有政治层面的意义。《洪范》以五行结合五事，开启了"五行"向诸多领域转换的起点。春秋时期，流行的五行、五材、五方、五味等观念，使五行学说成为社会上的普遍观念。这为儒家五行说的出现提供了思维范式。孔子认为《洪范》"可以观度"，奠定了《洪范》的"中庸"意义。子思把"仁义礼智圣"外在之行内化为内心之德，其依据就是中庸原则。曾子从外到内，分别以"五行""五道""五德"论孝，是外在之行转化为内在之德的关键环节。子思远承《洪范》之"度"，中继孔子之"礼"，近接曾子之"行"，借助流行的五行观念，建构了独特的儒家五行说。

荀子批评子思"五行说"曰："犹然而材剧志大，闻见杂博，案往旧造说，谓之五行。"（《荀子·非十二子》）杨倞注曰："案前古之事而自造其说。"这个批评揭示出子思五行的来源具有"杂博""旧说"的特征。

宋儒认为，孔子、曾子、子思、孟子的思想是一脉相承的。现在我们以子思五行说的来源为例，可以发现子思的五行说与孔子、曾子的五行说之间，传承线索非常清晰，而子思的五行说又直接开启了孟子的性善论。

三、子思五行说之建构

郭店简与马王堆帛书《五行》均以"仁义礼智圣"作为子思"五行说"的内容。那么,子思为何要建构旨在贯通内心之德与外在之行的五行说,其建构的具体过程如何?

(一)为什么要"形于内"

竹简《五行》篇谓:

> 仁形于内谓之德之行,不形于内谓之行;
> 义形于内谓之德之行,不形于内谓之行;
> 礼形于内谓之德之行,不形于内谓之行;
> 智形于内谓之德之行,不形于内谓之行。

仁、义、礼、智"形于内"谓之德,"不形于内"谓之行。"德"是人的内心自觉,"行"即人的外在言行举止。郑玄注《周礼·地官·师氏》"三德""三行"曰:"德行,内外之称,在心为德,施之为行。"在"五行"中,"圣"与其他"四行"不同,"圣形于内谓之德之行,不形于内谓之德之行"。也就是说,"圣"无论"形于内"还是"不形于内",都是"德之行"。但从下文来看,"圣"也需要经过"思"的环节才能"形于内"。可见,"圣"就外在之行的意义来说,也需要内心之德的驱动。也就是说,"圣"的德行也需要修养与训练,并不是不学而能、不虑而知的。我们切不可以为"圣"不需要"形于内"。只不过在子思看来,"圣""形于内"的过程相对于其他"四行"来说,要更为轻松。

从《五行》开篇所言"形于内"与"不形于内"可知,"形于内"是"行"转化为"德"的关键环节。黄俊杰据帛书《五行》篇阐释了"形于内"的涵义:"形于内"这句话,是思孟后学身心观中最具关键性的一个概念。"形"字应作内省"呈显"解,而不能作外铄的"使之成形"解。所谓"内"是指"中心"而言,是抽象的价值意识,而不是具体的空间或脏器。《五行篇》作者强调人必须经由"思"的工夫,而将道德实践加以意识化,从而使人不再受到形的身体的束缚,而能与无形的"天道"相始终。黄俊杰对帛书《五行篇》"形于内"的分析,

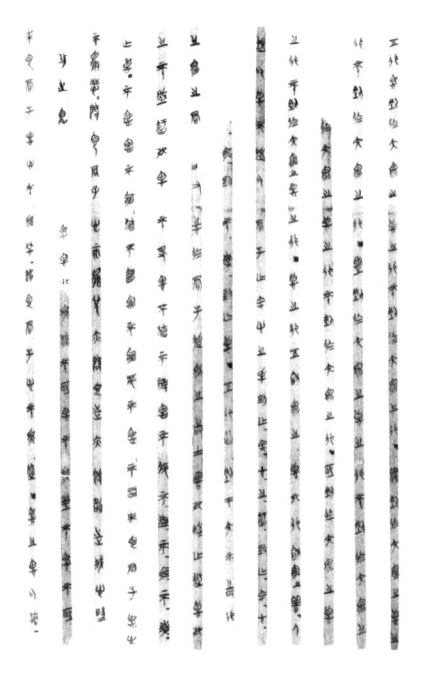

图4-3 郭店竹简《五行》图版

对于理解竹简《五行》"形于内"具有同样的启示意义。但需要注意的是,就帛书《五行》而言,"五行"已经完成了"形于内"的论证,理论重心偏于"形于内",而简本《五行》"形于内"尚未完全意识化,不但重视"形于内"之"德",而且同样重视"不形于内"之"行"的意义。这是简帛《五行》篇思想上的显著差异。

人的外在之行包括视、听、言、动诸方面。"行"要符合礼的规定,所以,"行"的表现是显示一个人是否具有礼仪教养的标识。以往学界的研究多重视《五行》篇中心性与天道方面的论述,对于"外在之行"没有足够的重视。诚然,《五行》篇显示了子思以"内在之德"驾驭"外在之行"的努力,但这种过渡性质的理论正显现出子思"德"与"行"并重的思想特征。

子思五行说的出现与春秋战国之际的人道危机直接相关。孔子认为，造成这种人道危机的直接原因就是"礼崩乐坏"。春秋后期，许多贵族已不守礼，甚至不知礼。《左传》昭公七年记载，孟僖子在临死前，嘱咐两个儿子要向孔子学礼。可见，贵族对于象征其身份地位的礼已经很陌生了。即使知礼的人也不能从内心敬礼，礼逐渐流于空泛。但孔子依然很看重礼的形式。当子贡欲去"告朔之饩羊"的时候，孔子说："赐也，尔爱其羊，我爱其礼。"（《论语·八佾》）可见，建立礼仪规范的人道社会，离不开礼的规范，即使在礼仪空疏的时代，孔子仍不放弃礼仪的形式。孔子相信：只有把礼保存下来，自有复兴之日。

孔子从自身做起，坚持以礼修身。孔子教导弟子，视、听、言、动均要符合礼的规范，"克己复礼为仁"（《论语·颜渊》）。但是，面对礼仪颓废的社会大环境，有些孔子弟子也对以礼的教养为核心的修身之道提出了质疑。《史记·礼书》记载：

> 周衰，礼废乐坏，大小相逾，管仲之家，兼备三归。循法守正者见侮于世，奢溢僭差者谓之显荣。自子夏，门人之高弟也，犹云"出见纷华盛丽而说，入闻夫子之道而乐，二者心战，未能自决"，而况中庸以下，渐渍于失教，被服于成俗乎？孔子曰"必也正名"，于卫所居不合。仲尼没后，受业之徒沉湮而不举，或适齐、楚，或入河海，岂不痛哉！

子夏的这种抉择于修身与繁华的两难困境，在其他弟子中亦有表露。冉求曰："非不说子之道，力不足也。"（《论语·雍也》）即使颜回也只能做到"三月不违仁"（《论语·雍也》）。虽然重建道德礼仪之路是艰辛的，但是，执着的孔子仍然沿着学礼、行礼的路子坚定地走下去。他要以礼仪彰显人的价值与尊严，在神圣性的礼仪中凸显人存在的意义。

孔子之后，儒家学派迅速分化。《墨子·非儒》篇记载，有些儒者"立命缓贫而高浩居，倍本弃事而安怠傲"，甚至有的以主持丧礼作为换取饮食的手段。这些儒者明显背离了孔子"谋道不谋食"的教诲。《荀子》书中描绘的俗儒、雅儒、大儒、瞀儒、贱儒、腐儒、陋儒、侏儒等众生相,亦表明儒家内部已经面临理论与现实的双重困境。在后孔子时代,要使人们遵守礼的规范,必须在坚持学礼、行礼的前提下,使礼的教养根植于心中,成为人们的自觉行动,而不只是外在性的强制规范。儒家面对来自墨者的强烈批评,以及自身的迅速分化,能否在理论上实现突破,是摆在子思等儒者面前的重大理论问题。而孔子未竟的思想探索之路正是要建立一种身心合一的内外贯通的儒家学说。子思少年时代受到孔子亲传之道,深刻理解并自觉继承了孔子未竟的事业。《五行》篇的出现,正为我们找到了孔子与子思的这种思想链接。

孔子针对春秋末年礼文化的衰落,倡导人们学礼、知礼、守礼、敬礼,由此谱写了以复兴礼文化为中心的人道思想体系四部曲。这四个步骤层层递进,不知礼就要学礼,知礼以后就要守礼,守礼就要有恭敬之心。《五行》承接孔子这个思路清晰可见:

> 见而知之,智也。知而安之,仁也。安而行之,义也。行而敬之,礼也。

这是《五行》论述文化教养的四部曲:"见而知之"是第一步,能做到见而知之,掌握礼文化,表明有是非分辨能力,这就是"智";"知而安之"是第二步,知道该做什么,不该做什么,就要去依礼行事,这就做到了"仁";"安而行之"是第三步,知道如何提高文化修养,懂得了礼文化带给人尊严与价值的类群意识,再把这种优秀文化资源推而广之,教化他人,让更多的人知道礼,守礼,这就是"义";第四步,行礼必须有敬畏、恭敬之心,言谈举止皆能彰显文化修养,这就符合"礼"的规范。而《五行》论述"形于内",正承接了孔子复兴礼文化的思路。

孔子特别强调行礼要敬,祭祀要敬,丧礼更要敬。"务民之义,敬鬼神而远之，可谓知矣"(《论语·雍也》)，"慎终追远，民德归厚矣"(《论语·学而》)。"敬"不但带给人尊严，提高人的文化品味，而且还有政治意义。可以说，儒家最大的学问就在一个"敬"字。没有"敬"，就不能修身。人没有敬畏之心，就不能持之以恒地遵守道德规范。敬也是区分小人与君子的重要标志。"君子有三畏：畏天命，畏大人，畏圣人之言。小人不知天命而不畏也，狎大人，侮圣人之言。"(《论语·季氏》)儒家真正的思想灵魂是人道，不是人文。人道包含人文，而人文不包含人道。"人能弘道"，"文以载道"，"文"要有"善"的精神，才能称之为"人道"。《五行》篇论述"形于内"就是要把外在之"文"内化为内心之"道"。而从子思的五行说来看，正体现了把外在的礼仪文化与内在的心理活动的结合。《表记》云："君子耻其服而无其容，耻有其容而无其辞，耻有其辞而无其德，耻有其德而无其行。"君子要做到礼、言、德、行的统一，而不是只有其表而无其实。《表记》中的论述可以佐证五行"形于内"的原因。

黑格尔指出："人在外部，即在他的行为里（当然不是在他的单纯肉体的外在性里）是怎样的，他在他的内心也是怎样的；如果他仅仅内心中，即仅仅在目的、信念中有德行的、有道德的，而他的外在行为并不与此一致，他的内心生活与外在行为就都是同样空虚不实的。"只有目的、信念与外在行为相一致，才可以使外在行为充满真实的内容。子思《五行》篇正是要以"形于内"的内心生活来充实人的外在行为。

(二) 如何"形于内"

仁、义、礼、智、圣"形于内"的过程并不是相同的。《五行》贯通"德"与"行"，主要是在仁、智、圣上用力。此三者"形于内"的主要方式是"思"，至于"义"和"礼"，是"仁"内化之后的必然结果。从《五行》篇的论述看，"义"与"礼"在"行"层面的意义似乎要重于"德"的层面。

《五行》第4章:"不仁,思不能精;不智,思不能长……不圣,思不能轻。"此处子思以逆向思维的方式,论述了"仁""智""圣"三者"形于内"的必要性。没有仁的言行,思虑就不能专一;没有智的表现,思虑就不能有所长进;没有圣的睿智,思虑就不轻松。那么,仁、智、圣的外在表现又是什么?《中庸》第三十一章论述"天下至圣"曰:

> 聪明睿知,足以有临也;
> 宽裕温柔,足以有容也;
> 发强刚毅,足以有执也;
> 齐庄中正,足以有敬也;
> 文理密察,足以有别也。

朱熹注:"聪明睿知,生知之质。……其下四者,乃仁义礼智之德。"意思是说,"聪明睿智"是生而知之的圣人之德,而诸如"宽裕温柔""发强刚毅""齐庄中正""文理密察"分别是"仁""义""礼""智"四德的表现。《中庸》在此处与《五行》的契合,显示出其思想内涵上的相通性。

"不智,思不能长"。此处的"智"可以理解为两种涵义,既指人在认识事物之前具有的一种知识储备,与"知识"的"知"同义,又指判断与学习的能力。《五行》把"智"与"见"联系在一起,说"见而知之,智也",此处的"智"指判断力。"不智,思不能长",这里的"智"则指一定的知识储备。智的两个涵义紧密的结合在一起,不可分割。作知识解时,主要指外在的表现,作判断力解时,主要指内在的心理活动。没有知识,又没有判断分析能力的人,即使见到贤人与好的行为也不知道效仿。

"圣",甲骨文作■,清代学者朱骏声(1788—1858)的《说文通训定声》训"圣"曰:"耳顺之谓圣。"圣指听觉灵敏,听到好的善言,或者听别人转述圣人之事，就会引起自己内心的共鸣，从而引导自己向善。而不聪明睿智的人，思虑就不那么轻松，此之所谓"不圣，思不能轻"。"闻而知之，圣也"，指聪明睿智、思虑轻松的行为与能力。不圣的人可能"智"，但是不智的人肯定不"圣"。理由是，见到好的行为都不会效仿，听到了更不会效仿。《五行》篇的"聪明圣智"思想正是发挥了上古时期和孔子对"视听"或"见闻"的重视。

以上的阐释在于说明，温文尔雅、温柔敦厚是人之为人的首要条件，是做人的基本原则。"见而知之""闻而知之"是人立足社会所需要的学习态度与行动。这种学说正是针对社会上不知礼、不学礼的现象而发的。缺乏礼的教养是社会秩序失衡的首要因素。在后孔子时代，有的儒者放弃了礼的规范，转而向往"纷华盛丽"的世界。子思倡导人们"见而知之""闻而知之"，重新确立了儒家以礼修身的传统。《五行》重视外在之行，提醒人们一定要从外在的规范入手，坚持以自身的行作为修身的首要环节。《五行》篇以否定性的推论论述了不仁、不智、不圣带来的弊端，具有引起下文的用意。

有些人在具备一定礼的规范之后，虽然在行上表现出礼的教养，但或行礼时缺乏敬畏之情，或不能时刻遵守，这样的行为就是"伪善"。表面上看起来温柔敦厚的人，并且也能"见而知之"，"闻而知之"，但如果缺乏了礼的真实精神——"敬"，就只有"礼仪"，而无"礼义"。那么，这就需要把外在之行与内心之德相贯通，以"德"驭"行"。所以，仁、智、圣之行必须"形于内"，成为内心固有之德。

接下来，《五行》采用顺向推理的方法，论述了仁、智、圣之行"形于内"的过程：

仁之思也精，精则察，察则安，安则温，温则悦，悦则戚，戚则亲，亲则爱，爱则玉色，玉色则形，形则仁。

智之思也长，长则得，得则不忘，不忘则明，明则见贤人，见贤人则玉色，玉色则形，形则智。

圣之思也轻，轻则形，形则不忘，不忘则聪，聪则闻君子道，闻君子道则玉音，玉音则形，形则圣。

"思"是仁、智、圣之行"形于内"的必要途径。"思"是自我反省的过程，也是儒家一贯的反躬自问式的修身方式。在行的前提下，只要用心去"思"，仁智圣就会逐步达到玉色。玉色，指言容色如玉之温润而有光泽。"爱则玉色"，"见贤人则玉色"，"闻君子道则玉色"。到了"玉色"的阶段，外在之行就可以说已经"形于内"。"形于内"就形成内在持久的精神动力。"行"有了"德"的支持，从而自觉践行外在之行。这就基本上形成了一个先有外在之"行"的训练，到生发出内心之"德"，然后再由"德"驾驭"行"的理论体系。《中庸》说，"博学之，审问之，慎思之，明辨之，笃行之"，博学、审问是学习、训练阶段，慎思、明辨就是生发内心之德的过程，最后来实现"笃行"之目的。《中庸》论德行关系与《五行》也是一致的。

从郭店楚简文字的写法来看，仁隶定为㥯，德隶定为悳。以心为偏旁的字在郭店简中大量出现，反映出战国时期人们普遍重视心的作用。"仁"字从"人"从"二"。《说文》："仁，亲也，从人从二。"《说文解字义证》引郑玄曰"爱人及物曰仁，上下相亲曰仁"，引《吕氏春秋·爱类篇》"仁也者，仁乎其类者也"，引《韩诗外传》"爱由情出谓之仁"。白奚对"仁"字的字形演变做了翔实的考证，从尸从二是北方"仁"字的代表，从千从心是南方"仁"字的发展。南方的"仁"字以郭店简为代表，写作从身从心，又简化作从千从心。从"心"表明该字与思考或情感有关；从"身"表明此种思考活动的对象是人的身体，以人为思考对象而生发出来的情感，是最原始的情感。郭店简㥯字，从身从心，显然，只有身心合起来才是"仁"，仁的字形本身已经蕴涵了德行统一的意义。

战国竹简中的"仁"字

《五行》以心驭身的特征非常明显:

> 耳目鼻口手足六者,心之役也。心曰唯,莫敢不唯;诺,莫敢不诺;进,莫敢不进;后,莫敢不后;深,莫敢不深;浅,莫敢不浅。和则同,同则善。

无论身体的何种表现,都是"耳目口鼻手足六者"所为,而"心"是驾驭此六者的统帅。如果说前面表述的仁义礼智圣的外在之行,由"耳目口鼻手足"来实施,那么,此处论述心的作用,直接为"行""形于内"提供了生理上的依据。子思的这种思想很可能受到了曾子的影响。

《吕氏春秋·孝行》篇记载,曾子论养体有"五道",已经阐释了"心"在修身方面的作用。子思顺着曾子的思路继续前进。内心对外在之行的思,其目的是控制言行合于礼。这样,修身论逐渐转化为修心论。有学者从身心关系来考察《五行》篇的人与人性,指出"心"有三层涵义:第一,与身体诸官能并列的一种"好仁义"的心官;第二,高于身体诸官能,而为人体之大者之主宰心;第三,剥除身体性而独存的慎独之心。第三层尤其特殊且重要,因为作为人格典范的君子,就是凭借此慎独之心呈现出来。《五行》认为"仁之思也精""智之思也长""圣之思也轻",就是以心来主宰人体,这一过程通过思来实现。子思把仁、智、圣"形于内"的过程正是孔子、曾子内省修心之学的合理发展。《五行》论仁之后,接着论"见而知之"的智。"仁"有了"智",就具有人道教养的基本素质。

《五行》说:"仁,义礼所由生也,四行之所和也。和则同,同则善。"

"仁"是一切美德的基础，是源于亲情的爱。但在宗法制的春秋时代，仁的亲亲之情在政治上表现为统治者任用自己的亲人，使少数人享有政治资源。而随着宗法制的解体，新官僚制度的建立，迫切需要吸收更多的贤人参与国家的管理。这时候，就需要大力提倡"义"。与政治上的亲亲之"仁"相对比，义蕴涵着公平、正直、果敢的涵义，在政治上的意义就是"尊尊"。尊敬、善待贤人，要求统治者尊重自己家族成员以外的贤人，开放政治权力。《五行》论义"形于内"与战国初期的尊贤思潮有关。当时各国变法思潮渐起，急需贤人，但并非所有的贤人都能得到统治者的尊重，毕竟旧制度从形式上解体之后，其思想还存留在人们的心中。有的诸侯迫于舆论压力引进了人才，也并不授予他们实权，只是将其作为一个摆设，用以提高自己尊贤的名声而已。鲁穆公对子思"亟馈鼎肉"，子思认为这是国君以畜养犬马的方式对待他。像这种有尊贤之名、无尊贤之实的现象在当时普遍存在。这正可以诠释"义不形于内谓之行"，尊贤流于形式，"义"无其"实"。

郭店简《六德》云："门内之治恩掩义，门外之治义斩恩"，"以义使人多"，"义者，君德也"。《尊德义》谓"尊德义，明乎人伦，可以为君。""仁为可亲也，义为可尊也"。《孟子》："急亲贤之为务。"另外，郭店简出现了论述"义"的专文——《唐虞之道》。《唐虞之道》以尧舜禅让来论义。"禅，义之至也"，"禅也者，上德授贤之谓也。上德则天下有君而世明，授贤则民兴效而化乎道。不禅而能化民者，自生民未之有也"。曾子的"贵贵"指君德，《五行》言"贵贵，其等尊贤，义也"，《六德》"君臣义生言"，"义使忠"，都是论述作为君德的义。为君的贵贵尊贤，为臣的才能尽忠。"义"在扩大统治基础，突破"亲亲"的宗法制度方面有重要意义。子思把"义"列入德之五行，是时代之使然。《五行》并不只是论述义之行，也要使"义"转化为内心之德，从而为"行"提供持久的动力。

孟子认为，"义"需要源自内心的真实力量的支持，"由仁义行，非行仁义也"。朱熹注："则仁义已根于心，而所行皆从此出。""吾身不能居仁由义，谓之自弃也"(《孟子·离娄上》)；"居仁由义，大人之事备矣"(《孟子·

尽心上》)。但是子思在《五行》篇并没有论述"义""形于内"的具体过程，只说仁、智、圣之"思"。义是在仁"形于内"的基础上生发出来的德。所以，《五行》篇的义既可以说是内在之德，又可以说是外在之行。就"行"上说，是外，就"德"上言，是内。整体来看，《五行》强调"义"的外在之行的作用，似乎要重于对于义"形于内"的意义。正因为此，郭店简具有"仁内义外"的思想倾向。刘丰撰文指出，孔子已有了"仁内义外"的思想。从子思至孟子，仁义之间的内外关系完全消融，二者皆根于心。荀子面对战国末期的社会现实，又强调礼义的外在规范性，回到了传统儒家"仁内义外"的思路上。

图 4-4　邹城孟府大门

礼是体现人们文化教养的重要形式。礼观念形成于春秋霸政时期，但在春秋末期已经流于形式化，失去了文化内涵。礼最重要的要求是发自内心的恭敬。以敬的工夫，践行外在之礼。《五行》曰："以其外心于人交，远也。远而庄之，敬也。敬而不懈，严也。严而畏之，尊也。尊而不骄，恭也。恭而博交，礼也。"《礼记·礼器》："礼之以多为贵者，以其外心者也。德发扬，诩万物，大理物博"，郑玄注曰："外心，用心于外，其德在表也。"可见，《五行》所言"外心"正是指"五行""形于内"之后的外在表现。而"德"的外在表现按照郑玄的说法是"表"，在《五行》中即是"礼"。因此，我们可以肯定地说，《五行》之"礼"主要从外在的表现上用力。

至此，仁义礼智圣"形于内"的过程已经明朗。"仁""智""圣"需要"思"，"义""礼"不需要。仁是心性基础，智是动力保障，通过"思"来实现"义"与"礼"的"形于内"。这样仁、义、礼、智、圣都"形于内"了。在这个过程中，《五行》一直没有放弃外在"行"的作用，尤其是对于"义"和"礼"的外在表现依然很重视。仁义礼智"德行"兼备，谓之"四行和"，四行和就是"善"，善就是"人道"。"圣"是高于"智"的"闻而知之"。普通人"见而知之"，而"闻而知之"者不多见。"闻而知之"并非"生而知之"，也要经过学、思才可以"形于内"。不过，这种具有"闻而知之"的圣人由于天赋好，所以相对来说，"形于内"就比普通人较为容易。具有仁义礼智，然后再具有圣，"德之行五"谓之德。"德，天道也"，这就是《五行》贯通外在之行与内心之德的整个过程。

（三）德行之后

后孔子的时代，是儒家分化的时代，是面临墨家等异端攻击的时代，要想继续推行孔子的修己安人之道，必须要在坚持诗书礼乐教化的基础上，加强心性的修养，在内心培植人道的信念。完成这个"德""行"贯通之后，又必须再回到"行"上，以外在之"行"显示其内心之"德"。子思《五行》篇贯通"行"与"德"的理论努力，显示了子思自觉承接孔子思想、捍卫儒家之道的坚强决心，也符合儒家思想发展的内在理路。

值得注意的是，在"五行"中，子思特别突出了"圣"，并塑造了"聪明睿智"的"圣人"与"集大成"的"君子"。按照《五行》的表述，"圣人"与"君子"都具备五行之德，所以，在《五行》篇中，"圣人"与"君子"是同义语。《五行》篇中的"君子"有二种涵义。"五行皆形于内而时行之，谓之君子"，此处指有德无位的君子。"五行之所和也。和则乐，乐则有德，有德则邦家兴。文王之见也如此。"这是有德有位的君子，文王就是这种君子的代表。君子与圣人是他人效仿的典范，也是教化他人的导师。为了显示"天道之德"（五行和）与"人道之善"（四行和）的区别，圣人、君子必定要比常人"聪明睿智"，要具有道德上的优先性。这也许正是"（圣）不形于内谓之德之行"的原因，但又由于君子、圣人并不是后世神圣化的先知先觉，"圣"也需要经过"形于内"的阶段，所以，《五行》又说"圣形于内谓之德之行"。

  儒家之道从本质上说，是做人之道，是修身之道。达到修身成德之路不外乎历练内在之德与规范外在之行，两者不可偏废。缺乏"德"，"行"就流于形式化，失去了本质内容；只有"德"而没有"行"，"德"就失去了外在的表现形式。对于春秋流传下来的礼仪规范，孔子并重礼的外在之"行"与内在之"德"。但孔子并没有专门阐发如何把德行贯通，《五行》篇的发现，为我们找到了儒家思想史上的这个缺环。而普通人的外在之行与内心之德的形成，不是生来就有的，必须要有外界的引导与典范的教化。这个外在的力量，就来自圣人、君子与老师。子思塑造的"君子""圣人"正是为了给大众提供一种来自"外铄"的、榜样的力量。普通人的"见而知之"，是见到贤人与君子之行，从而效仿贤人、君子的行为，这种行为就是芬格莱特推崇的"神圣性的礼"。对照子思的其他著作，尤其是《缁衣》篇，我们可以强烈地感受到这种"外铄"的榜样力量给修身与治国带来的强大作用。

  但是，这种"外铄"力量，却在孟子思想中逐渐退隐。孟子说，"仁义礼智，非由外铄我也，我固有之也，弗思耳矣。"（《孟子·告子上》）看来，孟子思想中的"仁义礼智"已经完全"形于内"了，成为"固有"之善性。虽然，孟子的性善论给传统中国造成了很大的影响，但孟子对"外铄"的忽视，很容易导致经典与权威力量的消解。中国宗教性已经在商周之际消失，而"外铄"力量又退出主流的思想世界，这就进一步强化了中国传统思想中道德优先的意识。荀子与孟子不同,荀子努力恢复礼仪教化,告诫人们"学不可以已",试图重建儒家的知识论与礼仪教化的传统。但由于荀子过分强调礼治的强制作用,而忽视了礼的教化功能,所以荀子思想中的"礼"不再是照耀人们内心深处的精神光源。由此可见,子思之后,孟子"尊德性",重德,荀子"道问学",重行。两者皆不能贯通"外在之行"与"内心之德",达不到"中庸"的境界。

四、"慎独"与"金声玉振"

"慎独"是《五行》篇的重要概念:

> "淑人君子,其仪一兮。"能为一,然后能为君子,君子慎其独也。
> "瞻望弗及,泣涕如雨",能"差池其羽",然后能至哀,君子慎其独也。

"淑人君子,其仪一兮"(《诗经·曹风·鸤鸠》),意在表现仪表堂堂。"瞻望弗及,泣涕如雨"(《诗经·邶风·燕燕》),是说服丧不要专注于丧服的整齐,要"尽哀",意在内心之德。子思引《诗》深得孔子《诗》学本旨,《五行》两章相接并不是随意排列,引两首《诗》申说"慎独",第一首主旨在于"行",第二首在于"德",《五行》两首《诗》连引,意在"行德"统一。下文又引《长发》论"和",说明"能为一,然后能为君子。"五行皆"形于内"谓之"一",能为"一",就是"君子"。这正与《五行》论"五行皆形于内而时行之,谓之君子"的定义一致。由此可见《五行》引三首《诗》之深意:君子"德""行"之统一起来即是"慎独"。

《玉篇·心部》《方言》:"慎,思也。"《尔雅·释诂》:"慎,诚也。"

《说文》:"慎,谨也。"可见,慎与思有关,思不是漫无目的的思,而是要以"诚"为主旨。《大学》"慎独"与"诚意"相对。《国语·周语》说:"慎,德之守也",把"慎"作为修德的手段。"独者,人所不知而己所独知之地也。"（朱熹:《四书章句集注》）"慎独"有"诚实"与"独特"之义。《五行》篇的"慎独"就包含这两层涵义。

自郭店简《五行》出土后,有关"慎独"的讨论已有不少。学者多从文字训诂、义理疏阐与实践体证三个方面解读"慎独",深化了对"慎独"的理解。此论有助于进一步理解早期儒家的"慎独"。《大学》《中庸》也讲"慎独"。

《大学》的"慎独":

> 所谓诚其意者,毋自欺也。如恶恶臭,如好好色,此之谓自谦。故君子必慎其独也。小人闲居为不善,无所不至,见君子而后厌然,揜其不善而著其善。人之视己,如见其肺肝然,则何益矣。此谓诚于中,形于外,故君子必慎其独也。

小人的"善"既不是发自内心的,又不能"时行之",所以小人不可能"慎独"。君子"诚于中,形于外",与《五行》为"一"的说法一致。朱心怡认为,《大学》慎独与《荀子》近,《五行》慎独与《中庸》同。

《中庸》的"慎独":

> 天命之谓性,率性之谓道,修道之谓教。道也者,不可须臾离也,可离非道也。是故君子戒慎乎其所不睹,恐惧乎其所不闻。莫见乎隐,莫显乎微,故君子慎其独也。喜怒哀乐之未发谓之中,发而皆中节谓之和。中也者,天下之大本也,和也者,天下之达道也。致中和,天地位焉,万物育焉。

朱熹注曰："幽暗之中，细微之事，迹虽未形而几则已动，人虽不知而己独知之，则是天下之事无有著见其明显而过于此者。是以君子既常戒惧，而于此尤加谨焉，所以遏人欲于将萌，而不使其滋长于隐微之中，以至离道之远也。"（朱熹：《四书章句集注》）君子无时无刻不对"隐微"之处有可能破坏人道的东西有所警惕。《中庸》的"中"就是《五行》篇"行""形于内"之后，为内心之中德，《中庸》之"和"就是《五行》之"和"。君子"和"五行为"一"而"时行之"，就是《中庸》所说的"致中和"。《中庸》与《五行》"慎独"的涵义完全一致。"慎独"是君子的德行，小人没有，所以"慎独"有"与众不同""独特"的意思。

常言道，"有始有终"，对《五行》来说，这句话只说对了一半。"君子之为善也，有与始，有与终"，"君子之为德也，有与始，无与终"，"金声而玉振之，有德者也"。善有始终，而进德"有始无终"。"无终"就是修身永无止境，是终生之事，"死而后已"。人之生就要感恩天地之德，感念父母之恩，有了这种感念天道之恩，就可谓知天。人生的价值和意义，就是在有生之年一直去遵守礼仪的规范，去报答上天与父母给予的生命价值。如果不守人道规范，就破坏了人性。保持长久人性的办法只有一个——坚守中庸之道。"有始无终"的修养工夫是"慎独"的工夫，是君子特有的德行。

此外，《礼记·礼器》篇也有"慎独"：

> 礼之以多为贵者，以其外心者也。德发扬，诩万物，大理物博，如此则得不以多为贵乎？故君子乐其发也。礼之以少为贵者，以其内心者也，德产之致也精微，观天下之物，无可以称其德者，如此则得不以少为贵乎？是故君子慎其独也。

该篇从"礼"的外在表现形式与内心之德，得出"德产之致也精微"、"少为贵"的"慎独"之论。"慎独"之人就是能体察礼的精微之义的少数人。《礼器》还说"古之圣人，内之为尊，外之为乐，少之为贵，多之为美。是故先王之制礼也，不可多也，不可寡也，唯其称也。"不多不寡之称，正是"中庸"。看来，《礼器》与《大学》《中庸》《五行》的慎独涵义是相同的。

真正理解君子之道的人并不多，而能达到这种"五行和"，又能"时行之"的就更少了。"人莫不饮食也"，却"鲜能知味"，久而久之，"道其不行"。"慎独"的中庸之德，并不是君子孤芳自傲，而是君子感叹世间人道不得行的凄凉。有德者无位，有位者无德。如何才能实现有德有位，如何才能中庸，这种胸怀修己安人之志而不能实现的痛苦，一直困扰着有德的君子。

《五行》篇中的"君子"有三种涵义。"君子无中心之忧则亡中心之智，亡中心之智则无中心之悦"，此处的君子指居上位的统治者，有君子之名，未有君子之德行；"五行皆形于内而时行之，谓之君子"，此处指有德行的君子；"五行之所和也。和则乐，乐则有德，有德则邦家兴。文王之见也如此。"这是有德有位的君子，文王就是这种君子的代表。"无忧者，其唯文王乎？"知人道而达天道的圣人君子没有忧愁。这是君子的最高境界。

《五行》又以"金声玉振"论乐与天道：

> 金声而玉振之，有德者也。金声，善也。玉音，圣也。善，人道也。德，天道也。唯有德者，然后能金声而玉振之。

金声，就是钟发出来的声音。钟在当时具有庄严肃穆的礼仪涵义。金指青铜，金声寓意周代的礼仪制度。《逸周书·酆保解》就有以金声合于礼的记载。该篇记载周武王与周公旦关于"保国守位"的对话，为后人追记。但成书于春秋时期没有疑问。潘振注："从殷尚声，用金奏，故曰金声。此礼之纯于外者。"《尚书大传》"在内者玉色，在外者金声"。可知"金声"是借音乐来表达礼。玉音，是玉磬发出来的声音。玉因其稀有一直被视为权贵的象征，在上古文化中具有特殊地位。张光直指出，玉琮的造型代表"绝地天通"以后，统治者独揽与天的交往特权。以玉做原料，暗示了玉在天地沟通中的特殊作用。古代玉石虽然在山水中都有发现，但主要来自山上。神山是古代神巫上下天地的阶梯，所以采自山中的玉石就具有人神通灵的蕴义。从考古学上看，玉琮作为沟通天地、民神的历史可以追溯至旧石器时代晚期。而青铜作为权力的象征晚于玉器时代。张光直的这个发现对于准确理解《五行》"金声玉振"的涵义有重要启示。

前面已经指出，周代是思想史上天道向人道转折的开始，所以金声彰显出来的严肃与威仪，象征人道规范。而玉器时代早于青铜时代，所以玉音是沟通人神、上达天道的手段。据《史记·礼书》，钟与玉磬，在音乐教化中具有和谐作用。《史记·礼书》："耳乐钟磬，为之调谐八音以荡其心。"金声象征人道，玉音象征天道。金声规范行为，玉音激荡人心。所以，金声玉振就是人道与天道的合一。《五行》说玉音是圣，而圣又能"聪明睿智"而知天道。天道是可闻不可见的，所以，只有"闻而知之"的圣才可以晓得天道。君子有德，所以君子知天道，通达天道之音。就此而论，圣确实具有天道的色彩。《五行》同时使用"君子"与"圣人"两个名词来论说知"天道"，有以圣人概念来替换君子的意蕴。《中庸》讲至诚可以与天地功化同流，也是说圣人能知天道。

图 4-5 良渚文化的玉琮

孟子进一步发展了《五行》篇的"金声玉振"，《孟子·万章下》：

> 孔子之谓集大成。集大成也者，金声而玉振之也。金声也者，始条理也；玉振之也者，终条理也。始条理者，智之事也；终条理者，圣之事也。

金声，智之事，玉振，圣之事，正对应《五行》的"人道"与"天道"。孟子以"智"指代人道，显然以《五行》为思想基础。《五行》说"君子集大成"，孟子说"孔子之谓集大成"。孟子确指孔子为"金声玉振"的圣人，进一步证明《五行》早于《孟子》。"金声玉振"作为人道与天道的统一，进一步彰显了"五行""形于内"的价值与意义。

图 4-6　曲阜孔庙"金声玉振"牌坊

在简帛《五行》出土之前，学者们展开了对思孟五行说的研究。有的推论接近真相，有的则与真相相差较远。简帛《五行》出土后，思孟五行说真相大白。对于这个问题的研究，再一次显示了二重证据法的价值。

本章对于子思五行说的来源做了系统梳理，发现子思五行说与《洪范》蕴涵的中庸之道有关系。孔子特别重视《洪范》，并论及人道与天道的五行。曾子也有五行说，直接开启了子思的五行说。子思创建五行说的目的，是为了解决礼的形式化带来的流弊问题，欲以内心之德制约外在之行。

子思五行说以心之思为中介，来实现仁、智、圣的内化，从而为礼、义的"形于内"提供了前提。仁、义、礼、智四行和谓之善，善是人道。仁、义、礼、智、圣五行和谓之德，德是天道。五行形于内而能时时践行的人是君子。君子能知人道又知天道，所以君子又是圣人。《五行》重视礼乐教化，圣智是礼乐教化的依托。"金声玉振"的圣人具人道而达天道，是教化人道、劝人向善的典范。君子德行贯通，合而为"一"，与众不同。"慎独"是君子区别于小人的文化自觉。《五行》重视外在的行。外在的文化力量是吸引士人沿着君子之道走下去的外铄光源。《五行》的这个思路在《中庸》中表述为"修道之谓教"。

　　子思坚持行、德并重，又重视天道。已经坠落的天道在子思这里出现了升腾。这种思想回流，是子思为人道寻找最终的支持力量所做的有益探索。天道是儒家思想从高处寻求支撑力量，人性论是往深处寻求德性的基础。五行"形于内"是挖掘人性力量，"金声玉振"是为了寻求天道依托。子思建构的五行理论，使得儒家思想发展到子思这里，既有重视学习礼乐文化的特征，又有关注心性之学的特色，也有天道主义的神秘色彩。子思五行说对礼仪训练、精神修养与身体力行的关系做了详细阐释，深化了人道思想的内涵。

第五章 中庸——子思人道思想的核心

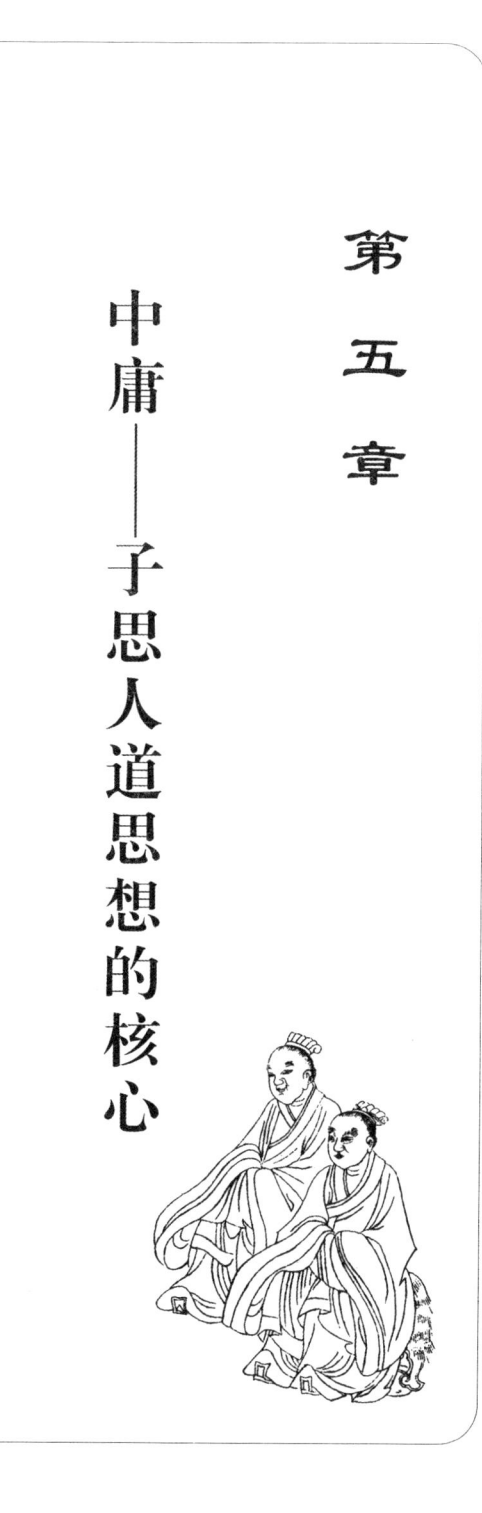

早期儒家通过自上而下的人道教化来挽救社会危机。以教化为核心内容的人道之路必须依据中庸的原则而进行。子思就政治关系、君子修养、人道教化等方面进行了深入阐发。这三个问题分别对应上位的统治者、君民之间的贤人、下层的百姓。教化、修道的核心思想就是中庸。

一、人道政治中的君、臣、民

一般认为,儒家有民本思想,甚至有民主意识的萌芽。郝大维、安乐哲推崇儒家的民主思想。他们认为,在儒家思想或者说在更为广大的中国古代思想里,有足够的论题是与民主制度相一致的。民是政治关系中的主体,国君行政的目的是为了百姓。但事实上,中国历史上并没有出现这样的情形。至于《尚书》中提到的"民之所欲,天必从之"(《尚书·泰誓上》),"天视自我民视,天听自我民听"(《尚书·泰誓中》),也只能说明周人政治理性化程度比殷人高,已经注意到民在政治中的作用。决定政治好坏的是统治者,而不是民。在政治关系中,君起到主导作用。儒家的民本思想,是在努力寻找一种君民之间适宜的关系,既不危害百姓民生,又能满足统治者的利益。

(一)"君心民体"之喻

郭店简《缁衣》:"民以君为心,君以民为体。心好则体安之,君好则民欲之。故心以体废,君以民亡。"把君民关系比喻为心体关系,道出了君在统治关系中的主导地位。"心好则体安",有健康的心,身体才健康;君主有德，百姓才愿意追随他。《五行》篇论述心与体的关系更为详细："耳目鼻口手足六者，心之役也。心曰唯，莫敢不唯；诺，莫敢不诺；进，莫敢不进；后，莫敢不后；深，莫敢不深。"从个体来说，心是主宰，从政治关系来说，君是主宰。心身一致，上下同欲，君民同甘苦、共进退，这样才能达到最佳的政治状态。《缁衣》与《五行》以心体比喻君民，既体现了君在政治上的主导地位，又强调了民在政治中的基础作用。《缁衣》"心以体废，君以民亡"，身体之不存，心就完了，国君必须依赖百姓才可以存在，任何忽视或者有损于百姓利益的言行最终都将导致国君灭亡。

到孟子时代，战争愈演愈烈，生灵涂炭，儒家认为，国君应该对社会治乱负主要责任，所以，孟子不断游说国君，强调国君的职责。人们往往对孟子的"民为贵，社稷次之，君为轻"津津乐道（《孟子·尽心下》），实际上，这句话直承《缁衣》"君民心体"论。孟子说"民贵君轻"，并不是事实上的，而是欲以手段来达到目的。聪明的统治者往往会利用这种学说来强化自己的统治。对于君来说，高举"民为贵，社稷次之，君为轻"的旗帜，可以实现"得乎丘民而为天子"的目标。儒家重视人道与事实上的君本不是一回事，但两者并不矛盾。只有在实际政治中以君为本，才可以实现人道的民本。

荀子论君民关系更能说明儒家的政治思想是以君为主体的。荀子引古语说："君者，舟也，庶人者，水也，水则载舟，水则覆舟。"（《荀子·王制》）把君喻为"舟"，民喻为"水"。舟在水上，借水力而行，说明君只有在民的支持下，才可以存在。荀子延续了孔子、孟子以君为主导的传统。但"水"只是载体，"舟"才是主体；水是手段，舟是目的。荀子心目中的君是礼法的制订者与推行者，在政治中处于绝对主导地位。他的君民关系表面上看比孟子更重视民本，但恰恰说明更加强化了统治者的主体地位。荀子的两个学生李斯和韩非后来全都转向法家，这与当时的时代背景有关，也是荀子思想发展的必然趋势。既然君本的地位不可改变，那么是否可以提高政治实施者的地位与素养，以此来改变政治形势，实施人道政治呢？儒家正是在这点上用力。

孔子设想的政治模式是一种"典范政治",或者说"榜样政治"。典范政治就是王道政治。在本质上,王道政治要求圣人担任最高统治者,贤人担任大臣。所以,孔子赞赏"礼让为国"的行为。"礼让为国"的最高境界就是禅让国家与天下。春秋战国之际,世袭制不能有效地实行典范政治,所以儒家就从历史影像中去寻求资源。这种资源主要是尧、舜、禹、文、武、周公的思想。举贤政治和世袭制在本质上是冲突的,在世袭制尚且存在的形势下,儒家只能寻求两者之间的折中路线。他们希望在保持不可改变的最高统治者之下,改变君民之间的官僚队伍。春秋贵族体制崩溃以后,代之而起的是官僚制。战国初年,在儒家和墨家的推动下,贤人政治的呼声很高,许多诸侯国君开展了或虚或实的举贤运动。《缁衣》就是在这种背景之下劝导统治者实行贤人政治的。

贤人政治的首要条件就是执政者要有德。当时的统治者既有旧的宗族贵族,又有新的军功贵族,也有上升的新兴知识分子——士。子夏说:"仕而优则学,学而优则仕。"(《论语·子张》)"仕而优则学"所针对的是贵族。政治的好坏很大程度上寄托在贵族子弟身上,所以,他们应该"仕而优则学"。在举贤的社会背景下,普通百姓或者士人依靠一技之长进入国家管理层,此之所谓"学而优则仕"。从《缁衣》的语气来分析,子思说教的对象主要是诸侯国君。"为政以德,譬如北辰,居其所而众星共之"(《论语·为政》),"其身正,不令而行;其身不正,虽令不从"(《论语·子路》)。统治者的善言善行为周围的人所目睹,百姓才可以效仿。为上者的言行会影响到典范政治的效力。《缁衣》承接孔子的典范政治思想,围绕为上者的执政素养展开论述。

(二) 贤臣与典范政治

事实上,儒家举贤不可能达到君主这个层级,只能针对臣起作用。郭店简《缁衣》重视大臣在政治中的重要作用。君主对大臣不敬,大臣就会对国君不忠。君臣之间没有了忠敬,大臣就不能发挥作用,这时候,国君身边的内侍近臣就会乘机专权,导致"邦家之不宁"。"大人不亲其所贤,而信其所贱"，就会"教此以失，民此以烦"。子思论证大臣在政治中的重要作用，目的是让贤臣成为典范政治关系中的政治主体。大臣是民之表率，在引导百姓的治教中发挥直接作用。这样，就可以改良政治，实现人道教化。而实现这个目标就要举贤。

参与政权，是儒家实现安人理想的重要途径。儒家以修身弘道为己任，但是他们并不掌握政权。如果要在更为广大的范围内推行人道，必须借助政权的力量。这就需要统治者能够识贤、举贤、用贤。上博简《子羔》篇记载：子羔问孔子，尧得到舜的辅佐，是由于舜的善德，还是尧能够明察贤人。孔子说："尧见舜之德贤，故让之。"子羔提到的两个因素在孔子看来兼而有之。《五行》论君子举贤之思路，也是先塑造一个有德有位的君子，然后给贤人机会。居上能明察与居下有善德，两者缺一不可。

简本《缁衣》："苟有车，必见其辙；苟有衣，必见其敝；人苟有言，必闻其声；苟有行，必见其成。"此处是为上者谨言慎行的依据。"性相近，习相远"（《论语·阳货》），"其用心各异，教使然也"（《郭店楚墓竹简·性自命出》）。《缁衣》第7章："禹立三年，百姓以仁遂焉，岂必尽仁"，郑玄注："百姓效禹为仁，非本性能仁也"（《十三经注疏》）。人性天然具有趋善避恶、趋利避害的本性。大禹执政三年，百姓行仁道，这是大禹行仁道产生的榜样力量。既然统治者在政治中居于核心地位，那么统治者的德行就成为治乱的关键。历史上优秀的圣王明君能得到百姓拥护就是因为有德行，可以为民父母。而这种德行必须为民所察见，而不是隐秘的。君的德必须通过使民得到物质利益、礼仪教养、精神动力来体现。所以，君必须要谨言慎行。

郭店简《缁衣》曰："有国者章好章恶，以示民厚，则民情不忒。""君民者，章好以示民欲，谨恶以御民淫，则民不惑。""上好仁，则下之为仁也争先。故长民者章志以昭百姓，则民致行己以悦上。""长民者衣服不改，从容有常，则民德一。""下之事上也，不从其所以命，而从其所行，上好此物也，下必有甚焉者矣。故上之好恶，不可不慎也，民之表也。"这些都是论述统治者为民表率的道理。百姓是否服从君，取决于君自身。所以，君要率先垂范，遵守礼仪，热衷仁道，只有这样，百姓才会比国君还要热爱礼仪。《成之闻之》曰："古之用民者，求之于己为恒。行不信则命不从，信不着则言不乐。民不从上之命，不信其言，而能念其德，未之有也。""求之于己为恒"，"恒"就是"时"，就是《五行》的"五行皆形于内而时行之"。如果君做到"五行皆形于内而时行之"，那么其言行就不离人道，不离人道，民就会念其德。君子治理百姓慎好恶、谨言行，"诚于中，发于色"，自然会取信于民。

统治者取信于民的手段是言行一致。郭店简《缁衣》："王言如丝，其出如缗；王言如索，其出如绋"，言不高于行，行不高于言。"可言不可行，君子弗言；可行不可言，君子弗行。""君子言有物，行有格，此以生不可夺志，死不可夺名"。可以说出来不可以做的，君子不说；可以做不可以说的，君子不做。"君子道人以言，而恒以行。故言则虑其所终，行则稽其所敝，则民慎于言而谨于行。""言从行之，则行行不可匿。故君子顾言而行，以成其信，则民不能大其美而小其恶。"孔子说："不知言，无以知人也"（《论语·尧曰》），言为心声，言语反映一个人的内心想法，并通过身体表现为行动。只有内心的想法和外在的行动真的统一起来才是言行一致，任何掩盖或超越内心想法的行为都不是言行一致。

《缁衣》论言行关系上承孔子。孔子说："巧言令色，鲜矣仁"（《论语·学而》），"巧言"即言过其实。"君子欲讷于言，而敏于行"，谢氏曰："放言易，故欲讷；力行难，故欲敏。"（朱熹：《四书章句集注》）"与朋友交言而有信，敏于事而慎于言"（《论语·学而》）。"有德者，必有言；有言者，不必有德"，"君子耻其言而过其行"。（《论语·宪问》）春秋后期，礼仪逐渐流于形式化，有的人主张干脆取消礼仪。《论语·八佾》篇记载："子贡欲去告朔之饩羊。"子曰："赐也，尔爱其羊，我爱其礼。"朱熹注曰："告朔之礼：古者天子常以季冬，颁来岁十二月之朔于诸侯，诸侯受而藏之祖庙。月朔，以特羊告庙，请而行之。……鲁自文公始不视朔，而有司犹供此羊，故子贡欲去之。……子贡盖惜其无实而妄费。然礼虽废，羊存，犹得以识之而可复焉。若并去其羊，则此礼遂亡矣，孔子所以惜之。"礼虽然只存在形式上的外壳，但孔子还是希望保留下来。一旦连形式也没有了，人道的复兴就没有了形式的依托。棘子成曰："君子质而已矣，何以文为？"子贡曰："惜乎！夫子之说，君子也。驷不及舌。文犹质也，质犹文也。虎豹之鞟犹犬羊之鞟。"（《论语·颜渊》）卫国大夫棘子成与子贡讨论这个问题，棘子成认为有内涵就行，何必在乎形式。子贡强调说，质与文同样重要，难道老虎、豹子的皮与狗皮、羊皮一样吗？看来，孔子对子贡的批评起了作用，子贡已经领悟了孔子重视礼仪形式的用意。

面对颓废的礼文化和即将丧失的礼仪，孔子没有像老子那样发出阵阵哀叹，而是"明知不可而为之"，去尽可能地保存礼仪，以待日后复兴之时。正因如此，孔子力主保留礼仪。事实上，孔子给礼注入了仁的精神，一直为复兴礼文化而努力。

战国早期，官僚制度逐渐取代贵族制度，在各诸侯国建立起来。国君与各级官员担负的职责明确起来，他们所享受的爵禄和承担的职责相对应，如果尽不到职责或者越权，都违反了名实相符的要求。所以，子思特别强调君子要言行一致。除了《缁衣》篇外，《表记》有一句更加具有警示性的明言："口惠而实不至，怨灾及其身。"如果统治者经常对百姓许下诺言而不能兑现，那么，最后必然给许诺之人带来灾难。这种直白而富有穿透力的谏言，与郭店简《鲁穆公问子思》的语气完全一致。

二、人能弘道

《缁衣》并没有论述典范和榜样何以具有这样的魅力，也没有论述怎样才能使为上者按照人道来行事。百姓如果没有行人道，或者作乱，又该如何？《缁衣》似乎也没有过多的论述，只是说，如果为上者谨言慎行，治理起来就会省刑。儒家在坚持道德政治时，并没放弃刑罚在统治中的应用。即使仁者也不是无原则的爱一切人。孔子说:"唯仁者能好人,能恶人。"(《论语·里仁》)爱是有差等、有原则的,对好人的爱和对坏人的恶具有同样意义。人们向往美好的生活和安定的秩序,这是大多数人的愿望。从这样的认识出发,人性就是美好的,性善论就是儒家思想发展的"内在理路"与归宿。唯有此,统治者的嘉言善行才有可能起到典范的作用。子曰:"人能弘道,非道弘人。"(《论语·卫灵公》)只有居于上位的君子真正担负起弘道的责任,人道之路才会越走越宽广。

图 5-1　曲阜孔庙弘道门

(一)道不远人

统治者做到"民之表"之后,接下来要做的就是教化、引导民众走向善道。《缁衣》总结了政治失败的原因:"政之不行"是因为"教之不成"。出现这种情况以后,刑罚也不足以使人知耻,物质名誉不足以劝人,所以,政

治必须重视"教",以保证人道政治的畅通。郭店简《缁衣》:

> 长民者教之以德,齐之以礼,则民有劝心;教之以政,齐之以刑,则民有免心。故慈以爱之,则民有亲;信以结之,则民不倍。

《论语·为政》:

> 道之以政,齐之以刑,民免而无耻;道之以德,齐之以礼,有耻且格。

民有"劝心"是教化政治的最高层次,其次是使民有"免心"。礼治与法治的主要区别在于是使用劝导教化还是强制命令的手段来治理国家。《郭店楚墓竹简·性自命出》曰:"道始于情,情生于性","礼作于情","凡人情为可悦也。苟以其情,虽过不恶"。统治者以蕴涵人情的礼引导教化百姓,就是人道统治。

从《性自命出》看,除人道外,当时人们谈论的还有其他方面的道,但是《性自命出》独重人道:"凡道心术为主。道四术,唯人道为可道也。其三术者,道之而已。"接着又论述有关诗书礼乐的人道教化,至于其他三种道术未提及。《论语·公冶长》记载孔子评价子产:"其行己也恭,其事上也敬,其养民也惠,其使民也义。"这四道是修己安人之道,全属于人道的范畴,并不是《性自命出》的"四道"。《中庸》也有四道:

> 道不远人。人之为道而远人,不可以为道。……君子之道四,丘未能一焉:所求乎子,以事父未能也;所求乎臣,以事君未能也;所求乎弟,以事兄未能也;所求乎朋友,先施之未能也。

"道不远人"的"道"指人道。"君子之道四"的"四道"指父子、君臣、兄弟、朋友四伦。池田知久引《周易》《缪和》《韩诗外传》《说苑》

《荀子·儒效》《系辞》的四道：天道、地道、鬼神、人道，发微《性自命出》之"道四"。由此推断《性自命出》的"道四"除人道外，其他三道应该指"天道""地道""鬼神"。这四种道亦见于《中庸》。《中庸》除了论述人道以外，还提到"鬼神之为德""诚者天之道""地道敏树"。这三种"鬼神"之道、"地道"、"天之道"的"道"正是《性自命出》的"道之三术"。

《性自命出》以人道为可道，天、地、鬼神的道并没有明说。这与《中庸》明言"四道"有差异。之所以这样，是因为《性自命出》的重点在于阐发心、性、情之间的关系，以此作为人道教化的理论基础。而《中庸》作为子思的儒学大纲，在全面论述人道修养教化的前提下，又以鬼神、天道、地道，辅助人道教化。所以，除人道外，把其他幽隐的"三道"也纳入论说的范畴。上博简《鲁邦大旱》记载，鲁哀公年间，鲁国大旱，国君向孔子请教安民对策。孔子建议献玉帛于山川，进行祭祀，以稳定民心。这个弭灾之策得到了百姓的支持。但子贡不理解，为什么孔子不相信鬼神，还要给鬼神献祭。子贡的这个疑惑还出现在帛书《要》篇。这两个例子都表明子贡确实不理解孔子"性与天道"的深意。而巧合的是，马王堆帛书《要》篇与上博简《鲁邦大旱》均不见于传世文献，这其中的原委可能与"性与天道""不可得而闻"有关系。在当时能够理解孔子"性与天道"的本来就很少，后来距孔子时代愈加久远，更为人所不知，有关这方面的文献也就慢慢地失传了。

子思与子贡不同，子思得孔子亲传，体察孔子弘道精微之思想。子思作《中庸》，就是全面继承孔子思想的明证。《中庸》涉及天道、地道与鬼神并非特例，《五行》篇也有这种思想。《五行》论"金声玉振"，贯通人道与天道，就有人道通达神明之意。但"道不远人"，子思思想仍然以人道为核心，其他的道只能算是为人道教化服务的"术"。

(二) 民可，使道之；不可，使知之

孔子到卫国时，冉有为他驾车。孔子称赞卫国人口众多。冉有问："人口多，该怎么办呢？"孔子说："使他们富起来。"冉有接着问："富起来以后，又该怎么办？"孔子曰："教之。"(《论语·子路》)这就是"庶、富、教"的思想。传统社会中，具有一定规模的人口是社会发展的前提，然后使他们富起来，再进行人道教化。孔子致力于解决贫困与愚昧问题，为后世儒家思想奠定了基础。

郭店简《成之闻之》与《尊德义》两篇简文有多处论述了教化思想。《成之闻之》曰："君子之于教也，其导民也不浸，则其淳也弗深矣。"君子引导民众行善道，就好比用水浇地，只有循序渐进，不断引导，水才可以浸入土地，善道才可以浸入人心。所以，"上不以其道，民之从之也难"。善道、善行需要好的方法来推行。"是以民可敬导也，而不可掩也；可御也，而不可牵也。"《孔子家语·执辔》篇，孔子把治理国家比喻为驾车，好的驭手不用鞭子马就听话，如果老是鞭打它，"马失道也"。《尊德义》："民可使道之，而不可使知之。民可道也，而不可强也。"善道通过引导来推行，此论正与孔子"庶、富、教"的思想相接。

《尊德义》篇的"民可使道之，而不可使知之。民可道也，而不可强也"，与《论语·泰伯》篇"民可使由之，不可使知之"表述几乎一样。传统说法认为孔子有愚民思想。郑玄注："由，用也。民可使用而不可使知之者，以百姓能日用而不能知故也。"相比而言，清代学者宦懋庸的注解值得注意："对于民，其可者，使其自由之，而所不可者，亦使其知之。"彭忠德对"民可使由之，不可使知之"的问题做了梳理，引证多家之言，提出自己的理解。他认为，"可"训为"用"，"由"训作"引导"，"民可使由之，不可使知之"意思是说：对于民众，能用（礼乐之德）引导他们，但不能（没有办法）使他们了解它。这种诠释前半部分可从，后半部分仍有讨论的余地。

以《尊德义》为参照，《泰伯》这句话应该句读为"民可，使由之；不可，使知之"，释义为："百姓可以（役使），就引导他们跟着走；如果不可（役使），就使他们懂得其中的道理。"据《五行》与《性自命出》可知，礼乐生德于心中的过程，是自己学习诗书礼乐与君子教化同步进行的过程，然后才可以使外在的行"形于内"。儒家教化之旨意在推动大多数人走向善道，"困而不学"的人毕竟是少数，大多数人能"学而知之""困而学之"，而这些人正是儒家教化对象的主体。

孔子到武城去，当时子游是武城的长官。孔子听到武城有琴瑟之音，笑着说："割鸡焉用牛刀。"意思是说：治理武城这样小地方，何必用礼乐？子游听后，回答说："昔者偃也闻诸夫子曰：君子学道则爱人，小人学道则易使也。"（《论语·阳货》）老师您教导我们，君子学礼乐知道爱人、安人；小人学礼乐，懂得仁义孝悌之礼，就容易役使，您怎么反对在武城实施礼乐教化呢？孔子连忙对其他学生说："你们都听着，子游说得对，我刚才只不过给你们开了个玩笑。"此处"小人学道则易使也"，与上述《尊德义》《成之闻之》《泰伯》所论教化思想均可相通。这再次表明，儒家主张启发民智，不独针对君子，而且也包含小人。

教民是君子治理国家的使命，也是提高全民素质的必由之路。自孔子开始，儒家就开启了"尊德性"和"道问学"相结合的修身教化之路。《中庸》说："君子尊德性而道问学"，"尊德性"与"道问学"不可偏废，"温故而知新"以学文，"敦厚以崇礼"而敬德。如果说孟子偏重于"尊德性"，那么荀子则重视"道问学"。从郭店简与《论语》等早期儒家文献来看，儒家明显把诗书礼乐的教化、对知识的学习置于教化的首位，其次才是"形于内"的问题。

孔子重视教民："子以四教：文，行，忠，信"（《论语·述而》）；"有教无类"（《论语·卫灵公》）；"临之以庄则敬，孝慈则忠，举善而教不能，则劝"（《论语·为政》）；"不教而杀谓之虐；不戒视成谓之暴；慢令致期谓之贼；犹之与人也，出纳之吝谓之有司"（《论语·尧曰》）；"子适卫，冉有仆。

子曰："庶矣哉！"冉有曰："既庶矣。又何加焉？"曰："富之。"曰："既富矣，又何加焉？"曰："教之"，"善人教民七年，亦可以即戎矣"，"以不教民战，是谓弃之"（《论语·子路》）。孔子希望统治者"为政以德"，以此引导百姓向善。子思在保持引导的前提下，突出了"教"的作用。相比而言，"教"比"导"更具有主动性，更能彰显儒家的社会责任感。子思时代"教"比"导"也更具有现实性。当时培养大批士人成为贤人，充实到官僚队伍，是儒家关注的话题，所以"教"就成为当务之急。孔子晚年兴办教育，开创了这样一条道路，子思承之，并从理论上详细论证了教的必要性与可行性。

图 5-2　常熟子游墓

"哲学的突破"造成王官之学散为百家之学的局面，从此中国古代的知识阶层便以"道"的承担者自居，而官师治教遂分歧而不可复合。官师政教分道扬镳是百家之学兴起以后的历史事实，但子思的目的不独在"教"，而是与"政"相结合，并且力图以"教"影响"政"。"教之以德"就体现了子思试图恢复政教合一的努力。孔子、子思到孟子都不断阐释治教的道理,《论语》、《礼记》四篇、郭店简《五行》《尊德义》《性自命出》《成之闻之》等篇,以及《孟子》都试图使统治者重新回归治教合一。虽然儒家理想中的圣王不可能出现,但儒家的努力为统治者提供了大量思想资源。

三、从"忠恕"到"中庸"

子思的人道思想以礼仪教化为核心,以德行统一为基础,以天道为依据。在整个人道教化过程中,始终贯穿着一个思想轴心——中庸。《中庸》《五行》《缁衣》《表记》等篇处处体现出中庸思想。中庸是孔子忠恕之道的发展,是理解子思思想的一把钥匙。

(一) 夫妇与忠恕之道

孔子思想的轴心,被曾子概括为"一以贯之"的"忠恕之道"(《论语·里仁》)。朱熹注:"尽己之谓忠,推己之谓恕。"朱熹引程子曰:"以己及物,仁也;推己及物,恕也,违道不远是也。忠恕一以贯之:忠者天道,恕者人道;忠者无妄,恕者所以行乎忠也;忠者体,恕者用,大本达道也。此与违道不远异者,动以天尔。"(朱熹:《四书章句集注》)程伊川曰:"参也鲁,然颜没后,终得圣人之道者曾子也,观其启手足之时之言,可以见矣。所传者子思孟子,皆其学也。"(朱熹:《论孟精义》)曾子传孔子之道专致于心,所以曾子理解的忠恕之道不离夫子本旨。孔子的理想是"老者安之,朋友信之,少者怀之",一生都要与人和谐相处,体现了"一以贯之"的忠恕之道。戴震以"学"论说忠恕之道。他说:"'夫子之道,忠恕而已矣',下学而上达,然后能言此。"对于忠恕之道,程朱理解为"尊德性",戴震则强调"道问学"。《中庸》:"忠恕违道不远,施诸己而不愿,亦勿施于人。"又说:"庸德之行，庸言之谨，有所不足，不敢不勉，有余不敢尽；言顾行，行顾言。"可见，《中庸》解释"忠恕"既重德，又重视行。"尊德性"与"道问学"不可偏废，才是真正的"中庸"。

忠恕首先以自己的德行为起点，然后"施诸己而不愿，亦勿施于人"。从本质上说，忠恕是处理人际关系的原则，而处理父子、君臣、兄弟、朋友之间的关系是儒家尤为关心的问题。值得注意的是，《论语》中很少提及妇女，即使偶尔出现，地位并不高。"微管仲，吾其被发左衽矣。岂若匹夫匹妇之为谅也，自经于沟渎，而莫之知也。"(《论语·宪问》)"舜有臣五人而天下治。武王曰：'予有乱臣十人。'孔子曰：'才难，不其然乎？唐虞之际，于斯为盛。有妇人焉，九人而已。三分天下有其二，以服事殷。周之德，其可谓至德也已矣'。"(《论语·泰伯》)"唯女子与小人为难养也，近之则不孙，远之则怨。"(《论语·阳货》)但夫妻关系事实上又存在，而且是仅次于父子、兄弟的伦理关系。夫妇关系直接关系到家庭的稳定。于是，关注人道的子思就把夫妇关系纳入伦理范畴之中。

《中庸》有三章论夫妇关系：

> 君子之道费而隐。夫妇之愚，可以与知焉，及其至也，虽圣人亦有所不知焉；夫妇之不肖，可以能行焉，及其至也，虽圣人亦有所不能焉。……君子之道，造端乎夫妇；及其至也，察乎天地。(十二章)
>
> 君子之道，辟如行远必自迩，辟如登高必自卑。诗曰："妻子好合，如鼓瑟琴；兄弟既翕，和乐且耽；宜尔室家，乐尔妻帑。"子曰："父母其顺矣乎！"(十五章)
>
> 天下之达道五，所以行之者三：曰君臣也，父子也，夫妇也，昆弟也，朋友之交也，五者天下之达道也。知、仁、勇三者，天下之达德也，所以行之者一也。(二十章)

第十二章肯定夫妇关系中蕴涵了君子也不知道的道理，以此提示君子关注夫妇问题。第十五章引《诗经·小雅·常棣》，和于妻子，宜于兄弟，父母看到后就安乐。"行远必自迩"，"登高必自卑"，夫妻、兄弟和睦是家庭稳定的前提，是君子和谐人际关系的出发点。二十章明确把夫妇关系纳入五伦，确立了夫妇关系在儒家伦理思想中的基础地位。

君子处理好"君臣、父子、夫妇、昆弟、朋友"的关系才可谓"五达道"。谭戒甫指出，子思把夫妇放在五种关系的中心，以此为起点，延伸开来：夫妇——父子——君臣，夫妇——昆弟——朋友。这个排列顺序与"君子之道，造端乎夫妇""君子之道，辟如行远必自迩，辟如登高必自卑"的论述相对应。子思把夫妇置于五伦的中心，作为君子之道的开始，其他四伦围绕中心而展开，这是子思在继承孔子思想基础上的创新之处。

郭店简《六德》以夫妇、父子、君臣配六德。

> 义者，君德也……忠者，臣德也……智也者，夫德也……信也者，妇德也……圣也者，父德也……仁者，子德也。故夫夫、妇妇、父父、子子、君君、臣臣，六者各行其职，而谗谄无由作也。观诸《诗》《书》则亦在矣，观诸礼乐则亦在矣，观诸《易》《春秋》则亦在矣。

当年孔子以"君君、臣臣、父父、子子"答齐景公问政，景公感慨地说："信如君不君，臣不臣，父不父，子不子，虽有粟，吾得而食诸？"（《论语·颜渊》）《六德》篇："六者各行其职，而谗谄无由作"，也是强调六者各安其位。但是，《六德》篇比《论语》增加了"夫夫、妇妇"。这说明《六德》与《中庸》一样重视夫妇关系。《六德》篇六种德蕴涵于"六经"中，《性自命出》说"诗书礼乐其始出皆生于人"，六经之教的目的在于使人各安其位，遵守各自的德行。可见，《六德》《性自命出》《中庸》的教化思想是一致的。

值得注意的是，"六德"不含兄弟、朋友之德，但《六德》篇涉及了兄弟、朋友关系问题。"疏衰齐牡麻绖，为昆弟也，为妻亦然。袒免，为宗族也,为朋友亦然。为父绝君,不为君绝父。为昆弟绝妻,不为妻绝昆弟。为宗族杀朋友,不为朋友杀宗族。""杀",省减之意。关于"为父绝君"、"为宗族杀朋友"的诠释,学者们有不同看法。魏启鹏认为,"为父绝君"的"绝"字应改释为"继",从古代丧服制度看,"为父继君,不为君继父",是指父丧与君丧并见时,应当使为君所着丧服次于为父所着丧服,以父丧重于君丧,体现父子之恩重于君臣之义。彭林则认为,"为父绝君"意为当父丧与君丧同时发生时,应服父丧而绝君之丧服。这可以看作是作者处理"亲亲"与"尊尊"关系时的一种立场。郭店简《语丛一》云:"有亲有尊……尊而不亲。""长弟,亲道也。友、君、臣,无亲也。"《六德》"为昆弟绝妻",与《丧服》妻服重于昆弟之服的服叙不同,但更为合理,当是早期丧服制度的反映。《六德》"为宗族杀朋友,不为朋友杀宗族",两"杀"字旧释"减杀",不确,当训为"杀止",字义的指向,在丧服的边界。可见当时学者在丧服问题上很注意分别内与外、有亲与无亲,主张在同一丧等中,有亲之服重于无亲之服。

当君与父、兄弟与妻族、宗族与朋友同时出现丧服之事,应该服前者之丧,而不是以前者为主。同时出现两种丧事,一人怎么可以分作两用,必须择其一而服。《六德》:"仁、内也;义,外也;礼乐,恭也。内立父子夫也,外立君臣妇也。"以父、子、夫为内,以君、臣、妇为外。所以《六德》篇的兄弟关系重于夫妇关系。朋友作为宗族以外的人,其关系更应该降一层。兄弟关系可以借鉴父子关系而确立,朋友关系可以参照君臣关系来处理,只有夫妇关系必须单列。这就是《六德》篇论"六德"而不论"十德"的原因。

《六德》篇认为,只要处理好三者之间的关系,那么其他两种关系处理起来就容易了。"男女不别,父子不亲。父子不亲,君臣无义。是故先王之教民也,始于孝悌。""三者通,言行皆通;三者不通,非言行也。"《六德》阐释三伦关系与《中庸》五伦很接近。《中庸》以夫妇关系为中心,次论父子、兄弟,最次是君臣、朋友,这个思路应是《六德》之后的发展。

孟子的五伦与子思的《中庸》相同，"使契为司徒，教以人伦：父子有亲，君臣有义，夫妇有别，长幼有序，朋友有信"（《孟子·滕文公上》）。孟子把君臣、父子关系的排列顺序做了调整，显示了孟子时代君臣关系地位的上升。荀子也论五伦，"夫妇之道，不可不正也，君臣父子之本也。"（《荀子·大略》）"君臣、父子、兄弟、夫妇，始则终，终则始，与天地同理，与万世同久，夫是之谓大本"（《荀子·王制》）。可见，自子思开始把夫妇关系纳入儒家伦理后，五伦的地位从此就在儒家思想史上固定下来。

孔子之后，子思、孟子、荀子以五伦涵盖家庭关系、政治关系、社会关系。这几类关系中，儒家明显偏重于家庭内部关系。儒家伦理关系是家庭伦理，儒家思想中的社会是熟人社会，陌生人很难闯入儒者的思想与生活世界。儒家社会构建了和睦温馨的家庭气氛，这也是中国传统文化的精髓所在。

（二）历史、现实与中庸之道

《表记》区分了三种仁：真正的仁、与仁同功、与仁同过，即"安仁""利仁""强仁"。利仁与强仁的结果表面上看起来与安仁相同，但本质上有异。《中庸》："王天下有三重焉……上焉者，虽善无征……下焉者，虽善不尊"，与《表记》的"仁者有三"一样。孔子也意识到"仁之难成久矣"，但认为"唯君子能之"。但子思认为君子也难以成仁，"君子之所谓仁者，其难乎？"《表记》说：

> 使民有父之尊，有母之亲。如此而后可以为民父母矣。非至德其孰能如此乎？今父之亲子也，亲贤而下无能。母之亲子也，贤则亲之，无能则怜之。母亲而不尊，父尊而不亲。水之于民也，亲而不尊。火尊而不亲。土之于民也，亲而不尊。天尊而不亲。命之于民也，亲而不尊。鬼尊而不亲。

"亲亲""尊尊"各由其情，难以权衡，唯至德者，教养兼至。兼备亲亲之仁、尊贤之义的人才可以作"民父母"。而仁之难成，现实中的"民父母"根本做不到仁义兼备。其实，《表记》此处的论述与《中庸》的君子德位之论，其意一也。在分析了社会现实之后，子思又回溯了历史上三代文化的演进：

> 夏道尊命，事鬼敬神而远之，近人而忠焉。先禄而后威，先赏而后罚，亲而不尊。其民之敝，惷而愚，乔而野，朴而不文。
> 殷人尊神，率民以事神，先鬼而后礼，先罚而后赏，尊而不亲。其民之敝，荡而不静，胜而无耻。
> 周人尊礼尚施，事鬼敬神而远之，近人而忠焉。其赏罚用爵列，亲而不尊。其民之敝，利而巧，文而不惭，贼而蔽。

夏人"亲而不尊"，殷人"尊而不亲"，周人"亲而不尊"，都难以"中庸"。《表记》又进一步说：

> 虞、夏之质，殷、周之文至矣。虞、夏之文，不胜其质。殷、周之质，不胜其文。

虞、夏、商、周都难以做到文质统一，各有其弊。孔子对周代文化几乎没有批评，而子思却不同，鲜明指出了周代文过其质。文过其质的批评，其实就是说周人过于"亲亲"。战国初期，官僚制度需要大量贤人，而有些旧贵族依然不能尊贤。子思站在时代的立场上，对周代已经衰落的文化进行了有力的批判。

既然历史上四代各有其弊，如果把其优点结合起来，亲亲、尊尊兼而有之，就能彰显礼仪之美、人性之善。所以，子思在《表记》中指出三代文化之蔽以后，在《中庸》中又提出了解决方案："故君子之道，本诸身，征诸庶民，考诸三王而不缪，建诸天地而不悖，质诸鬼神而无疑，百世以俟圣人而不惑。"子思劝导君以修身为本，以历史为借鉴，统摄人道、天道、鬼神，这样就能做到不偏不倚。而对于修身以通达人道与天道，《五行》篇已经做了细致的阐释。

如果说《五行》专门论述修身成圣，那么《中庸》就是教人如何处理内心修养与外在行为之间的关系：

> 喜怒哀乐之未发，谓之中；发而皆中节，谓之和。中也者，天下之大本也；和也者，天下之达道也。致中和，天地位焉，万物育焉。

《中庸》首章论"已发未发"，是中庸思想的灵魂。钱穆在《朱子新学案》撰"朱子论未发与已发"专节，梳理朱熹对这个问题的思考。这个问题包括"已发未发"的界限、涵养省察之先后、主静主敬之异同。朱熹认为幼学洒扫应对便是涵养工夫，放弃了他早年坚持的"默坐澄心"就是涵养的观点。

朱熹答林择之（朱熹的弟子）云：

> 今且论涵养一节，疑古人直自小学中涵养成就。所以大学之道，只从格物做起。今人从前无此工夫，但见大学以格物为先，便欲只以思虑知识求之，更不于操存处用力，纵使窥测得十分，亦无实地可据。大抵敬字是彻上彻下之意，格物致知，乃其间节次进步处耳。

日常的洒扫应对之事看似琐碎，但在这些事情中可以体验做人的道理。这种工夫已经渐渐为人所不知。没有这种涵养，就直接切入格物致知，并不具备做人的根底，不免流于空泛。洒扫应对的训练就是学习礼仪，是掌握礼仪文化必需的工夫。

朱熹指出的这个涵养工夫对理解"已发未发"极为重要。未发之前是自我涵养的过程，重视实践的行。有的观点认为，心性没有展现出来就是"未发"，这个看法并不准确，忽视了外在的行。只有长期扎实的涵养工夫才能保证已发之时情之正，待人接物和于礼仪，恰到好处。

《中庸》第二章"君子之中庸也，君子而时中。"朱熹注释"中"有两意："未发之中"与"时中"。朱熹注："君子之所以为中庸者，以其有君子之德，而又能时以处中也。……中无定体，随时而在，是乃平常之理也。君子知其在我，故能戒谨不睹、恐惧不闻，而无时不中。"（朱熹：《四书章句集注》）"时中"，相当于中庸之发而中节。求时中需要修养工夫，并不是做到未发之中，就自然做到了中节之和。所以，"中和"既要根于心，又要时时行于外。《五行》篇中："五行皆形于内而时行之，谓之君子"，就是从德与行两个方面言修身。"五行皆形于内"，"能为一，然后能为君子"，"一"就是"未发"之"中"。"时行之"就是"已发"。"五行之所和也，和则乐，乐则有德"。五行追求的和乐之境，就是《中庸》的"发而皆中节谓之和"。可见，《五行》论德行关系与《中庸》论"已发未发"的思路、主旨完全一致。

在孔子、子思心目中，三代文化是否具有历史真实的完美其实并不重要，重要的是要以一种善的价值观念，来挽救人道危机。而保持人道的长久方法是中庸之道，不能"过"，也不能"不及"。"庸"者，"用"也。中庸并不仅指心性，必须落实在人伦日用上，以实践的形式展现出来。"道"必须要有"行"，无"行"不是"道"。而人必须有德，才能行中庸之道。

人文教养，必须依赖诗书礼乐的学习。《表记》讲君子修养，对君子的语言、容貌、服饰、行为皆有讲究。这种讲究体现了君子的人文教养。仁难以实现，"任重而道远"，但是接近仁的途径有很多。从细微处入手，从一点一滴的小事做起，都是在涵养自己的心性，实现自己的价值。每一个人都要时时刻刻注意自己的言语、行为、服饰和容貌，做到内外统一。不要任凭自己的好恶做事，这样社会才会变得和谐，人道社会才可以建立。

(三) 天道思想的回溯

传统观点认为，春秋时期人文思潮出现以后，天道与鬼神已经渐行渐远。礼观念形成以后，天道已经不是思想界的主流。但不是主流并不代表这种思想不存在，一旦有合适的机缘，天道思想还会回到主流思想家关注的视野之中。从孔子时代到子思时代，社会秩序失衡，礼仪失去文化内涵，个人尊严更得不到体现，礼面临失去形式的危机。孔子力图重建以礼文化为核心的社会秩序。但是，礼的秩序不但没有恢复，反而出现了更大范围、更深层次的混乱。马王堆帛书《易传》、上博简《鲁邦大旱》篇都证明，孔子已经有意识地把鬼神问题用于政治领域。子思所处的时代，个人面临的生存焦虑更为严重。他讲"建诸天地而不悖，质诸鬼神而无疑"，以重建宗庙祭祀体系，找回人们对天地的敬畏之心。

《中庸》对天、鬼神的态度是认真的。有学者认为，命令义的天是儒家圣人境界的典范，是对政治理想主义和政治隐退行为进行合法化的体现。描述义的天是儒家针对西周末年天命观动摇以后而提出的。这一意义的天不但解释了神义论的问题，而且还保证了儒家理想道德主义的正义性，从而使儒家门徒感觉到天始终在他们一边，任何不道德的政府对儒者的摈弃反而证实儒家的道德性。天始终起着驱策儒者追求基于礼的圣人境界的作用。这两种意义的天在《中庸》里都可以找见。

子思以天贯通人性，再以人性的力量驱动现实的人道教养。"诚者，天之道，诚之者，人之道"，诚本于天。唯有圣人"诚者不勉而中，不思而得，从容中道"，圣人之外的人要效仿圣人，"择善而固执之者"。子思塑造出一个至诚至圣的人间圣人，以此实施教化。这与后世道教的成仙、佛教的成佛，用意相同。

现在我们回到《中庸》开篇："天命之谓性，率性之谓道，修道之谓教。"天命与心性贯通，蕴涵天道之诚的至善心性，外在表现为中和之路的人道，不断靠近人道的途径就是教化。子思为了达到"修道之谓教"，对传统的人道注入了天道的思想因素。为了保证道的至善，有必要塑造一位至诚至圣的圣人作为教化的典范。只有优先于现实世界的至善，才可具有不可动摇的神圣性。但《中庸》的目的并不在于塑造圣人，而在于"修道之谓教"，在于"博学之，审问之，慎思之，明辨之，笃行之"，最后的目的仍在于"笃行"。注意，必须是笃行，而不是行。"笃行"是以内心之善和于外在之行，并且能时时行之。本书第二章揭示的孔子挽救人道危机的思路，其最终目的也是"笃行"。可见，《中庸》确实是为了传孔子之道、挽救人道危机而作。正如朱熹所说，子思"惧夫愈久而愈失其真也，于是推本尧舜以来相传之意，质以平日所闻父师之言，更互演绎，作为此书"。

"君子尊德性而道问学，致广大而尽精微，极高明而道中庸。温故而知新，敦厚以崇礼。"朱熹说："尊只是把做一件物事，尊崇抬起他；道只是行，如去做他相似。"伊川言："涵养须用敬，进学则在致知。"（石墊：《中庸辑略》）君子以德性为尊，以问学为道，在人伦日用、洒扫应对之中，在广大精微、幽隐无声之处，时时保持中庸，不断地温故知新，敦厚崇礼。

中庸是个人修身与政治教化的指导思想。修身既需要自己努力进学，也需要外在教化。在儒家政治思想中的君民关系、君臣关系、臣民关系中，君处于主导地位，臣位于上下之间，民为役使对象。贤人教化民从事善道，首先自己要为"民之表"率，谨言慎行。只有这样，民才会在典范的影响下"生德于中"。误读《论语·泰伯》篇"民可使由之，不可使知之"的原因，一方面是由于缺乏出土文献的支持，更重要的是没有全面准确理解《中庸》，以及相关传世文献的深刻意蕴。"修道之谓教"就是人道教化的经典格言。

"修己安人"是孔子终生追求的理想，在修己安人之中始终贯穿着忠恕之道。子思总结历史上的经验与教训，得出"中庸难成"的判断。面临社会上人道的危机，子思承孔子晚年性与天道的思路，为人道教化注入了天道与神秘主义的思想成分，试图重新塑造中国文化外在的神圣性。但由于性与天道的贯通，天道的外在超越终究不能建立。

子思的思想正是由孔子向孟子过渡的中间阶段。子思"尊德性"与"道问学"二者兼具，开创了儒家"道德优先意识"与"智识主义传统"。子思把中庸之道贯穿到礼仪训练、精神修养、身体力行的各个环节，又从天道与人性上论述了人道的依据，从而完善了儒家的人道思想。

第六章 子思与早期儒家的『神道设教』思想

孔子继承了春秋时代的礼文化，走出了一条人道教化之路。孔子对神道的忽视，遭到了墨子的严厉批评。最近三十年的大量出土文献表明，孔子晚年开始关注神道问题。子思继承孔子思想，对"神道设教"问题进行了专门的论述。在《中庸》与《表记》中，我们都能看到子思有关"神道设教"的论述。以往不被儒家关注的天道、神道，以及祷祝、祈福等民间习俗，在子思这里已经纳入儒家的思想范畴。"神道设教"是指统治者以敬事上帝鬼神为形式，教化民众的政治运作形式。它起源于远古时代人们对鬼神的信仰观念。

一、从"神道设教"到人道教化

"神道设教"是古代社会中普遍存在的社会习俗与教化方式。以往人们多认为是统治者披着迷信的外衣，进行愚民的工具。其实，这种看法并不符合历史的原貌。实际上，在中国长期的宗法等级社会中，《易传》所提出的"神道设教"说，一直受到上层统治者及其知识分子的青睐和推崇，即使一些著名的无神论者也不例外。"神道设教"学说在中国宗法等级社会中流传并实行了两千多年之久，至今也没有完全丧失其生命活力。在先秦时期，神道设教作为一种传统的习俗与教化方式，曾发挥了重要的历史作用。

"神道设教"一词出自《易传》。《周易·观卦·象传》云："中正以观天下，观。盥而不荐，有孚颙若，下观而化也。观天之神道，而四时不忒。圣人以神道设教，而天下服矣。""盥"指祭祀时以酒灌地迎神之礼，"荐"

是既灌之后向神位陈敬笾豆等物的仪式。"孚",信也,"颙",敬也。王弼注曰:"王道之可观者,莫盛乎宗庙。宗庙之可观者,莫盛于盥也。至荐简略不足复观,故观盥而不观荐也。"民众观宗庙祭礼,观盥就足以体察主祭者之诚意。孔子说:"禘自既灌而往者,吾不欲观之矣!"即是此意。(《论语·八佾》)可见,形成于战国时代的《易传》所反映的"神道设教",已经不再专注于神,而关注献祭者的礼仪是否符合规范,执礼时是否表现出诚恳的敬畏之情。"神道"已经成为"人道"的外在形式。在前《易传》时代,"神道设教"作为一种传统习俗与政治运行模式已经有了长期的历史积淀。

(一) 商周时期的"神道设教"

商周时代,祭祀是维护西周王权的重要手段。在殷代社会政治结构中,神权具有举足轻重的地位。丰富的甲骨卜辞材料证明,殷人的活动无不直接或间接地与神权发生关系。自然神、天神、祖先神是殷代的主要神灵谱系,其中祖先神在众神中居于主要地位。尊崇和祭祀尽量多的先祖,便可以在更广泛的程度上凝聚子姓部族的力量,从而形成方国联盟的稳固核心。但是,殷代王权与神权并没有实现统一。殷代的神权与王权既有适应的一面,又有矛盾的一面。总体看,殷代王权是由弱变强,神权是由强变弱的。王权同神权的斗争取得了成效,促进了殷王朝的发展。但是,殷王只注意了对诸部族的斗争,而忽略了对诸部族的联合,这是殷王朝覆灭的一个重要原因。到了西周时期,天神(上帝)逐渐成为至上神,取代了殷人祖先神的至上位置。这种神权观念的变化是周人的创造。许倬云指出,殷人心中的上帝是一个极具族群独占的守护神,而不是普遍的裁判者。显然,周人以天神作为至上神,除了传统上认为是天命转移的因素外,更为重要的是,天笼罩在每一个人头上,作为天下人的共主最合适不过了。周天子以天下共主的身份祭天,实现了王权与神权的统一,这显然是吸取殷代历史教训的结果。

西周统治者制定了诸多的祭祀制度与祭礼。"天子祭天地,祭四方,祭山川,祭五祀,岁遍。诸侯方祀,祭山川,祭五祀,岁遍。"(《礼记·曲礼下》)。据学者考证，西周以前，方国部落并没有清晰的"祭不越望"观念，西周建国后才把"祭不越望"当成诸侯的祭祀规则。《礼记·王制》记载："天子祭天下名山大川，五岳视三公，四渎视诸侯。诸侯祭名山大川之在其地者。"可见，"祭不越望"在西周开始成为定制，标志着西周神道设教制度的完善。

图 6-1　北京天坛

　　周代以宗法制为框架，建立了层级制的"神道设教"政治模式。天子、诸侯遵守祭祀礼典，"名正则言顺"。各级宗主享有与之身份相适应的祭祀权，如果僭越，就会遭到天子的讨伐。西周层级制的神道设教与宗法制度相适应，共同维护了西周社会的稳定与繁荣。牟钟鉴先生提出：中国古代绵延数千年的宗法性传统宗教，以天神崇拜、祖先崇拜和社稷崇拜为主体，以日月山川等百神崇拜为翼羽，以其他多种鬼神崇拜为补充，形成相对稳定的郊社制度、宗庙制度，以及其他祭祀制度，基本信仰是"敬天法祖"。西周以来的神道设教与宗法制度的融合，正是中国宗法性传统宗教的主要表现形式。

随着铁制农具的使用与生产力的提高，人在社会发展的作用越来越受到重视。春秋时期，有些智者认识到人事不必完全依赖于神道。在西周时期，神道设教以宗法的层级制的形式出现。人们对神道信而不疑，也就意味着人们安于宗法的层级制现状。然而春秋时代以来，智者率先对神道提出质疑，凸显人的主体意识。这必然影响到宗法制的稳定。

（二）春秋时期人道思想的崛起

《左传》中出现"夫民，神之主也"二次，出现"夫君，神之主也，而民之望也"一次。《左传》桓公六年："所谓道，忠于民而信于神也。上思利民，忠也，祝史正辞，信也。……夫民。神之主也。是以圣王先成民而后致力于神。"在人神关系方面，发生了人对神的怀疑，在宗法制度方面，人与宗族关系发生了松动。这两种关系的变化推动了春秋时代人本思想与民本思想的发展。但人本思想与民本思想的发展并没有发展到彻底否定神权与君权的地步。刘家和先生指出，人本思想不等于无神论（Atheism），它并不要求人们在思想上排除对于神的信仰，而只要求人们在处理人神或天人关系时以人为本。在古代中国、希腊以及近代西方文艺复兴时期，人本思想都很盛行，而那时的人本思想都未曾排斥对于神的信仰；毋宁说，它承认在人与神之间存在一种张力（tension）或"拔河"关系。人本思想只是告诉人，在这种关系中不能忘记了人是根本，即使你信神，那么目的也是人而非神。……民本思想所重视的是君民之间的张力或拔河关系，并在这种关系中强调民作为"本"的重要性；即使你在尊君的时候，也不能忘记尊君的目的不在于君而在于民。(刘家和：《〈左传〉中的人本思想与民本思想》，《历史研究》1995年第6期）春秋时代人本思想与民本思想的发展，反映了普通民众的精神觉醒。这种精神觉醒的力量，有力地冲击了春秋时期的神道设教。社会上涌动着"人的观念不再拘泥于族"，此后"礼崩乐坏"，宗法世袭社会解体，其源头皆可追溯至此。

就在自下而上涌起这股人本思潮对神道设教造成冲击的时候，作为神道设教主体的宗法贵族却主动丧失了象征其身份的标识——礼。这个有教养的"礼"不同于西周的制度之"礼"。教养之礼是霸政以来兴起的新观念。在夷狄入侵的压力下，诸夏贵族发现，原来他们日常所执之礼，所习古代流传下来的诗书礼乐，是一笔巨大的精神财富。祭祀神灵、政治交往、举止进退等各种场合中的礼，无不彰显文化教养。这种文化教养正是诸夏区分于夷狄的显著特征。

诸夏的礼仪与人文教养高于夷狄，是春秋贵族与儒家的一致看法。"夷狄之有君，不如诸夏之亡也"（《论语·八佾》），"居处恭，执事敬，与人忠。虽之夷狄，不可弃也"（《论语·子路》）。礼文化的丧失和没有教养，是春秋诸夏贵族最担心的问题。所以，他们联合起来抗击夷狄的入侵，保卫先进的诸夏文化。孔子不轻易以"仁"赞许人，但认为管仲帮助齐桓公称霸是"仁"的行为。他说："管仲相桓公，霸诸侯，一匡天下，民到于今受其赐。微管仲，吾其被发左衽矣。"（《论语·宪问》）如果没有齐桓公的霸政，诸夏礼仪就会被夷狄所灭亡。贵族们在长期的争霸战争中，礼的教养观念逐渐得到强化。霸政以后，礼已成为人文教养的代名词。《左传》昭公三年、定公十年两次引《诗·鄘风·相鼠》"人而无礼，胡不遄死"，来讥讽没有礼仪的人。可见，贵族不知礼就会被耻笑。

礼观念的崛起，是人本思想发展的重要标志。但正如刘家和先生所论，人本并不完全排斥神的作用。从《左传》文公十五年的记载看，礼的人文教养与神道的结合，正是人道的真实内容。"诸侯用币于社，伐鼓于朝，以昭事神、训民、事君，示有等威，古之道也。"治国之道就是奉祀好神灵，解决好百姓的生存问题，然后借鉴"古之道""先人之道""亲之道"来保持社会秩序稳定。春秋霸政以来的道已经多指"人道"。国君遵循"道"，就是"有道"之君。至此，春秋时代的"神道设教"已经在神道的旗帜之下，蕴涵了人道教化的意味。

春秋中晚期以来，宗法贵族们并没有继续保持礼文化。贵族不知礼，知而不守、守而不敬、敬而不笃的现象普遍出现。贵族已经丧失了礼的教养，也就谈不上为民表率了。此外,西周时期"祭不越望"的定制也被打破。《论语·八佾》篇记载,孔子严厉批评了"季氏旅于泰山"的行为。一贯坚持"礼以顺天"的鲁国,在春秋后期也违反礼制。贵族对礼的自我放弃,是自上而下的退化,民众精神的觉醒,是自下而上的提升,两种力量的交汇,加速了社会的新陈代谢。传统贵族以"神道"为形式的"设教",已经失去了现实的感召力。

进入战国时期,社会风俗谓之大变。与以往"神道设教"有关的"尊礼重信""宗周王""严祭祀""宗姓氏族",已经被新的风俗所取代。前所未有的大变局,意味着古代神道世界与人道教化的双重瓦解。

诸子学的兴起,就源于这种社会转型期重建秩序的需要。他们重建社会秩序需要凭借古代的精神资源。第一个是文化资源,包括礼仪、制度、文献、音乐、诗歌、古代英雄传说等等。这个古代文化传统本来是在敬神的历史中长期积累起来的。随着神权在精神世界里的瓦解,古代文化积累的历史人文意义开始得到重视和重新解释,从而成为推动新思想的精神资源。孔子主要继承了这种文化传统。第二个是神道资源。春秋时期以来,人本思想与民本思想崛起,促使人们进一步思考人与神、民与君,以及人与自然的关系,但这种思想解放运动并没有完全脱离神意。墨子仍然尊神道,老子则关注到自然中蕴含的神意,希望人法自然。

二、孔子以"人道"为核心的"神道设教"

如果说商周时代的"神道设教"重"神",那么,春秋战国时期的"神道设教"的重心已经转化为重"人"。以往的"设教"是在遵守"神道"前提下得出的必然结论,随着人们精神的不断觉醒与宗法贵族自弃其礼,"设教"逐渐取代"神道"而居于主要位置。春秋战国之际,宗法贵族退出

"神道设教"的主体之后,孔子为代表的儒家自觉承接其霸政以来贵族的礼文化传统,以礼的神圣性而"设教",继承教化人道的使命,对"神道设教"意义的转换做出了重要贡献。

(一) 修己安人之路

唐代孔颖达对《易传》"神道设教"的诠释可谓揭示了儒家神道设教的本质,他说:"圣人以神道设教而天下服矣者,此明圣人用此天之神道以观设教而天下服矣。天既不言而行,不为而成,圣人法则天之神道,本身自行善,垂化于人,不假言语教戒,不须威刑恐逼,在下自然观化服从,故云天下服矣。"(《周易正义》)这段诠释与孔子的政治教化思想相吻合。孔子说:"其身正,不令而行;其身不正,虽令不从。"(《论语·子路》)孔子说:"为政以德,譬如北辰,居其所而众星共之。"(《论语·为政》)民众对政治的认同不在于听到统治者说什么,而是看他们在做什么。这是早期儒家反复强调的内容。春秋之前的神道设教已经转换为人道教化。

如果我们以《论语》作为研究孔子最可信的材料,那么,就可以发现,孔子正在努力构建一种新的人道教化体系。这种新的人道教化体系,主要继承了春秋以来形成的礼文化,强调为上者首先要修身,要守礼、敬礼,为民之表率。只有这样,才会重建良好的政治秩序。在新秩序重建的论证中,孔子不断淡化神道的作用,努力避开鬼神在政治中的影响,而且值得注意的是,在孔子的政治思想中,统治阶层的德行是社会治乱与引导民风的主导力量。解决了统治阶层的自身问题,就解决了政治问题。此之所谓"君子之德风,小人之德草,草上之风,必偃"。(《论语·颜渊》)

孔子以"修己安人"作为改造世界的人道之路。总体看来,他并不鼓励弟子急于从政,而是以修身为本。子路使子羔为费宰,孔子批评子路"贼夫人之子"。子路不服,辩解说:"有民人焉,有社稷焉。何必读书,然后为学?"孔子很生气,说子路是在狡辩(《论语·先进》)。孔子认为,从政之人必须具有足够的德行,否则就没有资格为"民之父母"。只有"学而优"才可以"仕"(《论语·子张》)。如史华兹所指出:"无论孔子是多么地渴望改造人类世界,渴望影响他的环境,他最终仍然声称,他所能控制的惟一领域就是自己的修养,以及他对弟子们施加影响的能力。"(史华兹:《古代中国的思想世界》)因此,孔子教导弟子"反求诸己",努力以自我修身提升文化教养。在这个过程中,虽然天命是无法回避的问题,但孔子却罕言之,即使如子贡这样的高徒对于"性与天道",从孔子这里也"不可得而闻"。

我们梳理《论语》中并不多见的"天",可以发现,孔子偶尔谈及的天,大多是在他遭遇挫折的时候,"获罪于天,无所祷也"(《论语·八佾》),"不怨天,不尤人,下学而上达,知我者,其天乎"(《论语·宪问》),"天生德于予,桓魋其如予何"(《论语·述而》),"天之未丧斯文也,匡人其如予何"(《论语·子罕》)。这些表述无不在表达同样的信息,天作为人道的最终依据,只有在人生失意的时候才显现出来。这里隐含的另一层意思是,孔子在人生顺畅的时候,并没有感觉到天的意志,对天"存而不论"。民国学者王桐龄指出:"惟儒家以人力所不能及者归之于天。故有顺时听天之说,由天生运。故有委心任运之说,于是当穷困之时,能以淡泊处之,患难之际,能以镇静将之,不营营以求利,不汲汲以求生。所谓见利思义,见危授命者,二千年来儒家中之大人物,概服膺于此。此真儒家之特别修养方法也。"(王桐龄:《儒墨之异同》)正可谓触及儒家天命思想深处。可见,天是伴随孔子走出患难之际的心灵慰藉,而不是支配人生的主宰。

(二)敬鬼神而远之

孔子对鬼神的态度,总体上可以说是"敬而远之",所谓敬,就是赞成祭祀鬼神,并强调祭祀鬼神时要持敬畏之情。"祭如在,祭神如神在"(《论语·八佾》)。所谓远,是在敬的前提下,不把鬼神作为人道的主体内容,"务民之义,敬鬼神而远之"(《论语·雍也》)。良好的政治状态,不是靠献媚于鬼神,而是需要统治者实实在在地去做,以践行礼的行为与诚意取信于民。当子路问孔子"事鬼神",孔子说:"未能事人,焉能事鬼"(《论语·先进》)。

"事"是服侍、侍奉。孔子教导子路，还不会事奉活人，怎么能事奉死人，所以对于父母的最大的孝，就是在父母生前事奉好父母，至于父母死后，事奉鬼神则是出于教化的需要。由于祭祀鬼神的活动直接与其死去的祖先亲人联系起来，所以孔子努力把这种祭祀活动寄于深厚的人文情感。在族人祭祀死去亲人的礼仪中，很容易激起族人之间的同族意识与关爱之情。在这种"慎终追远"的仪式中，孝悌等家族伦理不断地被强化，整个国家倡导这种民风，久而久之，就会使"民德归厚"。可见，孔子所倡导的"敬鬼神"，其意义正在于塑造孝悌伦理的民风。

图 6-2　祭孔乐舞

春秋之前，以"敬天法祖"为核心的宗法制宗教信仰，随着礼制的崩坏，在春秋末年面临着混乱与整合。西周时期，祭天是周天子的专利，诸侯不得祭天，而对于自己的祖先，虽有祭祀规格的限制，但人人都可祭祀。孔子不主张祭天，而是强化祖先祭祀，保留了浓厚的周代宗法制宗教信仰的传统。

（三）《周易》与"神道设教"

新出土文献表明，除了"祭天法祖"，孔子也没有忽视其他神灵与巫术在教化中的作用。《周易》为卜筮之书，本不为孔子所重。最近的研究表明，孔子晚年出现了好《易》的倾向。马王堆帛书《要》篇记载了孔子与子贡往复多次的对话。《要》篇记载："夫子老而好《易》，居则在席，行则在橐。"孔子以前并不喜《易》，教育弟子时也不使用《易》，但到了晚年却"好《易》"，甚至到了痴迷的程度。子贡很不理解老师的做法，问"夫子何以老而好之乎？"孔子说："前祥而至者，弗祥而巧也……予非安其用也"。"前祥而至者，弗祥而巧也"，此句较费解，刘彬先生释读为：翦除凶邪而得福，消除灾殃而避祸。甚是。子贡质疑说："逊正而行义，则人不惑矣。夫子今不安其用而乐其辞，则是用倚于人也，而可乎？"遵循平常的做法，按合适的方法去行事，则人不迷惑。夫子现在不乐《周易》的占筮之用，而喜欢读其卦爻辞，这是存心立异于常人，是奇邪不正的做法。孔子解释说，"《易》刚者使知惧，柔者使知图，愚人为而不忘，渐人为而去诈。"看来，《易》正可以纠正自己的不足，使人不致过于偏激。

子贡又问："夫子亦信其筮乎？"孔子说："吾百占而七十当，唯周梁山之占也，亦必从其多者而已矣"，"吾与史巫同途而殊归者也。君子德行焉求福，故祭祀而寡也；仁义焉求吉，故卜筮而希也。……损益之道，足以观天地之变，而君者之事已。……此谓易道。"可见，孔子的卜筮观是"从其多者"，并非完全相信卜筮。但由于易中蕴含的吉中有凶、凶中有吉、福中藏祸、祸中藏福的道理，正是损益之道。从损益之道中，足以观察出天地的变化和君主的事业。从《要》篇来看，在卜筮盛行的时代，孔子博学多才，对《易》的卜筮程序与卦辞相当熟悉。而卜筮习俗源远流长，是社会上普遍存在、影响深远的习俗。即使在当今世界，卜筮仍具有一定的影响。孔子把《易》中的卜筮之道，努力提升其中蕴涵的人道哲理，反映了孔子为挽救社会人道危机所做出的多方努力。

《孟子·滕文公下》记载：

> 世衰道微，邪说暴行有作，臣弑其君者有之，子弑其父者有之。孔子惧，作《春秋》。《春秋》，天子之事也，是故孔子曰："知我者，其惟春秋乎；罪我者，其惟春秋乎。"

按照孟子的说法，春秋晚期，政治秩序与文化秩序均失衡，于是孔子作《春秋》，"正王纲"，使"乱臣贼子惧"。正王纲，本为"天子之事"。而孔子作《春秋》，"正王纲"，则是代行天子事，所以孔子担心此举会遭到后人的误解。值得注意的是，孔子对《周易》喜好的背后，也隐含着他一种忧虑。"后世疑丘者，或以《易》乎？"如果说孔子作《春秋》，担心的是僭越了天子事，僭越了周代以来的传统宗法制宗教，那么，他对《周易》的喜好，则是担心把巫术系统纳入儒家思想视野之后，会引起有些人对他一贯坚持的人道教化路线产生怀疑。孔子的担心并不是多余的，子贡在当时就已经表露了这种质疑。

从以上的论述可见，把《春秋》与《周易》纳入儒家的教化系统，孔子还是存在一些疑虑与担心的。这也说明，《春秋》《周易》与诗书礼乐在教化的对象与功能方面有很大差异。

孔子以往关注的诗书礼乐，均是提升民众人道教养的文化资源，而教化的对象是儒家弟子等"有志于君子道"的"志士"。"志士"包括具备一定的文化基础的"士"，也包括有志于提升自己文化教养的庶人。但诗书礼乐并不能涵盖所有的对象。因为诗书礼乐所蕴含的是德，引导人们不断强化与提升自己的道德与知识。孔子告诫他的弟子，要做到"入则孝，出则弟，谨而信，泛爱众，而亲仁"，在此"行有余力"的基础上，"则以学文"（《论语·学而》）。这也是儒家修身工夫的先后秩序，显然孔子体现了鲜明的道德优先意识。孔子以诗书礼乐为教材，试图把他的弟子塑造成遵守礼的典范，塑造弟子们的道德价值。由于这种道德价值需要依靠修身者的"内心强制及神秘的道德压力来左右人们的行为"。一旦做到了这一步,"规定了的价值及情操常能左右一人的行为,所以有人能视死如归,能茹苦如饴,能克己节欲。这反抗着机体所命令的行为的力量是出于那已经融化成一有组织的体系的欲念及情感冲动。这种欲念及情感冲动,在情操所命令的行为中,间接地但有效地得到了满足"。(马凌诺斯基:《文化论》)但是,这种以神圣性的礼文化为修身目标的教化之路,并不是所有人都行得通。就连孔子的弟子也对道德价值塑造的难度望而却步。冉求曰:"非不说子之道,力不足也。"子曰:"力不足者,中道而废。今女画。"(《论语·雍也》)即使颜回,也只能做到"三月不违仁"。可见,这种以诗书礼乐来塑造道德价值,推行人道教养的方式并不为多数人所接受。孔子晚年热衷于《春秋》与《易》,则表明,他的教化对象必须涵盖到诗书礼乐"难以致之"的人群。孟子说,"诗亡然后春秋作",应该就是指的孔子教化思想的这个演变。赋诗时代的终结不只是贵族时代的终结,而是标志着社会教化的失序与人们文化教养的丢失。

《春秋》使"乱臣贼子惧",所针对的教化对象是大夫以上层级的统治者。《易》是卜筮之书,虽然社会上的民众都可能信从卜筮,但相对来说,越是下层的民众,越相信卜筮与巫术的超人力量。另外,社会上还存在一些不畏天命、不畏大人、不畏圣人之言的小人。这部分人,不相信人道教化,甚至不畏惧法律,但可能会相信巫术。英国人类学家弗雷泽对巫术有深入研究,他说,"巫术断定,一切具有人格的对象,无论是人或神,最终总是从属于那些控制着一切的非人力量……他就能够继续利用它。"(弗雷泽:《金枝》)《易》同样具有巫术的这种功能,孔子正可以借此尽可能多地把下层民众纳入教化中来。这样,孔子在坚持诗书礼乐人道教化的基础上,又将天子之事的《春秋》与卜筮之事的《易》纳入教化系统,从而使人道教化又笼罩上了"神道设教"的神秘面纱。孔子的新神道设教体系涵盖统治者阶层、中间智士阶层、下层民众以及小人四个层级,从而成为春秋末年最具广泛性的教化体系。

以上主要从理论上论证神道设教的必要性与可行性,上博简《鲁邦大旱》记载的一则史事,则证明孔子从实践上已经开始神道设教了。

《鲁邦大旱》记载,鲁哀公时期,鲁国大旱,哀公向孔子询问解决的办法。孔子说:"邦大旱,毋乃失诸刑与德乎?""庶民知说之事鬼也,不知刑与德。如毋爱圭璧币帛于山川……"李学勤先生释义为,孔子认为旱灾是朝中施政刑罚与德惠失当的结果,必须加以纠正。民众只知道祷祝鬼神,不知道刑德的事,如果不惜以珍贵的圭璧币帛祭祀山川,对刑德的失误加以纠正,旱灾就能免除。(《上博馆藏战国楚竹书研究续编》)《鲁邦大旱》的发现对于研究孔子的神道设教思想提供了新的佐证。旱灾本不关乎人事,而孔子却借此指出哀公刑德失当,这是明显的天人感应思想。但是正"刑德"的措施又不符合传统的百姓禳灾的习俗,百姓只"知说之事鬼",天旱就要禳灾求雨。

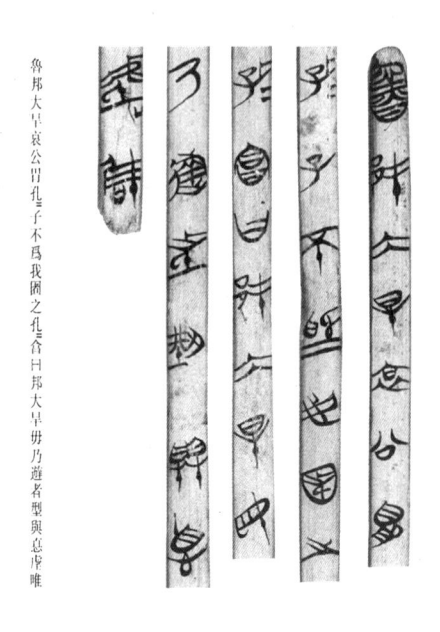

图 6-3 《鲁邦大旱》图版

春秋时期,社会上祷祝禳灾的活动十分流行。大旱无雨是古代常见天灾,祷神而逆时雨、宁风旱,是古之国君必为之事。祷旱求雨可追溯至商王成汤的时代。……祷灾活动,祷者为天子或诸侯,说明国君承担着为万民祷请求福的职责。此类祷请不同于其他,祷者并非局限于个人利益,而是为天下求祷。并且,这类祷辞中十分突出的内容是向神灵请罪。在祷者的意识中,天降之灾与国君之不德相连,因此,祷辞皆以向神灵反省、悔过、赎罪为主要内容。在祷者的心目中,高高在上的神灵具有人间仲裁者的特征,只有悔过自新,不失厥德,才能免受天谴,求得神佑。《鲁邦大旱》所记"毋爱圭璧币帛于山川"的求雨行为，正迎合了"庶民知说之事鬼"的祷祝风俗。从子贡那里，孔子的建议得到了百姓的拥护，人们都带着儿女，向亲友传告，国君将要祷祝求雨。可见，在传统习俗普遍存在的社会中，智识阶层的思想在某些特定的场合也不得不迎合社会习俗。

但孔子为了迎合社会习俗而做出的神道设教，虽然看似在人道之路上出现了向神道回溯的倾向，但其实质内容还是人道教化，神道只是旗帜而已。所以，这种神道不免就带有极强的实用色彩。而实用性也意味着对神性的消解。

马王堆《要》篇与上博简《鲁邦大旱》记载的事情，均发生在孔子晚年。无论是卜筮还是祷祝，都是"适合于实际需要及得到可靠的成效"，这种"具有实用目的的特殊仪式活动"，属于人类学中的"巫术"范畴。宗教与巫术是有区别的。宗教创造一套价值，直接地达到目的。巫术是一套动作，具有实用的价值，是达到目的的工具。如果说，《论语》略微体现了孔子天与鬼的思想，显示了孔子有些许的宗教情怀，那么这些出土文献透露的孔子倾向于卜筮与祷祝神灵的行为，正揭示了孔子的巫术活动。英国另一位人类学家马凌诺斯基论述说，巫术对于个人与社会都具有效力。"巫术不仅对于个人而言，可以促成人格的完整，对社会而言，它也是一种组织的力量"，"巫术的社会重要性，不仅在于它可以给某种人以权势，而使他得居高位。我们已看到，它实在是一种具有组织性的力量"。（马凌诺斯基：《文化论》）马氏上述理论正可以解释孔子容忍并参与卜筮与祷祝的习俗的原因。《易》的卜筮功能可以使个人在"损益之道"中察觉祸福吉凶，从而趋利避害，增强人们的自信。组织民众祷祝于山川求雨，企图控制自然为民所用，则显示了巫术的社会组织功能。在任何社会中的重要而有影响的人物，只要社会中的人相信他们确是神通广大，他们在这种祷祝神灵的仪式中，无疑会得到民众的信从。

"祭天法祖"的宗法制宗教可以作为早期儒家的共识。那么，容忍巫术并参与其活动,则会遭到有些儒者的反对。《论语》作为孔子弟子与再传弟子共同编辑的早期儒家言论集,以诗书礼乐作为孔子教化的主要内容。孔子与早期儒家的核心价值是提升人的人文教养与尊严,罕言天命、鬼神与巫术。而帛书《要》篇与《鲁邦大旱》等文献由于不在儒家核心价值之列,这或许是其失传的主要原因。

三、墨子的"神道设教"思想

墨子(前480—前389)是孔子的第一个反对者。他早年学于儒家,但墨子认为儒家的礼乐教化工程的功效非短时间可以看到。墨子希望尽快结束混乱与争斗,恢复正常的生产与生活。要想尽快达到这样的目标,必须制裁动乱的制造者。而不掌握政权的民间势力,其所依赖的最终力量必然是神秘的鬼神。墨家的执着与信仰,获得了广泛的民众支持。墨家的思想看起来更保守,他们没有像道家那样,挖掘出"道"这样的哲学范畴,也没有如儒家那样,在继承古代祭祀之礼的基础上,强调

图 6-4 墨子像

行礼之人的典范与教化意义,把"神道设教"嫁接为"人道教化"。墨家更墨守古代"神道",仍然专注于天志与明鬼。但是墨家看似保守的神道思想,却也蕴含着变革"神道"的意义。以往视为贵族身份标识的礼,以及专有祭祀权,由于礼制的崩坏,这时候也成为下层民众享有的权利。而祭祀主体的变化,进一步推动了民本思想的发展。

（一）至善之"天"

正如儒者公孟子所说，君子承认世上"无鬼神"，但仍要学习祭祀鬼神之礼。儒家这种看似矛盾的做法受到了墨子的批评："执无鬼而学祭礼，是犹无客而学客礼也，是犹无鱼而为鱼网也。"（《墨子·公孟》）所以，墨子批评儒家"以鬼为不神"。孔子、墨子对天鬼的不同态度，决定了儒墨在神道设教方面的差异。相对于孔子来说，墨子的神道设教的意味更为浓厚。

天与鬼虽然都属于神道范畴，但在墨子思想中，其地位与作用有所不同。在墨子看来，天是人类的至上神与终极道德裁判，鬼作为执行天赏罚人间善恶的工具，在神道谱系中处于辅助地位。天代表善与利，鬼却是恐怖与狰狞的。无论是天子、诸侯，还是普通民众，皆以天为"法仪"，作为衡量善恶的标准。即符合天意的就可以做，不符合天意就不能做。

那么，什么是符合天意的行为呢？天意又是什么？墨子说，"我为天之所欲，天亦为我所欲"。天的本性就是"欲义而恶不义"。顺从天意就是要行"义"。如何行"义"，墨子说，"义者，政也"。政就是以上正下，上是下的行为依据。按照墨子的说法，士正庶民，将军大夫正士，三公、诸侯正将军、大夫，天子正三公、诸侯。如果天子不能正，"有天政（正）之"。但墨子说，"天子为政于三公、诸侯、士、庶人，天下之士君子固明知之"，但是对于"天之为政于天子，天下百姓未得之明知也"。从墨子的以上表述中，我们可以推论出，这种"未得之明知"的原因正是人们"不以天为尊"，放弃了对天的祭祀与祈福。墨子说："三代圣王禹汤文武，欲以天之为政于天子，明说天下之百姓，故莫不犓牛羊，豢犬彘，洁为粢盛酒醴，以祭祀上帝鬼神，而求祈福于天。我未尝闻天下之所求祈福于天子者也，我所以知天之为政于天子者也。"（《墨子·天志上》）从古代历史中寻求现实的依据，是墨子思想的特色。墨子以三代圣王为借鉴，论述了天作为普天之下终极关怀的历史依据。但是春秋以来，礼乐制度的崩溃，以往的祭不越望等制度被打破。到了战国初期,已无礼制可言,这就为墨子的新宗教观提供了发展空间。

孔子只有在失意与遇到挫折的时候,偶尔言及天对人们的支持。而墨子更多的是从积极方面论述天对于百姓的关爱,《墨子·天志上》篇曰:

> 然则何以知天之爱天下之百姓? 以其兼而明之。何以知其兼而明之? 以其兼而有之。何以知其兼而有之? 以其兼而食焉。何以知其兼而食焉? 四海之内,粒食之民,莫不犓牛羊,豢犬彘,洁为粢盛酒醴,以祭祀于上帝鬼神,天有邑人,何用弗爱也? 且吾言杀一不辜者必有一不祥。杀不辜者谁也? 则人也。予之不祥者谁也? 则天也。若以天为不爱天下之百姓,则何故以人与人相杀,而天予之不祥? 此我所以知天之爱天下之百姓也。

无论是谁,奉祀给天的牺牲,天都不嫌弃,兼而食之。天对于民众的献祭,会有所回报,对于恶人,天会"予之不祥"。可见,此处天明确代表着百姓的利益,与其说是"天志",还不如说是"民志"。春秋之前,天是天子专有的祭祀神,而在礼制崩坏之后,儒家还小心翼翼地谨守着周代礼制,而墨子则把祭天的权利赋予普通百姓,每个人都可以祭祀,而且每个人都可从天那里得到护佑。这一点是孔墨关于天论的最大不同。这种不同的宗教观导致儒墨两家设计出不同的拯救现实的方案。孔子知天命,有助于在逆境中反省自我,修身以待时命。而墨子心目中的天,既然可以作为百姓的保护神,自然有利于打破贵族专有的祭天之权,对于推动民本思想的发展具有重要的进步意义。

按照墨子的逻辑推理,天派天子行"天义",以满足民众的生存、和平与富贵。"天子有善,天能赏之;天子有过,天能罚之。天子赏罚不当,听狱不中,天下疾病祸福,霜露不时,天子必且犓豢其牛羊犬彘,絜为粢盛酒醴,以祷祠祈福于天,我未尝闻天之祷祠祈福于天子也,吾以此知天之重且贵于天子也。是故义者不自愚且贱者出,必自贵且知者出。曰谁为贵?谁为知?曰天为贵,天为知。然则义果自天出也。"(《墨子·天志下》)天通过自然界的灾害警告统治者行政的失误。这时,天子就会"祷祠祈福于天"。尊敬的天作为所有百姓的至上神,对国君提出的要求是:"其事上尊天,中事鬼神,下爱人",违反了这个要求就不是人民满意的国君,谓之"暴王",而暴王终究会被天抛弃。墨子虽然没有论述推翻暴王政权的任务由谁来完成,但无疑,从天、天子、民众三者的关系来说,天既然代表民众的意志,天子就可以代行天的行政爱民的职权,如果天子不能胜任,其结果自然是由民众推翻天子的暴政。有关这个问题最早的明确论述,出现在《孟子》中。

墨子把善的终极依据归结为天,并且把天的善性与人的活动结合起来,实际上已经为人间的"善"寻找到了源头。墨子心中的"天帝不是直接颁布道德诫命,而是以天人感应的原则来安排社会人伦秩序"(吕大吉:《宗教学通论新编》)。墨子思想中,天意是善的根源,人的不善会受到天谴,人的善会受到天赏,天人感应非常鲜明。孔子虽然言天命,把人间左右不了的事情归为天的意志,但对于天是如何与人发生关系的,却语焉不详。学术界以往的研究大多把天人感应神秘主义学说的源头归为董仲舒,其实,战国初期的墨子已经讲得相当清楚了。

(二) 赏罚之"鬼"

按照墨子的说法,违反天意的人都将遭受"不祥"。人间的"疾病祸福,霜露不时"由天掌握,并根据人间的治乱表现出来。天的赏罚是现世的,并不是来世的,天并不存在人的彼岸世界与来世,墨子也没有勾画出一个上帝来作为人的来世的依托。从这一点来说,墨子心目中的天虽然是善的依托,但并不同于基督教彼岸的上帝。墨子的教化思想中,除了塑造天作为人间的终极依据,也利用鬼作为钳制恶人的力量。

值得注意的是,墨子在阐释鬼神思想的时候,总是提到"执无鬼者"作为驳论的对象，并且指出，人们之所以不相信鬼神的存在，与执无鬼者所宣扬的无神论有关。对比《墨子·公孟》《非儒》篇可知，墨子批评的"执无鬼者"正是儒家。如果墨子的批评是对的，墨子之前的儒家应该就属于执无鬼者，也就是以孔子与他的主要弟子为代表的第一波儒家。以墨子思想为参照，来看孔子对天、鬼的态度，确有"天不明""鬼不神"的特征。墨子的逻辑是，天下为什么大乱？因为社会上有不忠不孝、淫暴寇乱盗贼。为什么会有不忠不孝、淫暴寇乱盗贼？因为人们不相信世上有鬼神。只要人们"疑惑鬼神之有与无之别"，就会"不明乎鬼神之能赏贤而罚暴"。"今若使天下之人偕若信鬼神之能尚贤而罚暴也，则夫天下岂乱哉！"（《墨子·明鬼下》）可见，墨子不但劝说人们相信世界上有鬼，并且还要相信鬼确有其"神"。这与孔子"敬鬼神而远之"的态度有很大差异。

图 6-5　大傩图宋·佚名　北京故宫博物院

墨子列举了周宣王、郑穆公、燕简公、宋文君、齐庄公时期，有人确实见过鬼，并且见证了鬼以神奇的力量报复恶人。"古者圣王必以鬼神为有，其务鬼神厚矣"。但圣王担心时间久远，后世子孙不知鬼神之事，故把这些见闻"琢之盘盂，镂之金石"，"书之竹帛，传遗后世子孙"。(《墨子·明鬼下》)墨子说，百姓"祭祀上帝鬼神，而求祈福于天"(《墨子·天志上》)。墨子反复强调古代历史中，对鬼的记载非常明确，夏书、商书、周书都有记载。在《墨子·明鬼下》篇中，墨子用了六个"岂可疑哉"的排比句式来强调鬼神之有，坚信鬼神的存在。可见，无论从古代历史还是现实来说，王公大人士君子，欲兴利除害，都应当以尊天事鬼。

墨子以天为法仪，以鬼为神明，努力在寻求一种能掌控人类善恶的力量。而高悬的天与幽灵深处的鬼正是这样超人的、人类无条件服从的宗教力量。吕大吉指出："按照宗教神说和某些唯心主义哲学的讲法，一个人如果在精神上，信仰绝对虔诚（至诚），他的精神就可以与天地鬼神互信贯通。"(吕大吉：《宗教学通论新编》)。而墨子对鬼神的信仰与献祭的虔诚，无疑就属于这样一种宗教感情。拥有宗教神秘力量支持的人，就具有宗教的敬畏感与献身精神。他们感觉到生命有了可靠的终极依托，从而为所从事的事业找到了力量之源。他们自信是在执行天的意志，其所从事的事业正义性是毋庸置疑的。天志、明鬼思想正是墨子神道教化的主要资源。为此，墨子才栉风沐雨，奔走天下，践行天义。《淮南子·泰族训》说，"孔子弟子七十，养徒三千人，皆入孝出悌，言为文章，行为仪表，教之所成也。墨子服役者百八十人，皆可使赴火蹈刃，死不还踵，化之所致也。"孔子弟子重视伦理道德与仪表，墨子弟子"赴火蹈刃，死不还踵"，其行为方式可谓一文一武，原因是孔子弟子"教之所成"，墨子弟子是"化之所致"。而教需要诗书礼乐，化则需要培养献身式的坚强意志力。天与鬼正是墨子感化弟子的重要工具。

但在现实生活中，好人不一定善终，恶人也可能长寿。这也就意味着墨子心目中的天不一定明，鬼不一定神。《墨子·公孟》记载：

子墨子有疾，跌鼻进而问曰：先生以鬼神为明，能为祸福，为善者赏之，为不善者罚之。今先生圣人也，何故有疾？意者先生之言有不善乎？鬼神不明知乎？"子墨子曰："虽使我有病，何遽不明？人之所得于病者多方，有得之寒暑，有得之劳苦，百门而闭一门焉，则盗何遽无从入？"

人的疾病祸福是天鬼"予之不祥"的表现，墨子生病后，跌鼻以此责问墨子，是墨子得罪了天鬼，天鬼予之不祥，如果不是这样，那么就是天鬼理论存在问题。这确实是一个两难问题。而墨子轻松地避开了跌鼻的责难，生病的原因很多，并不一定得罪天鬼才生病。怎么由此而怀疑鬼神呢？

从出土文献中，同样可以发现有人对墨子学说的怀疑。上博简《鬼神之明》记载：

今夫鬼神有所明，有所不明，则以其赏善罚暴也。昔尧舜禹汤，仁义圣智，天下法之。此以贵为天子，富有天下，长年有誉，后世述之，则鬼神之赏，此明矣。及桀纣幽厉，焚圣人杀谏者，贼百姓乱邦家。此以桀折于鬲山，而纣首于只社。身不没，为天下笑，则鬼神之罚，此明矣。及伍子胥者，天下之圣人也。鸱夷而死。荣夷公，天下之乱人也。长年而没也。如以此诘之，则善者或不赏，而暴者或不罚。故吾因加鬼神不明，则必有故。其力能致焉而弗为乎。吾弗智也。意其力固不能致焉乎，吾或弗智也。此两者岐。吾故曰鬼神有所明，有所不明。此之谓乎。

曹锦炎先生推测其当属《墨子》佚文，或更具体一点，可能是"《明鬼》上、中篇散佚的一部分"。但有学者提出了不同的看法，认为《鬼神之明》似乎与另一部典籍《董子》之间存在着某种内在的联系。也有学者认为，上博楚简《鬼神之明》的原型不符合传世本《墨子》对鬼神的看法。当时《鬼神之明》的原型和《墨子·公孟》两段对话的原型同时形成，后来《鬼神之明》的原型被墨家放弃了。笔者认为，在没有坚实证据的情况下，把《鬼神之明》归为《墨子》佚文未尝不可。《鬼神之明》所反映的问题与《墨子》虽有异，但主旨却相同。

跌鼻以墨子的疾病为例，已经提出对"鬼神不明"的疑问。《鬼神之明》只不过举出正反两种例子，说明鬼神有所明，有所不明。而《墨子》书中，有大量鬼神明的例子，《公孟》篇举出鬼神不明的例子虽然不具有普遍现象，无论其疑问是否来自墨家内部，但都收录在《墨子》书中，为墨家所关注，所以上博简《鬼神之明》可以作为《墨子》佚篇。

（三）"神道设教"与民本思想

就墨子本人来说，或许也如儒家那样，鬼神即使没有，也要当作有，否则很难维护其神道教化的体系。墨子"化"弟子，除了靠其躬行天下大义实践、吃苦耐劳的精神，还依赖于其鬼神思想。墨家集团是最有组织系统的诸子学派，其首领为巨子，并有严格的入伙程序、仪式。一旦加入墨家，就要严格听从首领的指挥。在以明鬼为旗帜的组织中，普遍存在祭祀鬼神的巫术。而这些"巫术纯粹是一套实用的行为，是达到某种目的所取的手段"。（马凌诺斯基：《巫术科学宗教与神话》）墨家对鬼神的宣传，与对天的信仰一样，具有强烈的功利性。人们对天鬼祭祀，天鬼一定会给予回报。人们不能怀疑天鬼是否神明，只要以虔诚的精神祀奉他们即可。如果没有得到回报，那就是自己做得还不够好，态度还不够虔诚。但人们往往在感觉到鬼神不灵验的时候，会产生对鬼神信仰的动摇，于是墨子必须要用组织形式把鬼神思想推行下去，不容人们怀疑其有效性。为了做到这一点，"尚同"思想就成为墨子逻辑的必然。

墨家集团内部，要保持自上而下严格的服从制度。后期墨家巨子对属下手握生杀大权，长此以往，墨子的鬼神等一系列思想极容易成为禁锢人们思想的工具，也是民间秘密结社的思想来源。后期墨家的衰落，与此有很大的关系。墨子的天鬼思想用于神道教化多在墨家集团内部，很难普及为全社会的思想资源。但即使如此，墨子以其自苦为极的精神还是感染和影响了当时的社会思潮上百年，孟子时期，还发出"天下之言不归杨，则归墨"的感慨（《孟子·滕文公下》）。

春秋时期，人本思想与民本思想的发展是精神觉醒的重要标志，也是推进神道设教转换的关键因素。刘家和就《左传》指出，人本思想不等于无神论，它不要求人们在思想上排除对于神的信仰，而只要求人们在处理人神或天人关系时以人为本。这样，神（天）、君、民（人）三者之间就构成了一个互相影响的系统。人本思想的发展，神灵信仰的动摇，会动摇神道设教的根基。民本思想的凸显，要求君在敬奉神灵的前提下，要为之表率，维护民众的利益。而春秋后期礼制的动摇，国君亵渎神灵、不祀宗庙的事情时有发生，国君作为民之父母的典范力量已经失去了"设教"的功能。所以，殷周时代的神道设教已经走到了新的历史转折点。

墨家以民生为根本，就是春秋时期民本思想的发展的结果。而其民本必须要通过一定的方式体现出来，民众的欲望要实现，最终要通过政治实践满足民众的利益。而一旦统治者不能满足人们的利益，怎么办？墨子认为应该用神道来制裁他们。神道不再是统治者的专利，在墨子手中神道成为维护民众的思想武器。这种新型的神道设教思想恐怕是墨家的创造。

墨子的神道设教的对象好像是统治者，民是神道设教的施行者，君是受众。因为广泛存在的不敬畏鬼神的现象都是君做的，而普通民众对于天地鬼神仍然是祷祝的。所以，墨家的"神道设教"实质上是一种民本思想的升腾。这种升腾进一步使君民、人神之间的张力富有弹性。一旦灾异出现，就说明国君没有敬畏鬼神，因为在墨家逻辑里，只要敬畏鬼神就不会出现这样的问题。所以，神道成为民监督、评价君权的一个工具与手段。

四、子思的"神道设教"思想

子思的生存年代与墨子基本同时。从《中庸》与《表记》等文献中，可以发现子思亦有神道设教学说。这种现象不是偶然出现的，很可能源自墨子对儒家的批评，子思经过反思，做出了自我思想改造。墨学在当时普通民众中影响很大，其势力已经超出了以"礼乐"为教化内容的儒家。《吕氏春秋》《淮南子》《韩非子》《孟子》等书中有明确记载。高深的哲理可能为民众所不解，而信奉鬼神则是家喻户晓的事情。墨家集团以"天志""明鬼"为"神道"设教，是获得民众支持的主要理论依据。墨子把天与民之间的距离拉近了，使天成为百姓的护佑神，而不是君的护佑神。以天意变革君权成为墨家学说之中的必然结论。这样的"神道"自然为百姓所拥护。如果说，儒家是春秋以来精英思想的代表，那么，这种精神思想在战国时期也不得不接纳民众思想。

（一）"鬼神之为德，其盛矣乎"

王国维在给辜鸿铭的英译本《中庸》写的跋文中指出："然则孔子不言哲学，若《中庸》者又何自作乎？曰《中庸》之作，子思所不得已也。……若子思则生老子、墨子后，比较他家之说，而惧乃祖之教之无根据也，遂进而说哲学以固孔子道德政治之说。"（《王国维文集》）《中庸》以天道作为人道最终依据，与墨子"天志"并无区别。除了"天人合一"，《中庸》亦言鬼神之明，"鬼神之为德，其盛矣乎！视之而弗见，听之而弗闻，体物而不可遗。使天下之人齐明盛服，以承祭祀。洋洋乎！如在其上，如在其左右"。对鬼神如此虔诚的态度，早期儒家传世文献中，《中庸》的表现最为突出。

《中庸》"鬼神之为德，其盛矣乎！视之而弗见，听之而弗闻，体物而不可遗。使天下之人齐明盛服，以承祭祀。洋洋乎！如在其上，如在其左右。"这种思想与《论语》中反映的孔子思想的差异还是显而易见的。鬼神之德可以说在《论语》中虽然以祭祀之礼的形式存在，但是并没有像《中庸》这样大力地赞赏"其盛矣乎"，虽然鬼神视之不见其形，听之不闻其声，但鬼神的功能却可以在万物中体现出来。以至于天下的人们，斋戒沐浴，穿上庄重的礼服，祭祀鬼神。而这时候，鬼神就好像就在人们的身边。这段宗教式感情的描述，表达了对鬼神的无比敬仰之情。《中庸》引《大雅·抑》篇："神之格思，不可度思，矧可射思？"意思是说，神的降临，不可测度，怎能厌倦呢？此段话的主旨，如下文所言："夫微之显。诚之不可揜如此夫。"鬼神无形而功德显著，诚信也是这样不可掩蔽啊。以鬼神之德而无形，隐喻统治者应该以身作则，不以刑罚命令来统治百姓，而应以自己的德行来无声地感染百姓。这才是《中庸》"神道设教"的真实含义，不过，相对于孔子的"人道设教"来说，《中庸》又引入了鬼神为人道而设教。

《中庸》说："郊社之礼，所以事上帝也。宗庙之礼，所以祀乎其先也。明乎郊社之礼，禘尝之义，治国其如示诸掌乎。"这是鲜明的神道设教色彩。《中庸》另外一处记载，亦能显现对鬼神的重视。"君子之道，本诸身，征诸庶民，考诸三王而不缪，建诸天地而不悖，质诸鬼神而无疑，百世以俟圣人而不惑。质诸鬼神而无疑，知天也；百世以俟圣人而不惑，知人也。是故君子动而世为天下道，行而世为天下法，言而世为天下则。"君子之道包括修身、保民、敬祖、尊天地、祀鬼神。

（二）周代尚文之风与"神道设教"

值得注意的是，《中庸》还出现了类似于汉代的谶纬思想。"至诚之道，可以前知。国家将兴，必有祯祥。国家将亡，必有妖孽。见乎蓍龟，动乎四体。祸福将至，善必先知之，不善必先知之。故至诚如神。"这种通过神道告知人道祸福的思想，是神道设教的重要内容。人们向鬼神祈福，希望得到回报，使善人得到赏，恶人得到罚。只要人们至诚对待鬼神，就会获得事先知晓赏罚的信息。这种人神之间的心灵沟通，已经属于宗教性质的感情。只有完全地相信鬼神的力量，才可以达到如此的虔诚。所以，《中庸》体现的鬼神思想，与殷代"神道设教"相似。

那么，为什么《中庸》要建构"神道设教"思想呢？我们先来看孔子对周代文化的态度。"殷因于夏礼，所损益，可知也；周因于殷礼，所损益，可知也；其或继周者，虽百世可知也。"（《论语·为政》）子曰："周监于二代，郁郁乎文哉！吾从周。"（《论语·八佾》）孔子对周代文化的赞扬之情溢于言表。而对于夏代与殷代文化，孔子却表现了由于文献不足，不能观其原貌的遗憾。"夏礼，吾能言之，杞不足征也；殷礼，吾能言之，宋不足征也。文献不足故也，足则吾能征之矣。"（《论语·八佾》）子思则不同，他在引述孔子之言的时候，做了略微的变化。"子曰：吾说夏礼，杞不足征也。吾学殷礼，有宋存焉。吾学周礼，今用之，吾从周。"（《中庸》）可里把《论语·八佾》篇的两条融合在一起，并且做了改动。《论语》说"宋不足征"，而《中庸》中却变成了"有宋存焉"。这个变化，金德建先生认为，这正可以作为《史记》记载的"子思尝困于宋，作《中庸》"的证据。金先生的这个发现很值得注意。因为宋保留了殷代文化，如果子思在宋，正可以观殷礼。这样，子思就有机会熟悉殷礼与周礼。夏商周三代各有其弊，其中，周代文化的缺陷有明显的一条是"事鬼敬神而远之"，"文而不惭，贼而蔽"，"周人强民，未渎神"（《礼记·表记》）。周代尚文之风盛行，这种偏重于"礼"的尚文之风，不免对神灵有所忽视。

《表记》最后指出："昔三代明王，皆事天地之神明，无非卜筮之用，不敢以其私亵事上帝。"只有"牲牷礼乐齐盛"，才可以"是以无害乎鬼神，无怨乎百姓"。所以，子思解决周代尚文之风带来的弊端，采取了"神道设教"作为补充。这正与《中庸》所言"君子之道，本诸身，征诸庶民，考诸三王而不缪，建诸天地而不悖，质诸鬼神而无疑，百世以俟圣人而不惑"的记载相对应。

"神道设教"在孔子这里已经成为人道教化。早期儒家关注鬼神最多者应是子思,明确论述民本思想者为孟子与荀子。而在战国思想的舞台上,墨子对鬼神的论述,实际上引发了一场传统的"神道设教"的革命,从而有助于推动人本思想与民本思想的发展。总的来看,墨家思想与战国时期儒家思想的发展并不是平行线,很可能有所交融。

第七章 思孟学派的由来与学术关联

孔子在世的时候，就有人担心孔子以后“弟子人人异端”。由于个性的差异或者理解上的不同，孔子弟子在传述孔子学说时难免各有侧重。事实上，孔子以后，孔门后学真的出现了不同的学派。《韩非子·显学》说：“自孔子之死也，有子张之儒，有子思之儒，有颜氏之儒，有孟氏之儒，有漆雕氏之儒，有仲良氏之儒，有孙氏之儒，有乐正氏之儒。”有学者认为，这里的儒家八派是孔子去世后孔门弟子争夺正统地位时先后出现的几个派别。实际上，孔门弟子在接受孔子学说方面的确各有重点，有的侧重传经，有的着重弘道，有的则自觉在生活中实践孔子学说。而其中地位突出、影响最大的，要数以子思、孟子为代表的“思孟学派”。

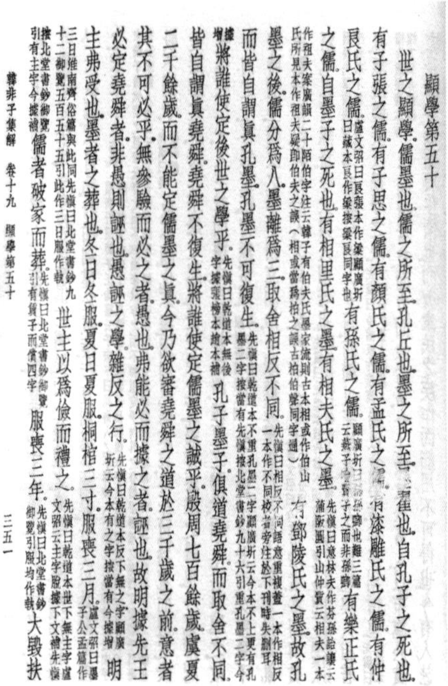

顯學第五十

世之顯學，儒墨也。儒之所至，孔丘也。墨之所至，墨翟也。自孔子之死也，有子張之儒，有子思之儒，有顏氏之儒，有孟氏之儒，有漆雕氏之儒，有仲良氏之儒，盧文弨曰：良，張本作梁。顧廣圻曰：藏本良作梁，按梁良同字也。有孫氏之儒，顧廣圻曰：[illegible]云燕子噲賢子之而非孫卿。有樂正氏之儒。自墨子之死也，有相里氏之墨，有相夫氏之墨，先慎曰：意林夫作芬。孫詒讓云：蒲阪圓引山仲質云相夫一本作祖夫。案廣韻二十陌伯字注云：韓子有伯夫氏，墨家流。則古本相或作伯，山氏所見本作祖夫，疑即伯夫之誤（相或當爲柏之譌，古柏伯聲同字通）。有鄧陵氏之墨。故孔墨之後，儒分爲八，墨離爲三，取舍相反不同，先慎曰：相反不同，語意重複，蓋一本作相反，一本作不同，校者旁注於下，刊時失刪耳。而皆自謂眞孔墨，孔墨不可復生，先慎曰：乾道本不重孔墨二字。顧廣圻云：今本不上更有孔墨二字。按當有。先慎按北堂書鈔九十六引重孔墨二字，今據增。將誰使定後世之學乎？先慎曰：乾道本無後字，據張榜本趙本補。孔子墨子俱道堯舜，而取舍不同，皆自謂眞堯舜，堯舜不復生，將誰使定儒墨之誠乎？殷周七百餘歲，虞夏二千餘歲，而不能定儒墨之眞，今乃欲審堯舜之道於三千歲之前，意者其不可必乎！無參驗而必之者，愚也；弗能必而據之者，誣也。故明據先王，必定堯舜者，非愚則誣也。愚誣之學，雜反之行，先慎曰：乾道本反下無之字。顧廣圻云：今本有之字。按當有，今據增。明主弗受也。墨者之葬也，冬日冬服，夏日夏服，桐棺三寸，服喪三月，盧文弨曰：墨子公孟篇作三日，淮南齊俗篇與此同。先慎曰：北堂書鈔九十二、御覽五百五十五引此作三日，服作執。世主以爲儉而禮之。先慎曰：乾道本世下無主字。盧文弨云：主字脫，據下文補。先慎[illegible]北堂書鈔御覽引有主字，今據補。儒者破家而葬，先慎曰：北堂書鈔御覽引有賃子而償四字。服喪三年，先慎曰：北堂書鈔御覽引服均作執。大毀扶

韓非子集解　卷十九　顯學第五十　　三五一

图 7-1 《韩非子·显学》书影

一、思孟学派的由来

作为学派，人们把子思与孟子联系到一起，显然是看到了二人学术传承上的种种联系，其中既有师承系统上的关系，更有思想内容上的联系。可

是,《韩非子·显学》在叙述孔子以后的"儒家八派"中,虽然既说到了子思之儒,也说到了孟氏之儒,却并没有谈及思、孟之间的关系。

韩非子依据怎样的标准来划分"儒家八派",韩非所说有没有时间上的先后顺序?如果有,他们各指何人?这所谓的"八派"似乎并不处在同一时期,即使大致处在一个时期的"派别",照理还应有影响更大的孔门后学。一般认为"颜氏之儒"是指师宗颜回的一派,但在韩非的叙述中,"颜氏之儒"在"子思之儒"之后。"孟氏之儒"中的"孟氏"应当就是孟子,而最早的"子张之儒"与"孟氏之儒"竟相差百年以上,更何况,按照一些学者的看法,"乐正氏之儒"指的是孟子弟子乐正克。看来,"儒家八派"很可能就是孔子去世后孔门争正统时先后出现的几个派别。

与《韩非子》不同,《荀子·非十二子》中谈到了不少学者之间的内在联系,其中评论子思与孟子说道:

> 略法先王而不知其统,犹然材剧志大,闻见杂博。案往旧造说,谓之五行,甚僻违而无类,幽隐而无说,闭约而无解。案饰其辞而祇敬之曰:此真先君子之言也。子思唱之,孟轲和之,世俗之沟犹瞀儒,嚾嚾然不知其所非也,遂受而传之,以为仲尼、子弓为兹厚于后世。是则子思、孟轲之罪也。

在这里,荀子批评了子思、孟子,认为他们取法先王而不知道纲领,看起来好像从容不迫,才多志大,见闻博杂。他们按照往古旧制,臆造"五行"学说。荀子认为思孟五行学说非常怪诞而不伦不类,神秘而难以通晓,晦涩而不易理解。荀子批判其他学者思想皆中其主旨,看来,五行学说应该在思孟思想中占有重要地位。

今天看来,荀子的观点显然失之偏颇,它反映了儒家学派内部对于儒学理论的不同认识。作为亲身受学于孔子的人,孔子的弟子们对孔子思想和学说应当有更真切的了解,他们把自己从孔子那里听到的言论记录整理,其间或有"润色"的成分，但作为尊敬与崇拜孔子的后学，决不会凭空臆造孔子言语。子思是孔子裔孙，有比孔子弟子更为特殊的身份和优越条件，他把孔子遗说搜集整理，尽力推广，应该是情理中事。孔子生前孜孜以求的正是推行自己的思想主张，孔子以后，孔子与儒学的影响更大，子思和孔子弟子自然不会任凭孔子之言散失而坐视不管。

荀子与孟子大致同时，他们都曾游历齐国的稷下学宫，荀子还多次做过稷下学宫的"祭酒"，主管其中事务。孟、荀同属儒家，都具有重要影响，司马迁作《史记》时将他们写在同一传记中，孟、荀的思想主张却有明显区别。孟子是邹鲁人士，与子思有学术上的关联，他自然像子思那样宗师孔子，言必称孔子之言。荀子反对孟子，把孟子称为"俗儒"，自己则以"大儒"自命，在儒家学派中别立一宗。在继承孔子的同时，荀子又批判和改造了正统儒家思想，没有像孟子从孔子到子思再到子思门人的师承系统，也看不惯子思、孟子动辄称述孔子之言的做法，为了反击孟子，便认为是他们影响了后来世间愚蒙的儒者，歪曲了孔子的学说。

荀子对子思、孟子的批评正昭示出思、孟之间的学术关联，作为一个儒家学术宗派，思、孟之间具有相同的学术取向。但是，作为一个"学派"，"思孟学派"可能并不像后世一般意义上具有一定组织系统的宗派，有学者认为"思孟学派"是"子思之儒"与"孟氏之儒"的合称则很有道理。

在有关的叙述中，无论韩非还是荀子，他们都没有说到"学派"这个字眼。但是，韩非所言及的各家，都是先秦儒学传承中具有重要影响的人物。韩非没有说到各家之间的关联，但荀子却说到子思、孟子先唱后和，主张"五行"学说。荀子还说子思、孟子的唱和受到一批儒者的拥护和响应，当时已经产生了重大影响。作为具有重要影响和地位的儒家学者，荀子所言肯定不会是空穴来风，有一定的事实根据。从本意上，荀子更多地看到了思、孟之间的唱和，可能无意说他们为同一学派。不过，后人所说"思孟学派"却来自荀子此言。

前面引述的《荀子·非十二子》中，"以为仲尼、子弓为兹厚于后世"

一句的"子弓"原作"子游"。清朝的学者如俞樾、郭嵩焘、王先谦都认为这里的"子游"是"子弓"之误，因为荀子多次说"仲尼、子弓"，并没有言及子游。本篇最后说到"子游氏之贱儒"，同时也说到"子张氏之贱儒""子夏氏之贱儒"，荀子将他们一起讥刺，"子游"应该是"子弓"之误。

但也有人没有看到《荀子》这里所记的错误，如郭沫若先生认为，别处屡屡说到"仲尼、子弓"，是荀子自述其师承，而此处独独说到"仲尼、子游"，乃子思、孟子的道统。实际上，这是郭沫若先生的误解，俞樾、郭嵩焘等人的看法是对的。"子弓"其实就是孔子弟子冉雍，字仲弓，荀子尊称其为"子弓"。《上海博物馆藏战国楚竹书》（第三册）的《仲弓》篇提供了研究子弓的新材料，《孔子家语》中也有专门记述孔子与仲弓对话的《刑政》篇，将这些材料与包括《论语》在内的其他材料结合起来研究，不难看出仲弓与荀子在思想上存在一致性。《荀子·非十二子》所说"以为仲尼、子弓为兹厚于后世"，是说人们认为孔子、子弓由此而见重于后世，并没有说到什么"子思、孟子的道统"。

图 7-2　冉雍像

对思孟产生重大影响的是孔子和曾子，子思自幼亲受孔子之教，孔子去世后又学于曾子，与子游并没有太多的联系。阅读有关典籍，可以发现子思、孟子很少谈到子游，而谈到曾子之处则很多。《孟子》一书九次提及曾子，书中还明确说到子思与曾子的师承关系，孟子与曾子在思想上也表现出很大的一致性。

关于孟子与子思的学术联系，汉代学者认为二者之间存在着师承关系。唐宋以后，随着"道统说"的出现和兴盛，思孟学派开始与道统结合在一起，被一致认为是儒家道统的传递者。韩愈始创的道统论，包含礼乐教化、天下一统、君臣纲常等多方面的内容，强调仁民爱物的德治精神，注重王道精神的一脉相承，及其传统文化的内在联系。实行德政，修己以治人，正是思孟学派的主张，恰恰契合韩愈以后理学道统论者所注重的内在心性问题。虽然人们对思孟学派有各自的理解与阐释，但大致说来，重视《四书》，重视"性与天道"是那时期的基本学术特征，思孟学派始终受到格外的关注。

图 7-3　上博简《仲弓》图版

历史的发展往往如此，当一种思潮真正成为思想潮流的时候，总有一种逆流或大或小地与之相伴。思孟学派受到重视的同时，一种否认思孟学派的倾向也开始抬头。宋明理学本来是为了明义理而有别于汉唐注疏之学，但在客观上也开创了学术研究中的疑古思潮，造成人们对传统文化和典籍的普遍怀疑。例如，子思作《中庸》就受到大学者欧阳修的质疑。据说，清朝乾嘉考据学的重要代表人物戴震长到十岁时才能说话，可是刚学习《大学》，就对朱熹所说《大学》为"孔子之言而曾子述之"，对"曾子之意而门人记之"表示怀疑。他向老师质疑，认为周朝、宋朝相去两千年，朱熹的话不应相信。经过清朝学者的考证，《大学》早出靠不住，出现的时间应当很晚；《中庸》中的"今天下车同轨，书同文，行同伦"等语，证明该书应成书于秦朝统一以后，自然不是子思所作。这在后来的学者中影响巨大。

清朝学术的兴盛与清儒不满于宋明理学的空疏有关，清儒割断了曾子、子思与《大学》《中庸》的联系，也就摧垮了理学家的理论基础，宋儒宣扬的道统论同样也就成为问题。例如，为了反对宋儒空谈心性，不少学者提倡践履，有学者提出"圣门之学者重约礼，礼者理也"，甚至有人提出曾子的学术"湛深于礼"，在孔子那里，"一以贯之"的不是"忠恕"，而是"礼"，曾子得孔子之传也主要在于礼。又如，著名的今文经学家康有为误解《荀子》，以子思之学出于子游，而非出于曾子；子游著有《礼运》，孔子的"大同"政治理想出现在《礼运》中，他由此认为："子游受孔子大同之道，传之子思，而孟子受业于子思之门。"康有为的弟子梁启超也持同样的看法，认为"子思孟子之学实由子游以受孔子"。

这样，学者们对《荀子》所言思孟"五行"之说抱有疑虑，人们不清楚"五行"何指，便不了解思、孟思想的内在关联，从而也对"思孟学派"的存在难以肯定。疑古学者割断了曾子、子思与《大学》《中庸》的联系，子思、孟子的学术来源又被"改道"，子思的思想更失去了典籍的依据，思孟学派的有关问题遂显得更加扑朔迷离、疑团重重。

《荀子·非十二子》批判了思孟"五行"的同时，也给后世留下了千古之谜。思孟"五行"何指？荀子为何批评思孟"五行"？这是两个密切关联的问题。不明白思孟"五行"的具体内容，就难以了解荀子为什么批评思孟"五行"？

荀子所说既然不会是空穴来风，则思孟"五行"必有所指，学者们的探索热情由此被激发出来。唐朝学者杨倞注《荀子》说："案前古之事，而自造其说，谓之五行。五行，五常，仁、义、礼、智、信也。"近代以来，学者们继续研究，提出了种种新说，如章太炎认为五行的内容即水、火、木、金、土与五常相配；郭沫若认为思孟"五行"就是仁、义、礼、智、诚五德；谭戒甫认为五行"是后世所谓五伦，这在《中庸》《孟子》二书都可寻出根据"；顾颉刚则干脆认为荀子批驳的不是思、孟而是邹衍的五行。

二、思孟学派的学术关联

既然荀子批评子思、孟子以"五行"为标的,那么思孟"五行"到底何指?这一谜底被揭开,缘于1973年长沙马王堆西汉古墓出土的帛书。在这批新发现的文献中,《老子》甲本卷后附录有四种古佚书,其中佚书之一名为《五行篇》,认为其中谈到的"仁、义、礼、智、圣"就是人们争论不休的思孟"五行"。在帛书中,仁、义、礼、智、圣五种被称为"德之行",即"五行",其中的仁、义、礼、智称之为"四行"。仁、义、礼、智、圣也见于《孟子》书中,可见,子思、孟子确有"五行"说。不难看出,以前学者将思孟"五行"与儒家倡导的德行联系起来的思路是正确的,而将它认为邹衍的五行则与实际相距甚远。

郭店楚简《五行》篇的问世,引发了对思孟"五行"说相关问题的进一步思考。子思上承孔子、曾子的心性论,对心性、性情的本原、相互之间的关系做了细致的发掘。子思认为,既然人性是人的本质,人性的载体是心,那么,只有使心中具有各种善德,才能使人的行为符合善的要求。竹简《五行》篇把仁、义、礼、智、圣作为五种德行,称为五行。子思认为具备仁、义、礼、智四种德行的人,符合人道的基本要求;具备仁、义、礼、智、圣五种德行的人,符合天道的要求。"五行皆形于内而时行之,谓之君子",内心流行"五行"之德,外在实践"五行"之德,这样的人才是君子。可见,子思五行说十分重视仁、智、圣等内化为心中之德的过程。

关于"五行",《孟子·尽心下》记孟子说:"仁之于父子也,义之于君臣也,礼之于宾主也,知之于贤者也,圣人之于天道也,命也。有性焉,君子不谓命也。"这应该是孟子"和"于子思的具体言语。子思"四行"与"五行"的划分,即人道与天道的划分,既具现实操作性,又有形而上的终极性。他把仁、义、礼、智定为做人的基本道德,开启了孟子的"四端说",对中国传统伦理道德也产生了重大而深远的影响。

经过从子思到孟子理论上的探索,从孔子、曾子那里继承来的思想学说大都得到了发展,并最终完成了理论上的建构。无论《五行》中表现的子思思想还是《孟子》中显示的孟子思想,他们都突出并强调"仁",与强调"形于内"的"德之行"具有内在的一致性。孟子淡化了五行说的神秘性,把儒家思想阐释为和谐的"王道"政治,以具有普世意义的个人修身理论,刚毅勇猛的君子人格,由成就"内圣"而成就"外王"。

思孟"五行"说真相大白,荀子所言子思、孟子二人之间的联系得到了确证。思孟"五行"说是思孟学派研究的关键问题,它的解决,使思孟学派的许多问题有了继续探索的可能。

然而,"思孟学派"仍然给人朦胧的感觉。思孟学派是一个学术派别,按照荀子的说法,它是有很大影响的学派,从理论上讲,既然是"开宗立派"的人物,子思也应该有内涵丰富的思想学说及其重大的历史影响。孟子的思想可以在《孟子》等书中找到答案,而子思的著作毕竟太少了。就像疑古思潮冲击之后的"孔夫子"几乎成为"空夫子"那样,作为战国大儒的子思似乎也空洞无物,无所附着。

郭店竹简的出土,《中庸》与子思的关系问题也得到了解决。中庸是指以不偏不倚、无过无不及的态度为人处世,这是儒家的道德准则和思想方法。"中庸"最早出现于《论语》,孔子说:"中庸之为德也,其至矣乎!民鲜久矣。"在这里,中庸作为一种行为方式,具有很强的实践性。孔子以后,历代儒生对于中庸思想进行了反复阐释与发挥,使中庸之道成为儒家认识世界、对待社会人生的基本方法。而最早对孔子中庸思想进行系统阐述的要数《中庸》,该篇以"中庸"作为最高的道德和自然法则,讲述天道和人道的关系,在继承孔子中庸思想的基础上,把中庸与人性道德联系起来进行考察。

竹简、帛书《五行》篇与《中庸》《孟子》比较，可以在《中庸》《孟子》中找出五行说的痕迹，进而确定《中庸》的确是子思的作品。郭店简中属于《子思子》的各篇竹简又与《中庸》有不少相通处，例如《性自命出》论及"性自命出，命由天降"，这与《中庸》"天命之谓性，率性之谓道"一致；《尊德义》的体例与《中庸》等也颇为近似。沈约曾说《中庸》取自《子思子》，而竹简中又有《鲁穆公问子思》，这些竹简儒书肯定都与子思有一定的关联，同时也证实《中庸》出于子思。

《子思子》的发现具有多方面的意义，它为《大学》《中庸》及其他一些儒家著作提供了可靠联系，说明子思、孟子一系的确是先秦儒家最重要的一个支派。从新发现的资料看出，心性学说是"思孟学派"的重要学术特点。子思《中庸》中的"天命之谓性，率性之谓道，修道之谓教"等观点，为孟子所继承，进而形成了以道德修养为中心的儒家心性之学。郭店楚简中的《性自命出》篇对心性理论进行了具体阐发。孟子发扬了子思心性学说，注重内心省察的修养功夫，主张"性善""尽心知性""知天""诚""思诚"等。

郭店楚简使我们真正看见了古文经，竹简的不少地方与《礼记》的若干篇章有关，说明《礼记》要比现代好多人所想的年代更早，进一步印证了《礼记》若干篇章的真实性。《左传》《国语》的记载也可得到佐证，如《国语·楚语》有楚王以传统的说教教导太子的记载，而郭店楚简有关礼乐的论述即可作为佐证，因为郭店一号楚墓就处在东周时期楚国都城附近。学术界以往对二戴《礼记》《说苑》《孔子家语》和《韩诗外传》等书的史料价值认识不够，在郭店楚简里都能找到相同或者相近记载，证明其史料价值以前被大大打了折扣。

自唐朝韩愈以后的儒者，大多认为儒家的"道统"乃由孔子传给曾子，曾子传给子思，子思继续下传，以后到了孟子。子思是孔子的嫡孙，其父孔鲤先孔子而死。据考察，子思少年时，曾经较多地受教于孔子。孔子死后，可能又向曾子学习。从新出的文献特别是长沙马王堆帛书《周易》看，孔子晚年十分喜欢《易经》，甚至达到了时时不离的程度，史料中提到的孔子"晚而喜《易》"得到了印证，孔子是《易传》的作者也得到了进一步的证明。将《中庸》思想与《易传》比较，不难发现二者之间的内在关联，所以说，子思《中庸》所反映的思想可能受到了孔子晚年学说的巨大影响。

孔子以后，曾子、子思在孔门中具有特殊地位，不仅《论语》《孔子家语》等书的编撰都与他们有密切的关系，而且子思因其正直而独立的人格，对政治精到的见解，受到鲁穆公礼尊。在南方的楚国，不断出土的子思著作，这一事实告诉今人，我们对子思的思想学说在当时产生的影响估计很不充分。子思以后，子思门人以及孟子继续宣传儒学，特别是孟子。他曾经游历诸国，培养众多门徒，对宣传儒家思想，传播孔子、子思学说起了重要作用。他们还与墨家、道家等其他学派论辩，捍卫儒家学说。正是由于孟子的巨大影响，鲁国文化才迅速扩大影响，儒学才迅速传遍各国，"邹鲁之士、缙绅先生"才得以名扬天下。

图 7-4 《四书章句集注》

从子思到孟子，他们的学说都注重向内求索，重视"内圣"以至于"外王"之道。孟子把"恻隐之心"看成"仁之端"，他看到了人生来具有的良知、良能，看到了人所共有的怜悯、同情之心，进而把仁看成人之所以为人的根本依据，又将仁爱精神推而及于政治，形成了影响极大的"仁政"论。

《史记》说孟子曾"受业于子思之门人",孟子本人又说自己"私淑"孔子。从孔子到孟子的学术传承大致是:孔子——曾子——子思——子思门人——孟子,这一不平凡的传承统绪,使以子思和孟子为代表的"思孟学派"被历代人们视为中国儒学的正统。正是他们继承了儒学,并使儒学成为在战国时期影响巨大的"显学"。

第八章 子思的历史命运、地位与影响

一、暂时的沉寂

秦王嬴政统一天下后,采纳了李斯的建议,进行了企图统一意识形态的"焚书坑儒",并颁布"挟书律",禁止除法家以外的诸子书籍传播。作为儒家的思孟学派也未能幸免。但其著作由于蕴涵的丰富符合人性和人类社会发展的思想而私下传流下来。到汉代,对思孟的研究有了一定的进展。《汉书·艺文志》诸子部分著录《子思》二十三篇,《孟子》十一篇,可见当时仍以思孟为诸子之学。但据汉代赵岐《孟子题辞》所记,《孟子》一书在汉文帝时曾一度被立为传记博士,说明《孟子》的地位有所提高。但不久,汉武帝"罢黜百家,表彰六经",《孟子》很快又退回到诸子地位。之后,对孟子其人其书的研究,虽然代不乏人,但在唐代以前,一直未得到足够的重视。而子思的命运似乎比孟子还要悲惨。《子思子》一书的流传历经周折,由汉代的《子思》二十三篇,到南北朝、隋唐时期的《子思子》七卷,其篇目和内容有了很大改变。幸有汉代学者编辑的《礼记》保存了《子思子》的《中庸》《表记》《坊记》《缁衣》四篇。

二、命运的转机

子思和孟子的命运在唐代出现了转机。佛教自汉代传入中国,到南北朝获得长足的发展,东汉后期出现的道教也慢慢崛起。到了唐代,佛教、道家的势力一度超过儒学的影响,儒、释、道之争异常激烈,儒学在思想文化领域的正宗地位遭到了动摇。这种现象的出现与唐代统治者的多元化的治国之策有关，同时，也与儒学自身的状况有关。汉唐以来的儒家章句之学烦琐而缺乏理论深度，和佛教相比，论辩时往往捉襟见肘，力不从心，儒家学者迫切需要一种具有较强思辨性的思想体系来对抗释老。而在先秦时期的儒学家园里，思孟学派重视心性学说，重视理论的创见，正可以作为复兴儒学的思想资源。唐代宗宝应二年（763），礼部侍郎杨绾上疏，请《论语》《孝经》《孟子》兼为一经；唐懿宗咸通十年（869）进士皮日休上《请孟子为学科书》，虽然都未获准，但已开孟子升格的呼声。

对于孟子地位提升起关键作用的是中唐时期的韩愈。他的名著《原道》，针对佛教的"法统"说，提出了一个由孟子承上启下的儒家谱系，即有名的儒家"道统"说。按韩愈的说法，儒家之道由尧传给了舜，舜又传给了禹，禹又将它传给了商汤，商汤传给了周文王、周武王和周公，文、武、周公又将它传给了孔子，孔子又传给了孟轲。孟轲去世后，儒家道统就失传了。在韩愈大力倡导下，柳宗元、李翱也反复申说这一儒学传承谱系，儒家道统被日益凸显出来。《大学》《中庸》重新被重视，孔子到子思再到孟子的思想链条也得以发现，尽管韩愈等人对儒学的复兴所做的努力只是取得了部分的成就，但为宋代新儒学的创立提供了可资利用的思想资源。

三、宋代理学家的努力

韩愈、李翱倡导的儒学复兴运动，经由"宋初三先生"胡瑗、孙复、石介及范仲淹、欧阳修等庆历时期思想家的推动，在北宋中期逐渐形成了一种新的儒学体系——理学。广义的理学又称道学，包括程朱理学和陆王心学，它产生于北宋，发展于南宋，明代达到全盛，衰落于清代，是影响了中国封建社会后期的主要思想形态。宋明理学的代表人物有"北宋五子"周敦颐、张载、程颢、程颐、邵雍，南宋的朱熹和陆九渊，明代的王阳明。宋明理学和汉唐儒学的最大不同，就在于它是在与佛、道二教的相互斗争、相互碰撞的过程中，吸收佛道思想资源，重新发掘先秦儒学及其经典而构建的具有较高思辨水平的思想理论体系。所谓重新发掘的思想资源，主要是思孟学派的心性学说。这样，宋明理学家们承接韩愈提出的"道统"，对思孟学派的思想重新诠释、大力宣扬的基础上，建构和阐发了自己的思想学说。从此，理学家取得了孔门思想合法继承人的资格，湮没近千年的思孟心学终于得以重见天日，并被弘扬光大。

子思的《中庸》倍受理学家们的青睐。理学开山之祖的周敦颐，在其《通书》一书中对子思"诚"详加阐释：诚是圣人的根本；圣，不过就是诚罢了。诚是五常的根本和行为的源泉。思孟的"诚"，可内求心性，修身成德；可遵从天理，规范自身。周敦颐将诚作为道德论的最高范畴，显然是受《中庸》的影响。张载在青年时代便受范仲淹的引导，潜心研读《中庸》，颇有所得。二程兄弟自幼学于周敦颐，对《中庸》亦情有独钟，将之与自家理学体系熔为一炉，借以阐发"理"的范畴。思孟以性善为前提，以修身成德为己任的儒学理论非常适应宋代以后社会统治思想的需要。陆九渊对《中庸》的"诚"也非常重视，视之为一切行为的最高准则。王阳明的"破山中贼易，破心中贼难"的感叹正道出了"求心性"的重要。

对于孟子，理学家们尤其感兴趣，以孔孟之道的嫡系自居，对其人其书更是大加表彰。如程颢说，孟子死后，圣学就没有传下来，我要将它重新振兴起来，这是不可推卸的责任。因此，二程特别将《大学》《中庸》《孟子》与《论语》并列为四书。随着理学的发展，四书的影响也愈加广泛。而对四书的注释和普及做出最大贡献的是南宋理学的集大成者朱熹。他集十几年的精力，汇粹先前诸家之说，写成《四书章句集注》一书。此书以思孟心性学说为指导，融合佛教理论思维之精华，对孔子、曾子、子思、孟子这一先秦儒家传承的正统思想做了系统阐释。朱熹的高足黄干评价说，由孔子而后，曾子、子思继其微，至孟子而始著，由孟子而后，周、程、张子继其绝，至先生而始著。朱熹通过著书立说，讲学授课，对思孟学派学说深入挖掘和大力弘扬。他的做法适应当时统治的需要，也符合儒学思想自身发展的趋势。朱熹对儒学的贡献奠定了他在中国儒学史及传统文化上的重要地位，从此，《四书》家喻户晓，"天理"人人皆知。

四、《中庸》《孟子》的升格

一直作为子学地位的《孟子》，在五代时期曾经由后蜀主孟昶命人将之与《易》《书》《诗》等并刻为十一经刻石，尽管孟昶将《孟子》刻入石经，恐怕主要还是出于表彰先祖的目的，但无论如何，这可以算作是其列入经书的滥觞；宋仁宗嘉祐六年（1061），也曾刻《孟子》石经；神宗熙宁四年（1071），王安石变革科举制，据《宋史·选举志》载："罢诗赋，帖经墨义，士各专治《易》《诗》《书》《周礼》《礼记》一经，兼《论语》《孟子》。"从此，《孟子》得以位列经书。宋代陈振孙在《直斋书录解题》中将《孟子》与《论语》一并列入经部。自朱熹著成《四书章句集注》后，四书地位与日俱增。但由于当时的党争，"伊洛之学"被定为"伪学"而一度遭到打击，直至朱熹死后四十余年，理宗淳祐元年（1241）才得到解禁，并受到皇帝的嘉许。理宗在诏书中说："朕惟孔子之道，自孟轲后不得其传，至我朝周敦颐、张载、程颢、程颐，真见实践，深探圣域，千载绝学，始有指归。中兴以来，又得朱熹精思明辨，表里混融，使《大学》《论》《孟》《中庸》之书，本末洞微，孔子道，益以大明于世。"然而，此时《四书》并没有被作为开科考试的官方指定教材。直到元皇庆二年（1313），元仁宗下诏以四书与五经一并作为科举的内容，并规定以朱熹的《四书章句集注》为标准版本，其他五经也以程朱理学家的注释为准。至此，思孟著作上升为经典地位。

五、子思、孟子的"成圣"

与《中庸》《孟子》被逐渐奉为经典相辅而行，子思、孟子的圣人地位也得以确立，这主要体现在对子思、孟子的封爵和从祀孔庙这两个相互关联的事件上。相对来说，孟子在道统中的地位获得官方认可稍微顺利一些，这是由于他在中唐以来的理学家的道统中占据着承上启下的枢纽地位，因而得到理学家们不遗余力的支持和推动。虽然孟子正式入祀孔庙、配享孔子要等到宋神宗元丰七年（1084），但其先声早已出现。据韩愈所作《处州孔子庙碑》，孟子已经与从祀众儒并画像于壁。北宋初年，柳开为润州孔庙撰写碑文，指出在太宗太平兴国八年（983），润州重修孔庙时已将孟子塑像从祀。仁宗景祐四年（1037），孔子四十五代孙兖州知州孔道辅在孟子故里邹县建孟庙。元丰六年（1083），吏部尚书曾孝宽上书封孟子为邹国公，被获准。至次年，晋州州学教授陆长愈请春秋释奠，孟子与颜子并配，经过一番讨论，最终定议，自国子监及天下学庙，皆塑邹国公像，冠服同兖国公颜子。孟子终于正式入祀孔庙、配享孔子。

子思在宋徽宗崇宁元年（1102），才以子思是圣人之后，作《中庸》，而被追封为"沂水侯"，这是子思封爵之始。此后，大观二年（1108），子思得以从祀孔庙，位于左丘明等二十四贤之间。至宋理宗端平二年（1235），诏升子思于"十哲"之列。再到南宋即将灭亡的度宗咸淳三年（1267），子思受封为沂国公，和他的老师曾子一起被晋升为"四配"，得与颜回、孟子共同配享孔子，孔庙从祀的"四配"至此得以确定。但子思、孟子的圣人资格却还要等到元朝统治者的认可。

元文宗至顺元年（1330），追封颜子为兖国复圣公、曾子为郕国宗圣公、子思为沂国述圣公、孟子为邹国亚圣公，这是子思、孟子等获得的最高封爵，也是其确立圣人资格的开始。值得注意的是，尽管早在东汉时期，赵岐就曾尊孟子为"亚圣"，然而，官方却一直将这项荣誉之冠戴在颜回的头上。这次封号的更动，使孟子的地位终于超越颜子，中唐以来理学家们梦寐以求的"孔孟"并称，在此得到官方的认可。虽然，明清两代对于思孟的封号略有更动，其间，孟子也曾一度被赶出孔庙，但思孟的圣人地位基本上没有动摇。

图 8-1　孟庙亚圣殿

"孔孟"并称代替"孔颜"并称，意味着以义理探讨为主的思孟学派取代了以注疏之学为特色的汉唐经学而成为儒学的正统，更宣布了继承思孟学说的宋明理学确立了其在中国思想界和意识形态领域的统治地位。这样一来，由孔子开创、思孟定型、宋明理学家发扬光大的"正统"儒家学说逐渐为知识分子所接受，并渗透进百姓的日常生活，深深影响了之后近千年的中国社会。

参考文献

1. 阮元校勘：《十三经注疏》，北京：中华书局，1980年。

2. 杨伯峻：《春秋左传注》，北京：中华书局，1990年。

3. 朱熹：《四书章句集注》，新编诸子集成本，北京：中华书局，1983年。

4. 程树德：《论语集释》，北京：中华书局，1990年。

5. 杨伯峻：《论语译注》，北京：中华书局，1980年。

6. 黄怀信主撰，周海生、孔德立参撰：《论语汇校集释》，上海：上海古籍出版社，2008年。

7. 汪晫：《子思子全书》，影印文渊阁四库全书，第703册，台北：台湾商务印书馆，1986年。

8. 黄以周：《子思子辑解》，台北：台湾广文书局，1975年。

9. 简朝亮：《礼记子思子言郑注补正》，《续修四库全书》，932册，上海：上海古籍出版社，2002年。

10. 孔鲋：《孔丛子》，影印文渊阁《四库全书》，第695册，台北：台湾商务印书馆，1986年。

11. 焦循：《孟子正义》，诸子集成本，上海：上海书店，1986年。

12. 王先谦：《荀子集解》，诸子集成本，上海：上海书店，1996年。

13. 孙诒让：《墨子间诂》，新编诸子集成本，北京：中华书局，2001年。

14. 黎靖德：《朱子语类》，北京：中华书局，1986年。

15. 司马迁：《史记》，北京：中华书局，1982年。

16. 班固：《汉书》，北京：中华书局，1962年。

17. 欧阳修：《欧阳修全集》，北京：中华书局，2001年。

18. 赵尔巽等：《清史稿》，北京：中华书局，1976年。

19. 王桐龄：《儒墨之异同》，北京：文化学社，1921年。

20. 白奚：《稷下学研究：中国古代的思想自由与百家争鸣》，北京：生活·读书·新知三联书店，1998年。

21. 晁福林：《先秦社会思想研究》，北京：商务印书馆，2007年。

22. 顾实：《汉书艺文志讲疏》，上海：上海古籍出版社，1987年。

23. 陈国庆：《汉书艺文志注释汇编》，北京：中华书局，1983年。

24. 陈鼓应主编：《道家文化研究》（第三辑），上海：上海古籍出版社，1993年。

25. 陈来：《古代宗教与伦理：儒家思想的根源》，北京：生活·读书·新知三联书店，1996年。

26. 高亨：《诗经今注》，上海：上海古籍出版社，1980年。

27. 顾颉刚、罗根泽：《古史辨》（第一至六册），上海：上海古籍出版社，1982年。

28. 顾颉刚：《古史辨自序》，石家庄：河北教育出版社，2000年。

29. 郭沂：《郭店竹简与先秦学术思想》，上海：上海教育出版社，2001年。

30. 何怀宏：《世袭社会及其解体：中国历史上的春秋时代》，北京：生活·读书·新知三联书店，1996年。

31. 侯外庐：《中国思想通史》，北京：人民出版社，1957年。

32. 蒋伯潜：《诸子通考》，杭州：浙江古籍出版社，1985年。

33. 金德建：《司马迁所见书考》，上海：上海人民出版社，1963年。

34. 金德建：《先秦诸子杂考》，郑州：中州书画社，1982年。

35. 姜广辉主编：《中国哲学》第二十辑，沈阳：辽宁教育出版社，1998年。

36. 孔子文化学院主编：《孔子文化大全》，济南：山东友谊出版社，1989年。

37. 骆承烈主编：《颜子研究》，北京：人民日报出版社，1994 年。

38. 吕大吉：《宗教学通论新编》，北京：中国社会科学出版社，1998 年。

39. 刘家和：《古代中国与世界：一个古史研究者的思考》，武汉：武汉出版社，1995 年。

40. 李零：《郭店楚简校读记》，北京：北京大学出版社，2007 年。

41. 李零：《简帛古书与学术源流》，北京：生活·读书·新知三联书店，2004 年。

42. 李启谦：《孔门弟子研究》，济南：齐鲁书社，1987 年。

43. 李学勤：《〈周易〉经传溯源：从考古学、文献学看〈周易〉》，长春：长春出版社，1992 年。

44. 刘子健：《欧阳修的治学与从政》，台北：新文丰出版公司，1984 年。

45. 梁涛：《郭店竹简与思孟学派》，北京：中国人民大学出版社，2008 年。

46. 蒙文通：《先秦诸子与理学》，桂林：广西师范大学出版社，2006 年。

47. 庞朴：《帛书〈五行篇〉研究》，济南：齐鲁书社，1980 年。

48. 钱穆：《先秦诸子系年》，北京：商务印书馆，2001 年。

49. 上海人民出版社编：《章太炎全集》，上海：上海人民出版社，1982 年。

50. 王国维：《古史新证：王国维最后的讲义》，北京：清华大学出版社，1991 年。

51. 魏启鹏：《〈德行〉校释》，成都：巴蜀书社，1991 年。

52. 魏启鹏：《简帛文献〈五行〉笺证》，北京：中华书局，2005 年。

53. 许倬云：《西周史》，北京：生活·读书·新知三联书店，2001 年。

54. 杨朝明：《儒家文献与早期儒学研究》，济南：齐鲁书社，2002 年。

55. 颜世安：《庄子评传》，南京：南京大学出版社，1999年。

56. 阎韬：《孔子与儒家》，北京：商务印书馆，1997年。

57. 姚淦铭、王燕：《王国维文集》，北京：中国文史出版社，2007年。

58. 张光直：《美术、神话与祭祀》，沈阳：辽宁教育出版社，2002年。

59. 张心澂：《伪书通考》，上海：商务印书馆，1939年。

60. 武汉大学中国文化研究院编：《郭店楚简国际学术研讨会论文集》，武汉：湖北人民出版社，2000年。

61. 朱渊清、廖名春：《上博馆藏战国楚竹书研究》，上海：上海书店，2002年。

62. 国家文物局古文献研究室：《马王堆汉墓帛书》（壹），北京：文物出版社，1980年。

63. 荆门市博物馆：《郭店楚墓竹简》，北京：文物出版社，1998年。

64. 马承源：《上海博物馆藏战国楚竹书》（一），上海：上海古籍出版社，2001年。

65. 马承源：《上海博物馆藏战国楚竹书》（二），上海：上海古籍出版社，2002年。

66. ［美］芬格莱特，彭国翔、张华译：《孔子：即凡而圣》，南京：江苏人民出版社，2002年。

67. ［美］顾立雅，高专诚译：《孔子与中国之道》，郑州：大象出版社，2000年。

68. ［美］倪德卫，周炽成译：《儒家之道：中国哲学之探讨》，南京：江苏人民出版社，2006年。

69. ［美］史华兹，程钢译：《古代中国的思想世界》，南京：江苏人民出版社，2004年。

70. ［德］韦伯，洪天福译：《儒教与道教》，南京：江苏人民出版社，2003年。

71. ［英］弗雷泽，徐育新等译：《金枝》，北京：大众文艺出版社，

1998年。

72. ［英］马凌诺斯基，费孝通译：《文化论》，北京：华夏出版社，2002年。

73. ［英］马凌诺斯基，李安宅编译：《巫术科学宗教与神话》，上海：上海文艺出版社，1987年。